世界でいちばん
素晴らしいものは、アイデアだ。
キッチンの棚を見やると、コーヒーがない。
すると、コーヒーを買いに行こうという
アイデアが浮かぶ。
——デイヴィッド・リンチ

DAVID LYNCH

A RETROSPECTIVE

by Ian Nathan

デイヴィッド・リンチ

幻想と混沌の美を求めて

イアン・ネイサン＝著

中山宥 ＝訳

フィルムアート社

Contents

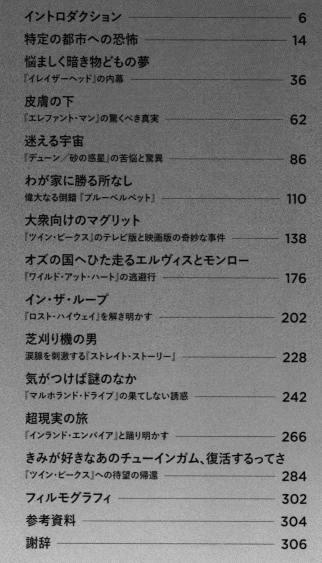

イントロダクション

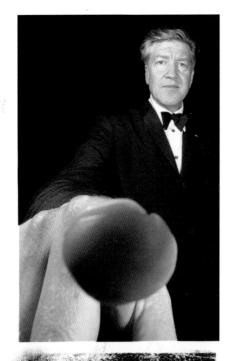

答えは単純明快だ。彼がインタビューに応じるようすを聞けばわかる。懐かしのテレビホームコメディ『ビーバーちゃん』から抜け出てきたかのような、古風で純真無垢な声調。模範的なボーイスカウトのリーダーを彷彿とさせる。テレビアニメ『ザ・シンプソンズ』に出てくるいつも陽気な隣人、ネッド・フランダースは、彼の冷静で礼儀正しい話しかたをもとにつくられたキャラクターだとの噂もある。それは真偽が定かでないにしろ、D・B・クーパー特別捜査官の魅力は、間違いなく、そのような落ち着いた話しぶりにある。ともあれ、先に結論を言っておこう。デイヴィッド・リンチが映画監督になったのは、自分の絵画に動きを与えたかったからだ。

時は1966年。私たちは今、「リンチアン」という芸術上の旋風の発生地であるフィラデルフィアの街にいる。言い換えれば「リンチアン」の源泉だ。リンチはペンシルヴェニア芸術アカデミーに通っている。とはいえ、講義室へ足を踏み入れることは滅多にない。日々を絵画に捧げている。それは使命感というより、原始的な衝動だ。人生をダークに描写し、みずからの扉の外の世界を独特なスタイルで精製していく。少年のような端正な顔立ちの奥に、独自の思考を秘めている。

彼は大きなアトリエの中に小さなブースを持っており、そこで夜の庭の絵を描いている。「ほとんどが黒で、ところどころ

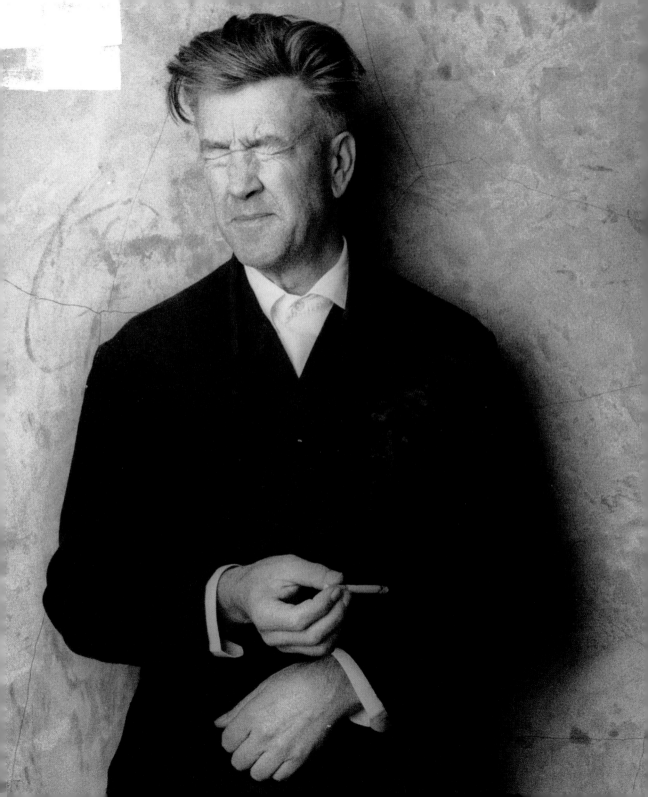

人間は探偵に似ていて、何が起こっているのか、
真実は何なのかを知りたがる。
───デイヴィッド・リンチ

前ページ＋上：シュールレアリストの
我が家───デイヴィッド・リンチの自
宅兼アトリエは、モダニズムのコンク
リート打ちっぱなし。

に葉の緑が混じっていた」と彼は回想する。彼がその絵を見つめて立っているうち、そよ風のさざめきが聞こえ、葉が動き始める。風はどこから来たのだろう——疲労から、カフェインから、アイデアが湧き出す内なる領域から——彼には分からない。しかし、ある確信が生まれた。自分は"動く絵画"をつくりたいのだ、と。

「あの人は、自分の絵画にもっと多くのことをさせたいと思ったんです」リンチの4人の妻のうち最初の妻、ペギー・リーヴィーは、そう語る。「音を出させたかった。さらにいろんなことをさせたかった」

こうして、アメリカ映画史上、最も過激で、強烈で、奇妙で、滑稽で、恐ろしく、深遠で、忘れがたい作品の創造が始まった。テレビへの貢献も忘れてはならない。リンチほど熱く論じられ、深く分析され、愛され、拒絶された監督はほかにいない。にもかかわらず、彼はつねに、制作過程を非常にシンプルなものとして捉え、いつも同じやりかたでインスピレーションを待つ。すなわち、数々のアイデアが自分のほうへ吹き寄せられてくるのを待ち続けるのだ。それがゆっくりと蓄積され、やがて『ブルーベルベット』や『ツイン・ピークス』や『マルホランド・ドライブ』のような作品になる。

長年にわたって、リンチを形容するフレーズが数多く生まれた。「奇想の皇帝」「アメリカ屈指の前衛芸術家」……。優れた批評家ポーリン・ケイルは、リンチを「夢の論理のフランク・キャプラ」と定義した。メル・ブルックスは「火星から来たジェームズ・ステュワート」と評した。元テレビ司会者のジェイ・レノは「サイコパス版のノーマン・ロックウェルのよう」と紹介した。映画と夢のあいだに横たわる境界の国に、私たち観客をこれほど近づけた映画作家はいない。善と悪が同じ町、同じ人々のなかに棲みついているという、人生の二面性をこれほど露わにした映画作家はごくわずかしかいない。

「人間は探偵に似ていて、何が起こっているのか、真実は何なのかを知りたがる」とかつてリンチは言った。彼の映画には、さまざまなサイズやかたちの探偵が登場し、不可解なものと遭遇して戸惑う。と同時に、リンチは、私たちのなかにある覗き見趣味と探偵心をざわつかせる。かといって、やがて明確な答えを提示してくれるわけではない。映像の背後に何があるのか、あらゆる問いかけを拒む。理屈で説明を付けてしまったら、謎を終わらせることになるからだ。「エンディングは偉大な美しさを持つことができる」とリンチは言う。「ただし、夢見る余地を残していれば、だが」

リンチについて書こうとすると、いつも、彼の映画に含まれる無数の謎と、解決の欠如が、複雑に絡み合い、踊り始める。その不確実さこそが、リンチの作品に欠かせないパワーなのだ。私たちは、彼が創造した暗い世界のなかで、みずからの力によって道を見いだすほかない。

本書は、そうした映画やテレビドラマの謎を解き明かそうとする本ではない（その種の試みにも多少は手を出さずにいられないが）。あなたの前にあるのは、よく使われる「リンチアン」という言葉を理解するための探究書だ。「リンチアン」とは、リンチの映画ならではのスタイル、感覚、雰囲気、物語の語り口、登場人物のタイプ、ジャンルのアレンジ、話しかた、風景、街、ユーモアとホラーの融合、現実というヴェールの向こう側への旅、心の奥底にある欲望の考察、リンチが故郷と呼ぶ国の奥深くへの探検をさす。リンチの友人であり、俳優、詩人でもあるハリー・ディーン・スタントンは言う。「デイヴィッドはアメリカ人の精神へ深く分け入っている」

じつのところ、「リンチアン」はある種の共感覚にたとえられる。観客は『イレイザーヘッド』を嗅

ぎ、『ブルーベルベット』を味わうことができると言っても過言ではない。かねてから知られているとおり、リンチは、自分が求めている音を視覚的に描いたり、音楽がどのように見えるべきかを言葉で説明したりする。この先くわしく論じるが、要するに、感触や雰囲気、つまりテクスチャーこそがすべてなのだ。

　本書は、監督としてのリンチについての本であると同時に、芸術家としてのリンチについての本でもある。「美しいのは行為そのものだ」と彼は言った。それぞれの映画や番組で、アイデアを探し、人生や芸術から得たインスピレーションを注ぎ込み、ストーリーを見いだし、そのあと撮影現場で俳優やスタッフをまとめ、自分のきわめて個人的なイメージをスクリーンに投影し、多くの場合、すさまじい反応を引き起こす。

　リンチは、自分のやりかたはシンプルであると語る。すなわち、ふさわしいと感じられるまで作業を続けるのだ。彼の創作物は、流行や商業主義の卑俗な要求に屈していないぶん、監督と芸術がごく緊密に結びついている。共同作業を経て完成したとはいえ、どれもが紛れもなく彼の作品だ。妥協まみれの超大作『デューン／砂の惑星』さえ、「リンチアン」らしい欠点と非凡さをたたえている。『ブルーベルベット』について熱を込めて書いた映画評論家ポーリン・ケイルは、リンチは天才的な異端者であり、彼の映画は特異であると評した。「この映画作家の精神と、観客である自分とのあいだに、装飾や技巧によって生じる隔たりがほとんどないと感じるとしたら、通常ありがちな抑制が少ないせいかもしれない」とケイルは述べている。リンチは、深層心理や直観からの反応に調整や修正を加えず、自然の流れに任せている。

　フェリーニやベルイマン以来、みずからの無意識をこれほどまでに掘り下げてインスピレーションを得た映画作家は例がない。しかし、リンチといえども、他との関連性がないわけではない。精力的な批評家であり映画監督でもあるウォルター・チャウは、映画評論サイト「フィルム・フリーク・セントラル」に載せた記事のなかで、リンチ作品にみられる文化的な手がかりを指摘している。「『ブルーベルベット』ではロックウェリアンな（画家ノーマン・ロックウェルふうの）アメリカーナ（アメリカの伝統文化）、『デューン／砂の惑星』ではアントニ・ガウディを介したバウハウス、『ロスト・ハイウェイ』や『マルホランド・ドライブ』ではヒッチコック後期作品に特徴的なアイデンティティの謎が扱われている」

　リンチに会うのは鮮烈な体験だ。インタビュー中、彼はどこまでも礼儀正し

右：笑顔の変わり者——本領発揮の場に立つリンチ。1990年の撮影現場にて。

く、謙虚で、魅力的で、淡々としており、摩訶不思議な信号のように指をくるくると回す。しかし、質問に対するこたえはひどく限定的だ。本書でこれから先、キャリアの浮き沈みをたどりつつ旅していくなかで、彼が謎めいたフレーズを繰り返し発したり、熱のこもった質問をあまりにも難解な返答でかわしたりする場面に出会うだろう。数年後のインタビューでも、一言一句同じ返答をすることが少なくない。服装がつねに一貫している——首までボタンを留めた白いシャツ、黒のジャケット、カーキ色のスラックス——のと似ている。

あらかじめ断わっておくと、本書は、映像作家としてのリンチに焦点を当てており、おびただしい数の絵画、彫刻、写真集、コマーシャル、舞台作品、

デイヴィッドはアメリカ人の精神へ深く分け入っている。
—— ハリー・ディーン・スタントン

左：2016年の伝記的ドキュメンタリー
『デヴィッド・リンチ：アートライフ』は、
画家と映画作家の区別が曖昧である
ことについて考察しており、従来の認
識を（多少とも）正した。

アルバムには、簡単に触れるだけにとどめている。多様で豊富な芸術や表現が、10本の映画と2本のテレビシリーズを取り囲み、支えており、それらの映像作品を展望することが本書の主眼である。

監督とアーティストという二つの役割を切り離すのは不可能だ。リンチは生来、独創性と個性的演出を明確に打ち出す映像作家、すなわち「オトゥール」といえる。彼の作品は——いや、似たような作品すら——ほかの誰にもつくれない。彼が描き出す風景は、彼自身の心のなかにある。俳優、スタッフ、プロデューサー、スタジオ、さらには熱狂的なファンたちを自分の頭のなかに取り込み、世界で最も有名なシュールレアリストになったというところに、彼の大きな魅力がある。

特定の都市への
恐怖

森から現われたアーティスト

　　イヴィッド・リンチは自分が普通の子供であること
デ　を知っていた。それが悩みの種だった。不完全
　　な世界の最高の芸術家にとって、アメリカの牧歌
的な子供時代など何の役に立つだろう？　赤ん坊のころ、ベ
ビーカーに乗せられた彼は、満足顔で見知らぬ人に話しかけ
たり、ひとりで口笛を吹いたりしていた。クリスマスツリーを背
景に、にこやかな笑顔を振りまいている少年時代のリンチの
写真が何枚もある。「完全で純粋な幸福」と本人はコメントし
ている。年齢を重ねて白髪になった今でも、彼に会った人は、
その魅力的で少年のような態度に驚かされるものだ。わざとか
と思えるほどの天真爛漫さで世界を見つめ、まるでリンチ映画
の登場人物のような話しかたをする。

　確かに、彼の子供のころの思い出は、永遠の陽光に包まれて
いる。愛情深い両親、兄弟、友人たちに囲まれ、風情のある住
宅街や、桜の並木、青々とした草地を自由に歩き回る日々。ホー
ムコメディか、きらびやかなコマーシャルに出てくるような情
景で、薄気味悪いほど幸福そのものだ。アイゼンハワー政権下
のアメリカ中産階級。戦後の満ち足りた空気のなかで繁栄する
完璧な家族ユニット。そうした生活文化には、夢のような鮮や
かな色彩が溢れていた。そんな幼少期を振り返って、リンチは
「1950年代ならではの、クロムの輝きを放つ楽観主義を感じる」
と語る。

前ページ見開き：1996年のロサンゼルスを背景にポ
ーズをとる若き日のデイヴィッド・リンチ。処女作『イ
レイザーヘッド』のロケ地として使われそうな、打ち捨
てられた空間だ。

右ページ：オーソドックスな作品づくり──1980年、
ロンドンで『エレファント・マン』を監督するリンチ。"主
流派"の映画制作という試練の火のなかに飛び込み、
洗礼を浴びた。

下：アメリカ映画にトラウマを植え付ける可能性を秘
めて──1964年、リンチの高校卒業アルバムより。

上：1946年のモンタナ州ミズーラ。デイヴィッド・リンチが故郷と呼ぶこの伐採の町は、『ブルーベルベット』や『ツイン・ピークス』などに大きな影響を与えることになる。

しかし、何か異質なものが潜んでいる気配がつねにあった。淡いブルーの空には、近くの空軍基地から飛び立つ爆撃機が飛行機雲を幾筋も描いていた。絶え間なく響く低音。それはやがて、彼の映画に浸透していく。他と異なることを求める思いがどこから生じたのかは、リンチ本人にも分からない。得体の知れない何かに噛まれ、けっして消えない痒みが残ったかのようだった。異質さに感応するのは、生まれつきなのかもしれない。「普通ではない何かが起こることを切望していた」と彼は回想する。自分を包み込んで守っているガラスドームを破壊するような何か。とんでもない災難のあと、ひとり取り残

され、みんなから気の毒がられる。孤児になりたいなどと望んでいたわけではない、と彼は言う。「けれども、特別になりたい、別物として扱われたいと願っていた」。のちにその願いが叶ったものの、やや違和感を覚えたと言う。「両親があまりにも平凡だったからね」

当時のリンチは、大きな街に住んだことがない、のんびりした田舎者であり、まだ見ぬ未来の映画的ヴィジョンを刺激するようなトラウマとはまったく無縁だった。転勤の多い父親の仕事の関係上、田舎町を転々として暮らしていた。そういった田舎町には好奇心をそそるような地名が付いており、遠い将来、リンチ映画の舞台となる「ランバートン」や「ツイン・ピークス」といった土地の名前に通じるものがあった。幼少期全体が1本のロードムービーのようでもある。

正式名デイヴィッド・キース・リンチは、1946年1月20日にモンタナ州ミズーラで生まれた。その2カ月後にはアイダホ州サンドポイントに引っ越し、以後、ミズーラに短期間戻り（1948年に弟のジョンが誕生）、ワシントン州スポケーン、ポンデローサ・パインズ（1949年に妹のマーサが誕生）、ノースカロライナ州ダーラム、ふたたびスポケーンを経て、1955年から1960年までアイダホ州ボイシに住んだ。ボイシで過ごした日々は、表面的にはのどかだったが、のちに、映画、絵画、写真、彫刻、コミック・ストリップ、短編アニメーション、音楽などのなかに、不気味な牧歌的風景として採り入れられることになる。

彼の母親と父親は対照的だった。都会の女性と田舎の男性。世界の二重性の使者といえるだろう。父親ドナルド・リンチは、モンタナ州ハイウッドでカウボーイの家系に生まれ、長身でストイック、品行方正で勉強熱心、人望が厚く、礼儀作法も申し分なかった。木々がほとんどない、荒涼とした平原に囲

まれて育ったため、樹木を愛するようになった。代々続くうだつの上がらない小麦農家から逃げ出して、デューク大学で昆虫学を学び、第二次世界大戦中は海軍に入ったが、その後、農務省で樹木学者として理想的な仕事を得た。アメリカの森林に分け入って調査し、みずからが愛する貴重な樹木と、樹木が育む多様な生態系を苦しめている元凶を突き止めた。昆虫や動物による、浸食の力だ。

「"実験的"という言葉はとても美しい」とリンチは父の職務を回想して言う。「私は大好きだ」

家族の絆がなければ、父親は森のなかへ消えて二度と戻ってこないのでは、とリンチは想像した。父親がのちの妻と初めて出会ったのも、森を歩いている最中だった。ふたりとも、ダラムにあるデューク大学の学生で、野外調査をしていたのだ。

母親であるエドウィナ・サンドホルムは、ブルックリンで育った。松の木ではなく煙突が建ち並んでいた。ニューヨークはまるで白蟻の丘のように人が群れていて、自然が失われ、コンクリートと喧騒に満ちていた。エドウィナは、機略に富んだフィンランド移民の家系に生まれ、倫理的な実行力が遺伝子に刻まれていた。英語やその他の外国語を学び、ドナルドと同じく第二次世界大戦中は海軍にいた。ふたりは1945年にカリフォルニア州メア・アイランドで結婚し、やがてドナルドの最初の赴任先、ミズーラへ引っ越した。エドウィナは「サニー」の愛称で親しまれ、1940年代のアメリカ人主婦の典型だった。手紙に署名するときは、自分の名前の横に太陽、夫の名前の横に木のイラストを描いた。地元の教会でも活発に活動していた。一家は長老派で、善行を強いるカルヴァン主義の厳格な教えにのっとっていた。幼いデイヴィッドにとってみれば、日曜学校は本当に苦痛だった。隣人たちがいつも楽しそうに外出するのを横目に、家族そろって教会へ向かわなければいけなかった。

デイヴィッドは、両親が口論するのをいちども見たことがない。家にはいつも平穏が漂っていた。ただ、それはそれで奇妙ではないか？　両親は齢を重ねても深い愛情で結ばれており、公の場で手をつないで歩いた。しかしデイヴィッドは、両親のあいだに何かが隠されているのではないかと疑っていた。

一家はしばらくボイシで暮らし、ここでリンチは小中学校を卒業した。空き地でキャンプをしたり、自転車に乗ったり、地元のプールで泳いだりして過ごした。幼いデイヴィッドと仲間たちは、風刺やユーモアに満ちた雑誌『マッド』に夢中になった。そのかたわら、テレビが一般家庭に普及し始め、居間であらたな現実を映し出すようになった。ひそやかに、デイヴィッドは奇妙なユーモアのセンスを養っていった。彼は人気者で、リーダー的な存在だった。端正な顔立ち、天使のような頬、豊かな髪のおかげで、女の子たちにも大人気だった。いつもガールフレンドがいて、たいがいはクラスでいちばん可愛い女の子だった。父親が捨てたパイプを拾って、吸うふりをしていた。しかし、もっと奇妙な思い出もあった。例によって、「異質なもの」にまつわる思い出だ。たとえば、山で草刈りを手伝った夏のこと。沢で一頭の牛の死骸を見つけた。やかんのようにヒュウヒュウと音を立てていたが、デイヴィッドも仲間も、膨れ上がった腹部に穴を空ける勇気は出なかった。

よく知られているとおり、デイヴィッド・リンチはボーイスカウトに入り、紐の結びかた、リスの捕まえかた、調理のやりかたなどを学んだ。仲間ともども、山でのサバイバル訓練にも送り出された（ポケットにこっそりキャンディーを詰めて）。第113隊で——なんと——最高位であるイーグルスカウトにまで昇格した。みずから進んで入隊したわけではない、と本人は言う。父親を喜ばすために続けていた。しかし、性に合っていたのも事実だった。そんなアメリカ的な少年が、やがて成長すると、アメリカの暗い心を暴くようになるのだから、なんとも皮肉な話だ。危険な臭いを嗅ぎとれる、『ツイン・ピークス』のデイル・クーパー捜査官は——ボーイスカウトではないにしろ——誰がモデルなのかも、薄々見当が付くのではないか？

ソーシャルメディアに熱心な彼のX（旧ツイッター）アカウントや、マスメディア向けの文面には、現在でも、自己紹介として「モンタナ州ミズーラ生まれ。イーグルスカウト」と記されている。

スカウトとしての活動は、1962年1月20日に頂点に達した。15歳の誕生日であり、スカウトの制服に身を包んだ最後の日でもあった。伝統に則って、イーグルスカウトたちは大統領就任式を手伝う栄誉を与えられた。リンチはホワイトハウスに赴き、高官たちの席を用意して、ジョン・F・ケネディ（同じくイーグルスカウトだった経験を持ち、さまざまな秘密を抱えた大統領）の到着を待った。相次いでやってくるリムジンの窓ガラス越しに、アイゼンハワーやケネディ、のちに現職となるジョンソンやニクソンの姿を見た。「考えてみると、あの短時間に4人の大統領を目撃したわけだ。目と鼻の先ほんの30センチしか離れていなかった。素晴らしい、じつに素晴らしい経験だった」と彼は語る。

芸術家としてのリンチが頭角を現わしたのはいつだろう？　うずきが目的に変わったのはいつなのか？　もともと、創作行為にはつねに喜びを感じていた。母方の祖父は、手に職を持った労働者で、精巧な鍵のついた木製の箪笥をつくっていた。祖父に限らず、母方の家系には家具職人が多い。リンチの手先の器用さは、この血筋から来ているのだろう。彼は今でも、家具を自作する。指先で木に触れる感覚を好み、キャリアの初期には、みずから小道具やセットをつくった。

ごく幼いころから、彼は絵を描かずにいられなかっ

上左：リンチが熱心な読者だった雑誌『マッド』の典型的な表紙（1954年）。

上右：ボーイスカウト・オブ・アメリカのロゴ。若きリンチはボーイスカウトの最高位「イーグルスカウト」までのぼり詰めた。

た。最初は、少年らしいものが題材だった。飛行機、戦車、サブマシンガン……。子供たちがやってみたいことがあれば、何であれ、両親は真剣に受け止め、「プロジェクト」と名づけた。母親エドウィナは、デイヴィッドの弟と妹にはクレヨンと塗り絵を与えたが、長男であるデイヴィッドには白紙を渡した。才能の芽生えを見抜き、既存の型にはめないように気遣ったのだ。彼はこう回想する。「どういうわけか、母は本当に素晴らしい考えを持っていた。塗り絵の本は制約になり、ある種の創造性を殺してしまう、と」

学校は絵を台無しにする。彼はそれを嫌った。「授業という体系は、自由の種を破壊する」と語る。どうにか堪えられるのは美術の授業だけだった。新進の芸術家は、この、歯磨き粉のコマーシャルが描くような欺瞞的な楽園の皮膚を剥がし、その下に潜むものに触れたかった。かつて住んでいたワシントン州スポケーンの家の裏庭には、桜の木が1本あった。非常に古い木で、地中深くまで根を張っていた。近づいてみると、樹液が滲み出ていて、赤いアリたちが樹皮を這いのぼっていた。「そういうたぐいの光景は、何時間眺めていても飽きなかった」と彼は回想する。「テレビを見ているようなものだった」

数十年後、リンチは家の台所でアリを見かける。そこで、チーズと七面鳥の肉を使って、人間の頭のかたちをした小さな物体をつくり、置いてみる。たちまちアリの群れが高速道路を形成して、戦利品を運び出し、さらに求めてまた戻ってくる。彼は写真を撮り（タイトル「七面鳥とチーズとアリの粘土頭」）、その勤勉さに夢中になる。家族から「アリの調教師」

上：就任式に向けて、ジョン・F・ケネディ大統領がワシントンDCのペンシルヴェニア通りを車で通る際、デイヴィッド・リンチは「イーグル・スカウト」という高い地位にあり、その場に居合わせる特権を得た。

と揶揄される。アリが映画制作スタッフだったら、と彼は思う。「なにしろ、アリたちは疲れ知らずの働き者だ。彼らにできる企画を立てて与えてやれば、黙々とこなすに違いない」

若きリンチは、父親の研究所をよく訪れた。引き出しを開けると、小さなピンで留められた昆虫がいた。ガラスの温室に入ると、加湿器の鼓動を感じた。まだ意識していなかったものの、映画づくりの言語が意識の奥に染み込んでいた。いろいろな事物を風景撮影のようなロングショットで俯瞰したり、腐敗

して朽ちる何かを極端なクローズアップで見たりするようになった。50年代は、あらゆる問題を表面だけ取りつくろってやり過ごしている時代だった、と彼は言う。冷戦、原子爆弾、マッカーシー。「やがてその覆いが剝げ、あるいは腐り、すべてが滲み出てきた」ケネディは頭を吹き飛ばされ、水平線上の彼方にベトナムが浮かびつつあった。

アメリカ人の生活は広告どおりではなかった。広告では、着飾った女性がお決まりの笑顔を浮かべ、オーブンからパイを取り出す。そういう笑顔に「無

我夢中にさせられた」と彼は言う。しかも、家庭生活の価値観は、中流階級を賛美する企業各社によって捏造された虚構だった。現実には、「50年代のノーマル」にはアブノーマルなところがあった。彼の思考は暗くなっていった。家庭とは、人々が「奇妙で恐ろしいことに参加する場」だと悟った。笑顔の下にはいつも秘密がある。生はつねに死を伴い、善は悪を、純真は倒錯を伴っている。その対比が彼の創造力を掻き立てた。小さな田舎町と大きな都市。

　母方の祖父母に会うためにブルックリンへ行くこともあった。ブルックリンにはいつまでも馴染めなかったものの、初めて訪れたときの体験は消し去りがたいものだった。都会の喧騒に圧倒され、すべての感覚が過負荷に陥った。異質な秩序に蝕まれた。本人は、いつものように、単純で本能的な言葉でその当時の体験を説明した。地下鉄の入り口を見下ろし、地獄へ降りていくように感じたという。「それは、未知のものに対する圧倒的な恐怖だった」とリンチは語る。風が吹き、奇妙な臭いが漂う場所。トラウマ的な雰囲気。「いくつかの特定の都市への恐怖心」こそが、彼の芸術の原動力となった。

　家族はふたたび引っ越して、こんどはヴァージニア州アレクサンドリアに住み始めた。年を重ねたリンチはうまく適応した。ハモンド高校でも、また注目の的になった。学業面ではともかく、人気度では彼に並ぶ者はまずいなかった。礼儀正しさとルックスの良さのおかげで、すぐに多くの友人ができ、15歳にしてシボレー・インパラパラに乗り、街なかをドライブしていた。ガールフレンドに不自由したことはいちどもない。友人のトビー・キーラーは、リンチを「地球上で最も好感の持てる人物のひとり」と評している。もっとも、リンチはパーティー好きではなかった。一般的な10代の行動パターンとは一線を画し、どこか独特の魅力を漂わせていた。

> それは、未知のものに対する
> 圧倒的な恐怖……
> いくつかの特定の街への
> 恐怖心だった。
> ──デイヴィッド・リンチ

　友人キーラーを通じて、リンチは自分の人生を変える人物に出会った。キーラーの父親、ブッシュネル・キーラーだ。もともとは企業幹部だったが、1950年代の安定したキャリアを捨てて、内面の衝動を優先し、少しのあいだ牧師をやったあと、画家としての地位を築いた。「そんなことが可能なのか」とリンチは驚いた。それまでの彼は、そういう職業の道があるとは思いつかなかった。自分が本当に好きな唯一の事柄から、稼ぎを得ることもできるのだ。リンチの頭のなかで、いわば電球が灯った。ブッシュネルは、リンチが芸術家になりたいと望んでいることを本当に理解した最初の人物だった。リンチ自身すら、その願望にそれまで気づいていなかった。ブッシュネルはメンターとなって、リンチが潜在能力を最大限に発揮できるように後押しし、自分のアトリエ内にリンチが絵を描くためのスペースを用意した。また、ロバート・ヘンライの『アート・スピリット』を読むようリンチに勧めた。その結果、リンチの脳内はゴッホやモディリアーニの生涯で満たされた。ヘンライは、エドワード・ホッパーやジョージ・ベロウズなど、アメリカの偉大な芸術家を指導した人物で、その倫理観はシンプルだっ

た。すなわち、「自分自身をできるだけ自由に表現せよ」芸術が、リンチの人生のほかの要素をすべて凌ぐようになった。

リンチの初期の映像作品リストから漏れることが多いものの、じつは彼は1967年にある短編を撮影した。『ブッシュネル・キーラーとの船遊び』と呼ばれる作品で、わずか2分40秒。ブッシュネルに敬意を表して撮ったのか、たんなる記録映像なのか、不安定な短いシーンが積み重なったホームムービーであり、16mmのフィルムカメラ、ボレックスで撮影された。リンチ、ブッシュネル、彼の弟デイヴィッドの3人が登場し、ブッシュネルが所有する小さなヨット「ネクサス号」でチェサピーク湾を航行している。楽しい冒険を記録するというコンセプトとは対照的に、不安定で傾いたアングルの映像と、リンチらしいサウンド——耳に貝を押し当てたとき聞こえるような、長く続く不穏な風の音——が印象的だ。

まだハイスクールに在学中のころから、リンチの服装はすでに決まっていた。黒いズボンに、黒いジャケット、白いシャツという、一生続くスタイルだ。リンチの人格は早い段階で形成された。フォーマル

な服装と、まさにアメリカ人というべき物腰。わざと素朴さを装い、感嘆語を過度に使っているのでは、と思うかもしれないが、それが偽りのない彼自身なのだ。「子供っぽい」よりも「まるで子供のよう」という形容がふさわしい。デニス・ホッパーはリンチを「隣に住んでほしい、と思いたくなるような人物」と表現した。

リンチの芸術上の第一段階は、わりあい伝統的な

スタイルで、将来の独創性をうかがわせる要素はほとんどなかった。本人いわく「ブルジョワふうの街並み」だった。とはいえ、絵画を通じて、凡庸を超越したいと望んでいた。創造的なプロセスが、反逆の行為という色彩を帯びてきた。16歳になるころには、アレクサンドリアの貧民街に自分自身のアトリエを構え、ドラッグストアの配達員として働きながら家賃を払った。同じ店で、ジャック・フィスクも働いていた。

フィスクは、現在ではアートディレクターとして名高く、テレンス・マリックやブライアン・デ・パルマといった監督とも仕事をしているが、じつはハイスクール9年生のときからリンチの親友だ。ふたりは同じ志向の持ち主で、従来の型にはまりたくないという姿勢が共通していた。その一方、同じ過ちも犯した。ともに、最初の美術学校の選択を間違えた。通い始めたものの、あまりにも伝統的、あまりにも退屈と感じて、嫌になった。結果として、フィスクはニューヨークのクーパー・ユニオンを、リンチはボストン美術館付属の美術学校を中退した。ふたりは夢想家だった。自分たちの夢や理想に対する過度な自信に突き動かされ、さらに、オーストリアの表現主義画家オスカー・ココシュカの教えを受けることも期待して、ふたりは衝動的にヨーロッパへ旅立った。数年間滞在する予定だった。が、15日間しか続かなかった。ココシュカの消息がつかめないまま、マルボロ・レッズをしじゅう吸いながらパリとアテネをバックパック旅行したすえ、アメリカに帰ってきた。ブッシュネルから、芸術生活には献身と規律が必要だと諭され、リンチはフィスクの後を追ってペンシルヴェニア美術アカデミーに入学した。古い歴史を持つ名門校を選んだのはやや矛盾するように思えるかもしれないが、リンチにとって、人生で最も重大な選択となった。

「いつも言っているとおり、ペンシルヴェニア州フィ

ラデルフィアが私に最も大きな影響を与えた」とリンチはかつて述べている。「あそこに行けるのをとても喜んでいた。ところが、非常に、非常に悪い場所だった」。到着した初日、フィラデルフィアに足を踏み入れようと橋を渡りながら、リンチの頭のなかで次々と新しい思いが渦巻いた。田舎育ちの青年リンチは、やがて、アメリカ北部にあるこの都市で、人々の堕落を目の当たりにし、みずからや新婚家庭を命の危険にさらしつつも、これまでにない明確な目的意識を得ることになる。

1964年当時のフィラデルフィアは、産業の衰退が深刻で、人種間の緊張や犯罪の増加によって荒廃していた。夜はほとんど無法地帯だった。「壁が黒い粉塵にまみれていた」と彼は振り返る。「アカデミー

の壁面も黒く覆われていた」。リンチとフィスクは、13番ストリートとウッドストリートが交わる角、市の遺体安置所の斜め向かいにアパートメントの空き部屋を見つけた。隣の建物は「ポップス・ダイナー」というカジュアルな食堂で、けっして環境が良いとはいえなかった。暗くなり、労働者たちが安全な場所に帰ると、街角にはリンチが「濃い恐怖」と呼ぶものが充満するのだった。彼は「ポップス・ダイナー」で遺体安置所の作業員と知り合い、遺体や「部品室」（手足その他、余り物の部位が置かれている部屋）を見学させてもらった。1968年、彼は同じスクールの学生だったペギー・リービーと結婚した。赤ん坊が生まれる予定だったため、フェアマウント地区に引っ越したが、治安の悪さは大差なかった。新婚まもないなか、車の強奪、ギャングによる殺人、住居侵入などを目の当たりにし、自宅の窓ガラスが撃たれることもあった。リンチはいつもベッドのそばに野球バットを置いていた。

「フィラデルフィアは、私がそれまで訪れたなかで最も病んでいる都市だった」と彼は顔をしかめながら言った。「腐敗し、衰退していて、奇妙に邪悪で、暴力的で、恐怖に満ちていた。まるで、ラジオを持って発電所の真横に座り、静電ノイズしか聞こえてこないような状況だった」

ペギーは夫を果敢に支え、彼の初期の映画に出演までした。しかし、生まれたばかりのひとり娘ジェニファーは先天性の内反足だった。ぴりぴりとした空気が張り詰めていた。家庭生活は、究極を追求する芸術生活には適していなかった。幼少期には『アーチー・コミックス』に描かれそうな明るい平凡な家庭で育ったものの、芸術を志向する身となると、事情が違う。フィラデルフィアの退廃ぶりが、彼の創作意欲をかき立てるもの、いわば「ミューズ」になった。それによって「本当に美しい感情、ムード、様

式が私のなかに芽生えた」と彼は言う。街を歩きながら、人々の顔に刻まれた物語を見た。エドガー・アラン・ポーが、推理小説の基礎を築いた傑作『モルグ街の殺人』を書いたのもフィラデルフィアだった。デイヴィッド・リンチはやがてこの小説の様式を変容させ、『ブルーベルベット』『ツイン・ピークス』『ロスト・ハイウェイ』を生み出すことになる。ポーと同様、彼は心のなかでフィラデルフィアを醸成し、自身の想像力の渦に巻き込んだ。「その気分が私に浸透した」と言い、それが絵画、写真、映画に注入された。

フェアマウントにある老朽化した広い家に住んでいるあいだ、彼はいくつかの部屋をアトリエに変え、壁を黒く塗り、夜通しカンヴァスに向かっていた（もともと夜型の生活だが）。作品はいっそう抽象化し、絵の具が粘性を帯び、描かれるイメージはしだいにおぞましく、不気味になり、からだの部位であふれ、まるで「墓荒らしのシュールレアリスト」の手になるような作品と化した。ただし、本人は自分をそんなふうに見ていなかった。「目の前に流れていくものを、私なりに受け取ったにすぎない」とリンチは語る。彼のアートは本能的であり、世界に対する反応なのだ。それが、彼が自分自身を説明しづらい理由の一つといえる。説明を付けようがない。ほかの人々と同じく、リンチみずからも、デイヴィッド・リンチという人間に戸惑っている。だが、理解しようと

右：格式あるペンシルヴェニア美術アカデミー。リンチはここで芸術家としてのスタイルをつくり上げ、映画監督への道のりを歩み始めた。

上（左、中央、右ページ）：リンチの初期の短編映画『アルファベット』より。当時の妻であるペギー・レンツが、もだ
え苦しむ少女を演じ、アニメーションされた文字をつかもうとするシーン。

しても無駄だとじゅうぶんわかっている。

　ペンシルヴェニア美術アカデミーで「自分のスタイルが芽生えた」と彼は言う。その年は、傑出した才能の持ち主が次々に頭角を現わしており、彼のまわりには優れた人々がいて、どんなことが実現可能なのかを肌身で感じることができた。

　やがて、自分がめざすべき道は「動く絵画」だと心を決めた。絵を描いている最中、飛んできた1匹の蛾が絵の具のなかに囚われた。それが、決意につながる重大な瞬間だった、と彼は振り返る。方向性が固まった彼は、短編映画とアートワークを組み合わせた三部作をつくりながら、進化していった（1作ごとに、物語性と映像により重点を置くようになっ

た）。これが踏み台となって、のちに長編映画デビューを果たすことになる。当初、映画監督になるつもりはなかった。ただ、新しい方向へ導いてくれるミューズに従ったにすぎない。連鎖反応が進行中だった。

　最初は、アニメーション作品『病気になった6人の男』だった。アカデミーが毎年行なっている実験的絵画コンテストに参加しないかと誘われて制作に取りかかり、絵画、彫刻、ループアニメーション映画の融合にたどり着いた。地元の機材店で手動巻き上げ式の16mmカメラを購入し、そこのスタッフから、ストップモーションの撮影時は斜め45度から照明を当てることなどを学んだ。繁華街のホテルの一室を仮設スタジオとして使用し、樹脂ボードに3つの頭部（うち1つはリンチ自身）の彫像を並べ、アニメーションでつくった頭部3つを追加で投影した。サイレンが鳴り響き、カウントダウンが始まるなか、苦しみもだえて腕が振り回され、フレームの端で炎が燃え上がり、めいめいの胃が解剖図のように透視で描き出されたかと思うと、その胃が鮮やかな赤い液体で徐々に満たされ、ついには液体が口から噴き出す。この過程が何度も繰り返される。

> フィラデルフィアは、
> 私がそれまで訪れたなかで
> 最も病んでいる都市だった。
> ──デイヴィッド・リンチ

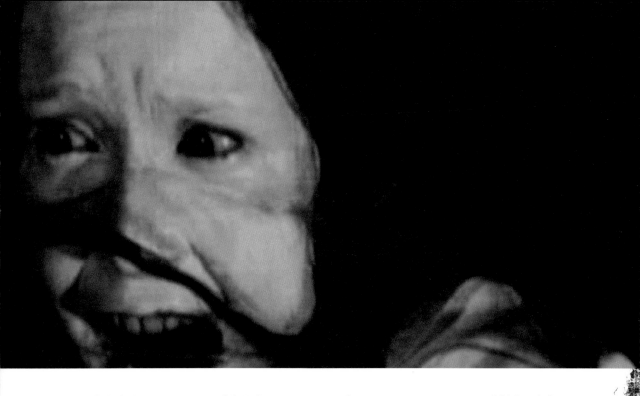

　まだ初期段階ではあったが、病気と炎は、のちの
リンチの世界で繰り返し現われる素材になる。実際
問題とすれば、この作品は1967年のW・S・ビドル・
キャドウォルダー博士記念賞で1位に輝いたものの、
製作費がかさみ、「動く絵画」を現実的な選択肢と
するのは費用が高額すぎるとわかった。彼はマルチ
メディアの実験を諦め、ふたたび絵を描くことに戻
ろうとしたが、そこへ運命が介入した。同級生で裕
福な家庭のH・バートン・ワッサーマンが、このハ
イブリッド芸術作品に魅了され、1000ドルで別の
作品を制作してほしいとリンチに委託してきた。し
かし、2カ月間にわたる作業のすえ、店でフィルム
を現像してもらったところ、セルロイドにいくらか
色がにじみが見える程度にしか映っていなかった。
カメラのフィルム巻き取り装置に不具合があり、映
像を過剰露光させてしまっていたのだ。しかし、リ
ンチはこの災難にめげなかった。運命がふたたび味

方した。もしこのフィルムが首尾良く完成していた
ら、アメリカン・フィルム・インスティチュート（AFI）
から助成金をもらう運びにはならず、同団体による
育成を経て人生が変わることもなかっただろう。ワッ
サーマンもこの不運を受け入れ、残りの予算をどう
使ってもいいとリンチに許可した。その結果生まれ
たのが『アルファベット』だった。
　この作品が、本格的な映画監督への大きな一歩だっ
た。壁を完全に黒で塗った3階の寝室で撮影された。
さほど遠くないところに街がつねに亡霊のように存
在する雰囲気が漂っていた。背景を描きながら、リ
ンチは「家の前でひとりの子供が射殺されたことを
思い出した」と言う。主演は、『エクソシスト』（1973）
想起させる黒髪で青白い幼い女の子、ペギー。アル
ファベットの文字を暗唱しながらベッド上をもぞも
ぞと動き回る。それらの文字がアニメーションとな
り、アニメーション化された少女の頭へなだれ込む。

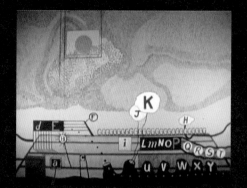

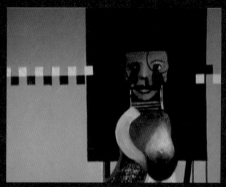

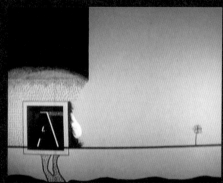

上、中央、下：初期の短編映画『アルファベット』からのアニメーションセル3枚。「動く絵画」というみずからのコンセプトを探求し始めている。

右ページ：『グランドマザー』におけるヴァージニア・メイトランドのクローズアップ。夜尿症を扱ったこのシュールな短編ドラマがきっかけで、リンチはアメリカン・フィルム・インスティテュートの注目を浴び、そこからキャリアを踏み出した。

サウンドトラックでは、アルファベットを唱える子供たちの声と、サイレンの音と、威厳に満ちた不明瞭な男性の声が流れている。実写の少女が文字に手を伸ばそうともだえ始める。目から口から血があふれ出し、ベッドに倒れ込み、嘔吐して──ついにテーマが頂点に達する。

　インスピレーションのみなもとは、ペギーの6歳のいとこだった。彼女がアルファベットを何度も繰り返す夢を見たと知り、それをリンチは「アメリカの教育制度がもたらしている重圧」への反応と捉えた。この作品は、4分間という密な時間のなかに、リンチ自身が幼少期に抱いていた教育への不安と、うわべの下には言葉では表現できない何かがあるとの強い思いが込められている。抽象的な何か、感情を呼び起こす何かが。

　ブッシュネル・キーラーに説得され、リンチは、創設まもないAFIに助成金の申請を出すことにした。まず無理だろうと思いつつも、『アルファベット』のフィルムのほか、次に撮りたいものに関する大ざっぱな脚本と、7188ドルの予算見積書を提出した。すると、AFIから連絡があり、5000ドルでできないかと尋ねられた。そのとき「一気にすべてが変わった」とリンチは回想する。

　このAFIからの資金により、『グランドマザー』を制作し、「リンチアン」のストーリーテリングに向かってさらなる一歩を踏み出した。それどころか、『イレイザーヘッド』で描き出す創造的な恐怖の試作ともいえるだろう。カフカの寓話を思わせる雰囲気。観る者の注意を集中させるため、部屋内の不要なものは黒く塗られており、モノクローム撮影であるかのような印象だ。物語は、ふたりの大人（ヴァージニア・メイトランドとロバート・チャドウィック、どちらも友人）がアダムとイブのように大地から生まれる場面から始まる。続いて、ふたりが互いのか

らだをまさぐったあと、地中からリンチふうの黒い
スーツを着た少年（隣人のリチャード・ホワイト）
が誕生する。怠惰な両親に蔑ろにされ、ベッドにお
ねしょして叱られたその少年は、口笛の音に導かれ
て屋根裏へ向かう。そこで不思議な種子を見つけ、
育てていくと、親切な祖母（地元の印刷所でリンチ
といっしょに働いていたドロシー・マクギニス）が
現われる。しかし、安堵がもたらされたのも束の間、

祖母は病に倒れてしまう。34分に及ぶこの作品は、
サイレント映画に似て、明確なせりふはなく、動物
のうめき声のような背景音のみだ。リンチの両親は、
この作品をどう解釈すべきか戸惑った。息子は何ら
かのかたちで自分たちの姿を示唆しているのだろう
か、と。
　AFIの創立者であるトニー・ヴェラーニが、撮影
現場を訪れ、進行中の作業や真っ黒な背景と色のコ

左：映画監督としてのデイヴィッド・リンチに大きな影響を与えた3つ
の映画のうち、1本は、キューブリック監督の『ロリータ』（1962）。
ジェームズ・メイソンとスー・リオンが主演した。

上：2本目はベルイマン監督の『仮面/ペルソナ』（1966）。ビビ・
アンデショーンとリヴ・ウルマンが主演した。

上：「リンチアン」に影響を与えた3本目は、覗きの要素を含む『裏窓』（1954）。そのセットにて、主演のジェームズ・スチュワートとグレース・ケリー、アルフレッド・ヒッチコック監督。

ントラストに感銘を受け、映画の完成に向けて2200ドルの追加出資を申し出た。さらに、ロサンゼルスにできたAFIの先端映画研究センターに入学を出願するようリンチに勧めた。予想外の未来が、西海岸から彼を手招きしていた。

　スコセッシやスピルバーグとは違い、リンチは、根っからの映画マニアではなかった。もちろん、若いころは繁華街へ行き、映画館で上映中の作品を手当たりしだいに鑑賞した。それが若者の当たり前の行動パターンだった。ボイシにあるビスタ劇場や、数本立ての映画館を通じて、リンチの頭はB級モンスター、10代の夢のロマンス、エルヴィスなどでいっ

ぱいになった。要するに、1950年代のハリウッドの輝かしく安全な要素すべてだ。彼が覚えている最初の映画は、世間ではほとんど忘れ去られているヘンリー・キング監督のメロドラマ『Wait Till the Sun Shines, Nellie』（未／1952）だという。印象に残ったのは、若い少女がボタンを飲み込む場面で、これは『イレイザーヘッド』でメアリーが窒息発作を起こすシーンを連想させる。

　ヨーロッパ映画の数々が視野に入ってきたのは、フィラデルフィアに移り住んで「バンド・ボックス」という地元の小さな映画館に行き始めてからだった。ここで、ハリウッドの古い名作に触れる機会にも恵

まれた。のちにインタビューを受けるようになって
から、リンチは、歴史上の映画によって影響を受け
たと認めている。彼が挙げるお気に入りの監督や作
品は、なるほどと思えるものばかりだ。たとえばキュー
ブリック。性的なきわどいテーマの『ロリータ』(1962)
はもちろんだが、『2001年宇宙の旅』は『ブルーベ
ルベット』の閉鎖的なシーンの音響要素や『イレイ
ザーヘッド』に大きな影響を与えた。ほかには、フェ
リーニの幻想に満ちた作品群すべて、とくに『道』
(1954)『青春群像』(1953)『8 1/2』(1963)。ベ
ルイマンの『仮面／ペルソナ』(1966)『狼の時刻』
(1968)。チャールズ・ロートンのアメリカ版ゴシッ
ク『狩人の夜』(1955)。フランスのコメディアン
兼映画監督であるジャック・タチの作品は、スラッ
プスティックでありながら徐々に超現実主義に傾い
ており、その言語によらない誇張された動作が、リ
ンチの『ツイン・ピークス　ローラ・パーマー最期
の七日間』の冒頭で直接言及されている。ヒッチコッ
クの『裏窓』(1954)からの影響についていえば、
盗み見や近隣における殺人事件といったテーマが『ブ
ルーベルベット』に組み込まれている。

リンチ映画の視覚面に最も刺激をもたらしたのは、
絵画だった。エドワード・ホッパーが描いたうら寂
しい軽食堂。フランシス・ベーコンが描いた人間の
苦悩や身体の変容。1966年、ニューヨークのマー
ルボロー・ガーソン・ギャラリーで開かれたベーコ
ンの展示会は、革新的だった。「肉や煙草の絵が並
んでいて、色彩の美しさと、絵のなかのバランスや
コントラストに、私は胸を打たれた」

リンチは、画家や映画監督など、複数の定義にま
たがる存在だろうが、映画の根本的な性質はあくま
で「音と画像がシンクロして動くこと」だと感じて
いた。とりわけ音響は、はるかに没入感に満ちた体
験を観客に提供でき、観客の皮膚の内側にまで入り
込める可能性を持つ。そこで、『グランドマザー』

の制作時、リンチは優秀なサウンドデザイナーを探
し、アラン・スプレットを見いだした。制作に加わっ
たスタッフのなかで、芽生えつつある「リンチアン」
のスタイルに彼ほど重要な貢献をした者はいない。
茶目っ気のある若き監督の目には、スプレットは
「スーツを着たほうき」のように見えたという。リ
ンチ映画に出てきておかしくないキャラクターだっ
た。スプレットはカリフォルニア州バークレーで生
まれ、視力がきわめて悪かった（法的には盲目に分
類されていた）。しかし、聴覚を研ぎ澄ませ、宇宙
の変動をとらえる「音叉」にまで高めていた。現実
という巨大な機械を知覚できる能力の持ち主だった。
かつて会計士だった彼は、ある面では科学者であり、
また神秘家でもあり、音響の魔法使いでもあった。
やがてフィラデルフィアの商業映画会社に勤め始め、
リンチの目に留まったのだ。

「あの男は魔法使いだった」とリンチは嘆息まじり
に言う。彼は1994年に亡くなった。ビニールレコー
ドで用意されていた効果音の安っぽさに、リンチも
スプレットも失望しており、ふたりは、みずから効
果音の作成に乗り出した。動物の鳴き声、うなり声、
金属加工機械の動作音などを、63日間にわたって
精力的に集めた。あるときは、建物の周辺を駆けず
りまわりながら録音した。残響音をとらえるときは、
リンチが空調ダクトの片端で口笛を吹き、スプレッ
トが反対端でマイクを構えた。その後、リンチの耳
に合うように、スプレットが音質を調整した。「彼
はいつも、最大限のパワーを発揮する音をレコーディ
ングした」とリンチは回顧する。ふたりの共同作業
は『ツイン・ピークス』まで続いた。「リンチアン」
の世界に特徴的な、工業音や吹きすさぶ風の音は、
こうした共同作業のたまものだ。

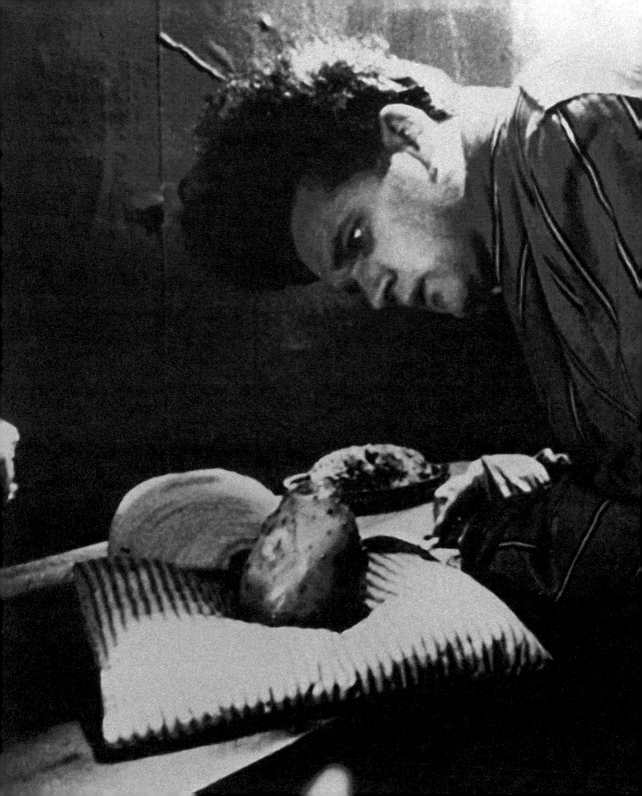

悩ましく
暗き物どもの夢

『イレイザーヘッド』の内幕

ビ ヴァリーヒルズは、フィラデルフィアとは違った。デイヴィッド・リンチとバック・フィスクは、「Uホール」で借りたトラックで3日かけてアメリカを横断し、ビヴァリーヒルズにたどり着いた。キャリアの次の段階へ進む準備ができていた。1970年の夏のことだ。アメリカン・フィルム・インスティチュート（AFI）の先端映画研究センターは、樅の木に囲まれ、みごとなチューダー・リバイバル様式の建物だった。正式名はグレイストーン・マンションだが、かつて1928年に石油王の父からエドワード・ドヘニー・ジュニアに贈られた建物なので、地元の人々はドヘニー・マンションと呼んでいた。殺人の匂いが漂う建物だ。ドヘニー・ジュニアは1929年に死亡。殺人事件と目されたものの、未解決に終わっている。

ドヘニー・マンションは、AFIが1965年から1982年まで55部屋すべてを使用していたほか、『探偵ハート＆ハート』『ラスト・タイクーン』（1976）『ビッグ・リボウスキ』（1998）など、さまざまな映画やテレビ番組のロケ地として活かされた。、ポール・トーマス・アンダーソンの『ゼア・ウィル・ビー・ブラッド』（2007）は、マンション内にある私設のブランズウィック・ボウリング場を改装して利用した。この映画はもともとの所有者ドヘニー・シニアの半生を元にしており、富と腐敗を描いている。『サンセット大通り』（1950）の主人公ノーマ・デ

前ページ見開き：デイヴィッド・リンチの幻想的なデビュー作『イレイザーヘッド』より。苦悩する主人公ヘンリー・スペンサー（ジャック・ナンス）が、奇形の赤ん坊を観察している。

右ページ：『イレイザーヘッド』の有名なショット。パニックに陥るヘンリー・スペンサー（ナンス）は、「リンチアン」の最初の主人公であり、アルターエゴだった。

下：ビヴァリーヒルズにあるドヘニー・マンション。1970年の夏、リンチは、この場所に本拠を置くアメリカン・フィルム・インスティチュートにやって来た。

もしカフカが犯罪の物語を書いたなら、
私はさっそく乗り出す。ぜひ監督したいと思う。
——デイヴィッド・リンチ

ズモンドの寂れた邸宅ともよく似た館だと誰もが感じるだろう。こちらのビリー・ワイルダー作品も、リンチのお気に入りの映画だ。

　ドヘニー・マンションは敷地が6万5000平方メートルにも及び、高台の一等地にある。フィラデルフィアと比べて、リンチは、まるで死んで天国に来たかのように感じた。彼の衝撃的な劇場デビュー作『イレイザーヘッド』の主人公ヘンリー・スペンサーが、物語の終盤で味わうのと似た気持ちだった。ほどなくして、この作品が、抑えきれない身体的な衝動であるかのごとく彼の体内からあふれ出すことになる。じつは同作もドヘニー・マンションの敷地で撮影されたのだが、あたかも異次元で撮影されたかのようだ。

　カリフォルニア自体が、一種の夢だった。リンチはその光を愛した。オレンジ畑のなかに映画産業が根付いたのも、途切れることのない無尽蔵な陽光のおかげだ。同時にリンチは、この土地の温暖な気候や、ジャスミンの香りを帯びた風に乗ってやってくる古き良きハリウッドのささやきも愛していた。にもかかわらず、彼の映画の舞台の多くは、安いアパートメントや、暗闇や、ブラインドの隙間から入り込む汚れた空気のなかに閉ざされている。カリフォルニアの快適さと美しさは慰めをもたらしたが、刺激は与えてくれなかった。彼の創作意欲のみなもと、つまり「ミューズ」を揺り動かすのは、不安をかき立てる事物だった。彼が欲しいのはコントラストだった。

　AFIの研究センターでは、年に15人だけ、ただの学生ではなく特別研究員を兼任でき、リンチはそ

のひとりに選ばれていた。お気に入りの授業は、チェコスロヴァキアの映画監督フランク・ダニエルによる映画分析と脚本構造の講義だった。ダニエルは媒体の内在的なシンプルさを明確化してくれた。「長編映画をつくりたいのなら、70のシーンのアイデアを用意しなさい」との助言が記憶に残った。AFIに在籍したことには多くのプラス面があったが、それでもリンチは、みずから定めた「よそ者」の立場を主としていて、カンヴァスに絵の具を分厚く塗りたくるような単純な作業で何かをつくり出したいと躍起になっていた。前に絵筆を置いたところから次

上：フランツ・カフカ『変身』のドイツ語版。この超現実主義の作家と、なかでも最も超現実的なこの物語が、『イレイザーヘッド』に深々と影を落としている。

上：ハリウッドで活躍したもうひとりの過激なアーティスト、オーソン・ウェルズ。彼はリンチに先駆けて、1962年にカフカの『審判』を映画化した。

の作業を続行したい、と思っていた。

　彼が最初に出した次回作のアイデアは、中編映画（約45分）だった。タイトルは『ガーデンバック』。最初の案を皮切りに、さらに優れたものへの足がかりとして、多数のプロジェクトが浮かんでは未完に終わった。プロットの詳細は明らかではない。リンチはテーマを具体的には語ろうとしない。植物の生命についての話で、カフカの小説に触発された、と説明している。「あなたが若い女性を見ると、彼女から何かがあなたにもたらされる」「このストーリーのなかでは、その何かとは虫で、男の屋根裏部屋で

育ち、彼の心を映し出す」と語る。

　『ガーデンバック』は、『グランドマザー』と、近く心のなかで羽ばたこうとしている『イレイザーヘッド』との中間地点に位置する。彼のごく簡単な説明からさえも、キャリアを通じて流れるテーマとイメージに通じるものが感じられる。『エレファント・マン』や『ブルーベルベット』、さらには『インランド・エンパイア』にいたるまで、狭苦しいアパートメントに閉じこもっているキャラクターが再三登場する。『ガーデンバック』の物語に重くのしかかった変容、危機、罪悪感といったテーマは、『ロスト・ハイウェ

イ』『ストレイト・ストーリー』『マルホランド・ド
ライブ』にも影を落とすことになる。生命力のある
植物と昆虫がそろったとき、受粉が行なわれ、あら
たな樹木が誕生する。あらすじによると、『ガーデ
ンバック』では、主人公の背中に草木が生えている。
一方、屋根裏部屋に昆虫がいて、主人公が隣人に対
して不貞な欲望を募らせるにつれて、成長していく。
内部のものが外部に表現されているわけだ。リンチ
らしさが少しずつ出てきている。

　リンチは、AFIの研究センターに通い始めた1年
目の大半を費やして、『ガーデンバック』の脚本を
書き上げた。センター側のはからいで、20世紀フォッ
クスとの面会が実現した。もともと同社は低予算の
ホラー映画を製作したがっており、この未完成脚本
をもし2倍の長さに膨らませてくれれば5万ドル出
してもいい、と条件を提示してきた。必要に迫られ
たリンチは、せりふや説明、ごくありきたりな要素
を付け足したものの、結果として出来上がった脚本
が使い物にならないことをみずから悟った。アイデ
アが希釈され、ありきたりになってしまっていた。
この苦い経験を通じて、みずからの存在意義を見つ
め直さざるを得なくなり、自分は単純なキャリア志
向を抱くことなどとうていできないと痛感した。

　失望のあまり、研究センターを辞めようかとまで
思いつめた。いたたまれずに外へ飛び出し、ひとま
ず、ハリウッド大通りにあるハンバーガー・ハムレッ
トの店内に腰を落ち着けた。信頼できる親友スプレッ
トもいっしょに来てくれた。スプレットはリンチの
心情に共感しつつも、安直な助言をするのは気がと
がめた。コーヒーを飲みながら、ふたりは悩みに悩
んだ。翌日、ようやく気持ちが落ち着いたリンチは、
センターへ戻って指導教員たちと話し合うことにし
た。「きみは何をやりたいんだね?」と質問された。
「やりたいのは『イレイザーヘッド』です」とリン
チはこたえた。

　さて、ここで少し立ち止まって、カフカの影響に
ついて考察すべきだろう。『ガーデンバック』に限
らず、リンチの作品全体にカフカの影響が及んでい
る。とくに『変身』だ(社会不適合の主人公グレゴー
ル・ザムザが虫に変わり、自分の部屋にひきこもる)。
「カフカは本当に気に入っている」とリンチは語った。
「彼の作品のなかには、いままで読んだ文章のうち
でもきわめてスリリングな言葉の組み合わせがいく
つかある。もしカフカが犯罪の物語を書いたなら、
私はさっそく乗り出す。ぜひ監督したいと思う」

　何よりも、リンチのデビュー作には、カフカのゴ
シックな悲観主義の雰囲気が漂っている。「『イレイ
サーヘッド』の主人公であるヘンリーは、カフカの
世界に少し入り込んでいる」とリンチ自身も認めた。
ヘンリーのアパートメントのじめついた街の不潔さ、
煤で真っ黒に染まった工業的な外観は、カフカ的な
悪夢の要素だ。ヘンリーはすべてを熱心に観察し、
意味のない世界を理解しようとする。リンチ作品初
の素人探偵だが、永遠に答えは得られない。

　好意的なAFIの上層部は、戸惑いながらも、追
加で5000ドルの資金を提供してくれた。それを元
手に、リンチは『イレイザーヘッド』の制作に取り
かかった。AFIから若干の条件を課せられていた。
その1つは、あくまで短編にとどめることだ。その
ころAFIは長編映画のプロジェクトでいくつか失
敗を重ねており、リンチには野心を広げすぎないよ
うに要求した。リンチとしても異存はなかった。脚
本が21ページしかなかったうえ、35mmのモノクロー
ム撮影がふさわしいと感じていたからだ。リンチは
「問題ありません」とこたえた。制作期間は6週間

右ページ:ロサンゼルスの工業地帯で『イレイザーヘッド』の屋
外シーンを撮影中になごむ、撮影監督のハーバート・カードウェル、
デイヴィッド・リンチ、ジャック・ナンス。

を想定していた。これがとんでもない見込み違いだった。21ページの脚本が42分の映画に膨れ上がり、それでもまだ歯止めがかからなかった。

　構想から完成まで、『イレイザーヘッド』の胎動は長く、まるでメフィストフェレスと契約したかのように、リンチはさまざまな誘惑や困難にさらされ、5年の歳月を費やした。そうした月日が、将来の方向性を決定づけた。絵画より映画制作を優先していたものの、リンチにとってこの2つの側面は分かちがたいものだった。依然として両方への情熱に囚われ、アートの生活に縛られていた。ほかのすべてを犠牲にして、制作や創造に没頭する必要があった。「人は、そう多くの義務を抱え込むことはできない」と本人もわかっていた。結婚が行き詰まり、まともな家庭生活が送れなかった。今日にいたるまで、ハリウッドヒルズの彼の自宅にはほとんど家具がない。家具は気を散らすだけだ。彼は来る日も来る日も同じ服を着ていて、それがキャラクターの一部になった。数週間にわたって同じ食事を取り続けることさえある。リンチは非常に習慣的な生活を送っており、生活に妨げられることなくアイデアが湧き出てくるように留意している。彼の映画は難解なシンボルに満ち、無限の解釈が可能だが、『イレイザーヘッド』の工業的な陰鬱さについては、「フィラデルフィアの空気に由来する」と珍しくオープンに語った。制作当時、私生活では新婚で、生まれたばかりの赤ん坊を抱えていたが、その一方、寂れた倉庫に囲まれ、遠くから列車の音が響く環境のなか、絶え間ない不安に包まれて暮らしていた。

　『イレイザーヘッド』の素晴らしさは、その素晴らしさを特定するのが難しいという点にある。単純に言って、他に類を見ない。1つの切り口として、ごく表面を眺めれば、フランケンシュタインふうの赤ん坊や、おどろおどろしい雰囲気が盛り込まれたホ

上：実存的な恐怖が漂う、義理の両親宅での夕食。アレン・ジョセフ演じるミスターXと、ナンス演じるヘンリーが、会話を試みている。

ラー映画だ。評論家たちの分析によれば、この映画には重苦しいサイエンスフィクションの要素が作用しており、と同時に家族ドラマでもあり、間違いなくブラックコメディでもある、という。関連するジャンルの名前を挙げていくと、きりがない。さらに別の切り口から見ると、不安を煽る難解な要素が感じられ、奥深い。

　あらすじを説明することすら難しい。悩める男ヘンリー・スペンサー（ジャック・ナンス）は、「X」という不吉な姓を持つ義理の両親の家に夕食に招かれ、自分が父親になったことを知らされる。ところが、赤ん坊はおぞましい奇怪な姿をしており、病ん

でいて、たえず看護が必要だ。精神的に変調を来した妻メアリー（シャーロット・スチュワート）が実家へ逃げ帰ってしまい、ヘンリーは、哀れな赤ん坊のために独力でできる限りのことをしなければならない。そんななか、隣人（ジュディス・ロバーツ）の誘惑によって、いくばくかの癒やしを得るものの、不貞が身の破滅につながる恐れもある。悪夢のような生活はしだいに異常さを増し、現実と幻想が交錯し、勤め先の鉛筆工場で、切断された頭部を消しゴムに加工されてしまう。これは去勢の暗喩かもしれない。

　しかしこの程度では、内容の半分も紹介したこと

にならないだろう。作品の雰囲気は一方では騒々しく、一方では苦悩に満ちている。普遍的でありながら、恐ろしく具体的でもあり、観客を圧倒する。これは、カルト的な映画マニアにとっての『市民ケーン』（1941）といえる。映画評論サイト「フィルム・フリーク・セントラル」のウォルター・チャウが指摘するとおり、「論理的な文脈でしか物事を理解できない頭には向かない映画」だ。

　最初に訪れた幸運は、AFI敷地内の粗末な離れ家だった。AFIの所有だったが、放置されて埃をかぶっていた。ドヘニーが屋敷で暮らしていた時代に、世話係などが住んでいた建物だ。台所、浴室、寝室があり、荒れ果てた小さなホテルのようだった。温室や物置もあった。リンチはこの場所の使用許可を得て、簡素なスタジオにつくり替えた。フィラデルフィアにいたころ自分用につくった間に合わせのアトリエと大差なく、四方の壁は黒く塗られた。いくつもある部屋が、撮影スタジオ、編集室、小道具やカメラの保管庫に変貌した。

　1972年5月29日から、ごく少人数からなる初期クルーの生活の一部に『イレイザーヘッド』が組み込

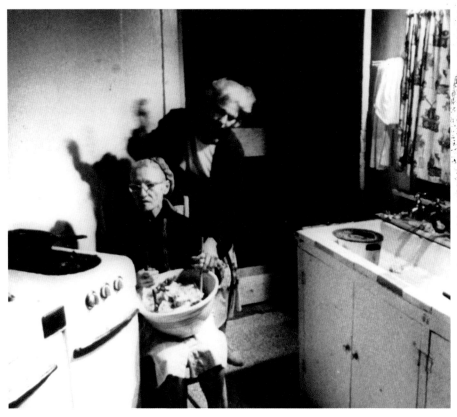

上：一方、台所では、ミセスX（ジーン・ベイツ）が、無反応な祖母（ジーン・ランジュ）を叱りつけている。

上：ごく少人数からなる『イレイザーヘッド』のクルーの集合写真。女優シャーロット・スチュワート（左上）、監督デイヴィッド・リンチ（中央上）、撮影監督ハーバート・カードウェル（右上）、助監督（のちの『ツイン・ピークス』で「ログ・レディ」を演じる）キャサリン・E・クールソン（右下）。
右ページ：危機に瀕した男──せりふがきわめて少ないヘンリー役のジャック・ナンスの演技は、サイレント映画のような表情とボディランゲージで成り立っている。

まれた。メンバーたちは、リンチの潜在意識をもとに、あらたな世界をつくり上げていった。「過ごすにも働くにも、美しい場所だった」とリンチは振り返る。予算が乏しいだけに、創意工夫が美学を生んだ。「必要は発明の母」ならぬ「必要が、父親にならなければいけないというヘンリーの悪夢の母」だった。映画撮影所の外のごみ箱から漁ってきた木材を使い、セットを何度も組み立て直した。アライド・スタジオという撮影所の閉鎖セールで、板を満載したワゴン車を100ドルで手に入れた。窓を覆うには、麻袋を吊り下げた。ベッドシーツを好みの色調にす

るため、紅茶やコーヒーに浸した。小道具は、ガレージセールで見つけたり、監督が手づくりしたりした。何事もひどく長い時間がかかった。「ゆっくり進めると、からだの一部になる」とリンチは言う。結局、彼は5年間、『イレイザーヘッド』のなかで（ときには文字どおり、その内部で）暮らすことになった。ペギー（「アートライフ（芸術生活）」の犠牲者）とは離婚し、撮影現場に隣接する部屋で寝泊まりした。夜になると鍵をかけて閉じこもり、不審がる警備員は親友のスプレットが追い払った。リンチは『イレイザーヘッド』の影の世界で目覚め、コーヒーの力

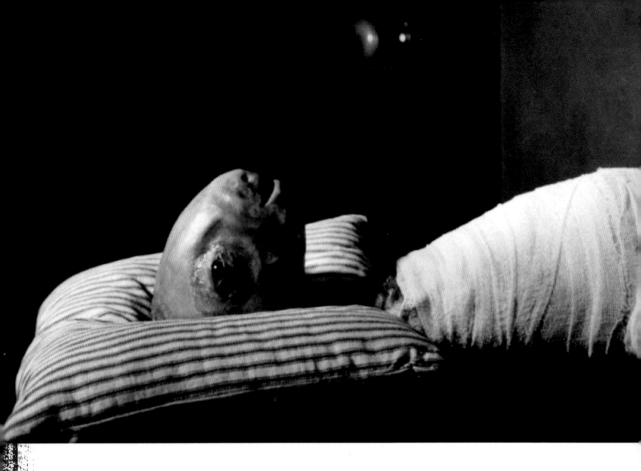

で生き返り、とらえどころのない寓話の制作にふた
たび取り組むのだった。生活が映画であり、映画が
生活だった。

　本作品以降、観客はたびたび、ある疑念を抱かず
にいられない。この主人公はリンチの鏡像なのでは
ないか、と。丁寧に手入れされたワイヤーブラシの
ような髪の毛のかたまり（コーエン兄弟の『バート
ン・フィンク』[1991] の主人公、悩める脚本家に
影響を与えた）。似合わない黒いスーツに、きつく
ボタンを閉じたシャツ、ポケットプロテクター、白
い靴下という、つねに寸分違わぬ服装。奇妙なしぐ
さの癖。ヘンリーとその生みの親のあいだにはほと

んど距離がないように思える。

　後年のドキュメンタリー作品『デヴィッド・リン
チ：アートライフ』のなかで、娘のジェニファー・
リンチが『イレイザーヘッド』について意見を示し、
この映画はまさしく父親自身が父親という立場に抱
いた不安を描いている、と述べた。「父は何もかもアー
トを通じて吐き出すのよ」。父親の映画制作は、彼
女の子供時代にいつもついてまわるものだったとい
う。デイヴィッド・リンチ本人も、自分の映画は「不
安や混乱、そしてもちろん恐怖」を具現化したもの
だ、と認めている。その先の洞察は、われわれに委

左：奇形の赤ん坊の正体はいまだ謎のままだ。「防腐処理された子牛の死体」などの憶測も根強い。

下：不快なアプローチ——ヘンリー（ナンス）が、義理の母親であるミセスX（ベイツ）の過度に親しげな接触に抵抗するさなか、その娘メアリー（シャーロット・スチュワート）が割って入ろうとする。

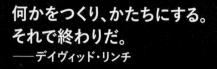

何かをつくり、かたちにする。
それで終わりだ。
——デイヴィッド・リンチ

ねられているのだ。

　UCLAのテレビ制作クラスに向けて、1979年に撮影されたインタビューがある。当時33歳で若々しい顔のリンチは、丁重な物腰ながらも、自身の映画についてごく簡単な説明以上は語らなかった。この姿勢は、以後、変わらない習慣として続く。意味という概念そのものが、彼を居心地悪くさせるのだ。リンチにとって、謎とは、どんな解釈も可能と思えるときこそ最も楽しい。10年以上後の『ツイン・ピークス』にしろ、ローラ・パーマーの殺人犯が明らかになってからは、物語の回復に苦しむことになる。「リンチは、天才的な才能を使って、自分の不気味

な感覚を観客に感染させる」と評論家のデイヴィッド・シュートは『フィルム・コメント』誌に書いている。「いったい何を意味するかを解明するという中間過程が、観客には必要がないのだ」。リンチは自身の作品から、断固として理性を排除している。観客がどう反応すべきかを指示するのは自分の役割ではない、とばかりに。われわれ観客の心に湧き上がったものすべてが正しいといえる。「何かをつくり、かたちにする。それで終わりだ」とリンチは言う。とくに『イレイザーヘッド』は、われわれ自身に潜むパラノイアをあぶり出すロールシャッハテストに近い。

『イレイザーヘッド』の異星人じみた赤ん坊をどうやって造形したのかについて、リンチはけっして語らない。まるでマントラのように「それに関しては話さない」と繰り返す。ナンスから「スパイク」と呼び名を付けられた、マクガフィンともいえるこの赤ん坊は、汚れた包帯で包まれ、かろうじてかたちを保っている。道徳から外れた性行為の結果生まれた変異体なのか？　ヘンリーの不安の具現化だろうか？　見るからに異様な生き物で、首が鳥のように細く、牛に似た鼻には小さな膿疱が点在しているが、ヘンリーに対して優しく訴えかける目は驚くほど人間的だ。巷では、あれは子牛の胎児ではないか、いや、皮を剥いだ兎を何らかの方法で生きながらえさせ、命ある奇怪な人形に仕立てたのだろう、といった憶測が根強く飛び交っている。「あれは、近い場所で生まれたものだ。あるいは見つかったのかもしれない」。リンチが漏らした情報はせいぜいそれだけだ。

確かなのは、『イレイザーヘッド』がリンチ映画すべてのソースコードであるということだろう。各作品とのあいだでアイデアやイメージが共有され、テーマが繰り返され、奇妙な執着がみられる。同じ宇宙か夢空間に共存しているかのようだ。最初に撮影されたシーンは、ヘンリーが恋人の両親に会う狂気じみた場面だ。リンチは、50年代のシットコム（『アイ・ラブ・ルーシー』『ビーバーちゃん』など）のステレオタイプを拝借しつつ、奇々怪々なドラマに変えた。メアリーは癲癇の発作を起こし、祖母（ジーン・ランジ）は無反応、ミスターX（アレン・ジョセフ）は配管に関する意味不明の発言をわめき散らし、ミセスX（ジーン・ベイツ）はヘンリーに不健全なアプローチを試み、ヘンリーが鳩のような肉料理にナイフを入れると、黒っぽい液体が吹き出す。さまざまな段階で、『イレイサーヘッド』は社会的なマナーを風刺しており、『ツイン・ピークス』が

ミステリーと社会研究のあいだを揺れ動くのと相通じるものがある。

シャーロット・スチュワートによると、彼女がか弱い神経質なメアリーを演じるシーンの前にはいつも、「耳の感染症で耳漏に悩まされている」との設定が書き添えられていたという。観客には見えないのだが、彼女はそれを気にして、さかんに頭を傾ける。演技にさらなる不穏さをにじませるためだった。『イレイザーヘッド』は、せりふの少なさと不条理な展開、モノクロームの映像、時代設定のあいまいさ（未来なのか、過去なのか？）などから、サイレント映画のような変幻自在さを秘めている。ジャック・ナンスは、神経質なしぐさを重ね、付きまとう何者か（運命？）をたびたび見やりながら、不安を募らせていくヘンリーのオデッセイを表現している。とはいえ、彼の演技の大半は眼球によるものだ。

いわば、身体的な演技が編み出す交響曲だ。チャップリン、キートン、ハロルド・ロイドというサイレント映画の巨匠たち3人――運命に翻弄される心優しい魂、存在主義の道化師たち――を彷彿とさせる。リンチの映画から醸し出される不思議な独創性には、つねに、このような古き良きハリウッドが微量の放射線のように含まれる。とはいうものの、ナンス演じるヘンリーは、サイレント映画の偉人たちのどんな役柄よりもはるかに苛烈な境遇に閉じ込められている。この男をプロトタイプとして、以後、リンチは悩める主役を次々に生み出していく。『エレファントマン』のジョゼフ・メリック、『デューン／砂の惑星』のポール・アトレイデス、『ブルーベルベット』のジェフリー・ボーモント……。

タイトルが示唆するとおり、『イレイザーヘッド』は全編にわたって、不安定な街の老朽化したアパートメントが舞台というより、ヘンリーの頭のなかで物語が進行している雰囲気だ。

左：新生児を生んだメアリー（スチュワート）には
癲癇の持病があり、ミセスＸ（ベイツ）が髪を梳い
て落ち着かせようとする。のちにヘンリーが病気の
赤ん坊をなだめようとする場面と対になっている。

下：暗い工業地帯を通って帰宅の途につくヘンリー（ナ
ンス）。不安げに振り返り、見えない追跡者（運命
を表わしているのかもしれない）を見やる。

ナンスはボストンで生まれ、三人兄弟の長男。テキサス州立大学でジャーナリズムを学んでいたとき、演技に目覚めた。固い決意を胸に、あらたな技能に専念しようと大学を中退し、サンフランシスコに引っ越して、カフカの『アメリカ』の舞台版に出演した。『ハワイ・ファイブオー』などのテレビ番組に出ることもあったが、キャリアの軸は、断続的な舞台の仕事だった。不条理喜劇の劇団「ドゥーダ・ギャング」にも参加した。ある役柄のとき、棺桶のなかに3日間入っていたところ、人形と勘違いする批評家もいた。彼をリンチに紹介したのは、劇場監督を経験したあとAFIで学び始めていたデイヴィッド・リンデマンだった。コーヒーを飲みながら、若きリンチはナンスの縮れ毛に魅了されたが、ナンスは学生映画に軽蔑的だった。ところが、帰りぎわ駐車場に出たとき、状況が変わった。

「へえ、しゃれたルーフラックだな!」。ナンスのおんぼろのフォルクスワーゲンの屋根上荷台をひと目見て、リンチは感心した。じつは、ナンスが材木で自作したものだった。DIYについて話題が盛り上がるうち、以後25年にわたるコラボレーションが始まった。撮影現場における監督の要求はシンプルだった。「ジャック、とにかく真っさらな状態になってくれ」

ナンスは筋肉の記力が驚異的で、ヘンリーの無気力なうなだれた歩きかたを5年にわたって維持できた。ふたりが閉じこもったイレイザーヘッドという境界領域のなかでは、時間が歪んでいた。シーンとシーンのあいだ、たとえばドアが開くカットから、その先の室内のカットまで、撮影期間が1年半も隔たっていることもあった。『イレイザーヘッド』の制作にまつわる数々の逸話は、もはや神話になっている。制作過程で見いだされた映画といえる。「デイヴィッドは、独自の映画文法をあらたに開発していた」、ハーバート・カードウェルから引き継いだ

上:『イレイザーヘッド』の数少ない屋外シーンを撮影中のナンスとデイヴィッド・リンチ。この先、ふたりは強力なタッグを組み、多くの映画やテレビドラマでナンスが象徴的な役割を果たすことになる。

撮影監督フレデリック・エルメズは、そう語る。「どれだけ時間がかかろうとかまわず、どう見えるかだけが重要だった」とリンチは言う。もっと暗く、もっと暗くと求める彼の飢えを満たすために、1日にワンシーンしか撮影できないことも多かった。

「奇妙な場所にもルールはある」とリンチは明言する。予算上、テイクを無数に重ねるわけにはいかな

いとわかっていたので、すべてを絵コンテに描き、入念にリハーサルした（リテイクはたいてい、機材の信頼性の低さが原因だった）。ショットをきれいに揃えるためであっても、小道具を動かすことはできなかった。キャストもクルーも、たった1つのヴィジョンを——すなわち、リンチのヴィジョンを——実現すべく努力していた。「ひとりの人間を通してすべてを濾過しなければいけない」。リンチは、当然と言いたげな口調だった。「そうしないと、まとまりがなくなる」。『イレイザーヘッド』は、明るく礼儀正しい1つの声で統制されていた。柔和な独裁者。上から監視する人物はおらず、リンチのキャリアのうちで最も完璧な状況だった。

「デイヴィッドの作品をユニークにしているのは、彼が解き明かそうとしている謎だ」とエルムズは言う。実際、リンチのもとで働く大きな魅力は、何が起こるかわからないことだった。幸運にも、リンチは、自分の独特なヴィジョンに魅了された協力者たちに囲まれていた。彼らは、丘のうえで孤立するアウトサイダー中のアウトサイダーであり、カルトの指導者に付き従って暗闇へ向かっていた。当時ナンスと結婚していた元女優のキャサリン・コールソンは、初めは撮影助手だったが、そのあとセット美術、ついには雑用係となって、出演者の髪を逆立てたり、ウェイトレスのアルバイトでもらった残り物を持ってきたりと、必要なことは何でもやった。みんな週給25ドルをもらっていたが、資金繰りが苦しくなって12.50ドルまで下がった。契約書は地元の軽食堂のナプキンだった。『イレイザーヘッド』が完成するまで時間がかかったのは、DIYふうの映画制作の遅さのほか、慢性的な資金不足も原因だった。AFI

からの助成金はすぐに使い果たし、リンチは、友人や家族からの不定期の寄付と、かすかな可能性を信じて働き続けてくれるキャストとクルーに頼らなければならなかった。親友のフィスクと、女優のシシー・スペイセク（AFIの同窓生であるテレンス・マリック監督の『地獄の逃避行』[1973]のセットで出会った）は、急速に発展しつつあるキャリアから得た収入を残らず提供してくれた。

1973年初頭から1年間、撮影が完全に止まった。絶望的な状況に直面したリンチは、ヘンリーの人形をつくって残りのシーンをストップモーションで埋めることも考えた。日常生活を維持する（さらには、家族を養う）ために、リンチはさまざまな臨時雇いの仕事を続ける必要があった。その1つは新聞配達だった。近道をあれこれ試したすえ、1時間半で配り終えるルートを編み出し、明け方に街を自転車で走って「ウォール・ストリート・ジャーナル」紙を配達してまわった。また、この中断期間にあらたな日課を確立し、以後7年間続けた。毎日、バーバンクにあるファミリーレストラン「ボブズ・ビッグ・ボーイ」に行き、脚付きの金属グラスで提供されるコーヒー入りチョコレートシェイクを注文する。時刻は、きまって午後2時30分。そのころには、マシンが冷えてシェイクが完璧な粘度になっているうえ、昼食時の混雑も和らいでいる。店内の温かみのある照明に包まれながら、リンチは自分自身を取り戻すのだった。「軽食堂にいると、安心して考え事ができる」、2006年に出版したアート哲学の指南書『大きな魚をつかまえよう　リンチ流アート・ライフ∞瞑想レッスン』のなかでリンチはそう語る。彼の映

上：ヘンリー（ネイス）がアパートメントのロビーに入ると、悪夢のような薄暗さが出迎える。リンチ映画の熱心なファンなら、カーペットのジグザグ模様に気付くだろう。これは、のちに『ツイン・ピークス』の「赤い部屋」で再現される。

画やテレビドラマでも、登場人物たちがふだん集まるのは軽食堂だ。刺激物によって気力が湧いたリンチは——彼は砂糖を「顆粒状の幸福」と呼ぶ——アイデアを紙ナプキンに書き留める。

　心の奥に抑え込んだ怒りや、それほど抑え込んでいない怒り——怒りの大半は家庭内で生じ、そのあと映画の制作過程で分析された——に対処すべく、リンチは超越瞑想（トランスデンタル・メディテーション）に熱心に取り組み始め、現在に至るまで続けている。妹のマーサから勧められたのがきっかけだった。毎日2回、目を閉じて一心にマントラを20分間唱え、至福の境地に達するというこの瞑想法は、ビートルズの導師であり、ときに揶揄の対象にもなるマハリシ・マヘーシュ・ヨーギーが広めた。リンチは初めのうち懐疑的だったが、間もなくのめり込んだ。以来、瞑想のセッションをいちども欠かしたことがないという。これが、創造性を保っている要素の1つだ。リンチをひとことで表現すると、「質

感を重視する監督」と言えるだろう。それぞれの映画で、一定のムードを設定しようとする。本人は、素材に「周波数を合わせる」と表現する。最初の妻ペギーいわく「彼は、映画のありかたにもとづいて映画をつくるのではなく、自分が物事を経験するときの経緯にもとづいて映画づくりをするんです」。『イレイザーヘッド』では、「見た目」（および、それと不可分な「感触」）が、病的なノワールの一種に属し、SFとホラーというサブジャンルに分岐している。『ヴィレッジ・ヴォイス』誌のネイサン・リーは、ニューヨーク近代美術館が2007年に完成したレストア版『イレイザーヘッド』を観て、「細心の職人芸がなせるわざだ。湿気、ほこり、岩、木、髪の毛、肉、金属、粘液が巧妙に組み合わさっている」と評した。

上：『イレイザーヘッド』において、リンチは、現実と夢の境界が曖昧になっていく悪夢のイメージをつくり上げた。後年の『ツイン・ピークス』でも共通のモチーフが扱われている。

「私にとって、場所の感覚を伝えることはスリリングだ」とリンチは語る。この映画の舞台である名のない街では、機械的な生活と有機的な生活が融合している。ヘンリーが家に帰る途中で横切らなければいけない空き地は、油の浮いた水たまり、点在する瓦礫、配管の突起などがあり、荒れ果てて見える。煙が吹き出し、うなりに似た騒音が遠くの工場からたえず響いてくる。その音はアパートメントの室内でも小さくならない。引きつけを起こしたかのような、醜い赤ん坊の泣き声は、もたつく機械を連想させる。ラジエーターがしきりに蒸気音を発する。リンチは、間に合わせの撮影スタジオ内だけでなく、つかの間の野外ロケに出た際も、鋭い注意力を発揮し続けた。あつらえ向きの外観を持つ建物を、ロサンゼルスの繁華街の周辺で見つけた。ほかにも、古い敷地、地下道、再開発を待つ荒野の一角……。しゃれたビヴァリーセンター・ショッピングモールが建つ予定の敷地には、使われていない油井があった。

主人公がみすぼらしいアパートメントの建物に到着すると、観客は、衝動と恐れに駆られた内面の風景を目にすることになる。エルムズの手によるモノ

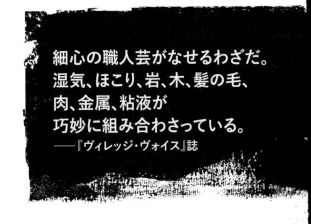

細心の職人芸がなせるわざだ。湿気、ほこり、岩、木、髪の毛、肉、金属、粘液が巧妙に組み合わさっている。
——『ヴィレッジ・ヴォイス』誌

クローム映像によって、本能や欲望をつかさどる「イド」が、薄明かりのなかにぼんやりと表現主義的に浮かび上がる。30年代のユニバーサル・ピクチャーズのホラー映画（フランケンシュタインやドラキュラ）を思わせる雰囲気であり、H・R・ギーガーがデザインした『エイリアン』（1979）のバイオメカニカルな不安感が漂っている。文明はもはや息絶えかねない。

上：名もない街の灰色の荒れ地を歩いていくヘンリー（ナンス）。未来のディストピアを思わせる風景だ。

　リンチは、この映画のプロローグについて書かれる機会が少ないことに驚いている。宇宙におけるこの序曲で「以後の物語にとって重要な要素」が示しされるからだ。不安げなまなざしのヘンリーの顔が横向きに映し出され、荒涼とした惑星と二重写しになったあと、カメラはその惑星のでこぼこの表面に近づいていく（本作で最もトリッキーなショットだ）。場面が変わると、からだじゅうの皮膚に腫瘍のある、神とおぼしき男がひとり、割れた窓の外を見つめており、彼がいよいよ物語を始動させる。この「惑星の男」を演じているのは、リンチの親友フィスクだ。

上半身裸で、全身がびっしりと膿で覆われている（剥がすのに4日かかった）。男はまるで鉄道線路のポイントを切り替えるかのように、重いレバーを引く。ヘンリーの人生が、大きく異なる方向へ向かおうとしている。彼が力なく金魚のように開いた口の奥から、精子のかたちをした幻影が現われる。この一連のシーンは、生殖行為の流れを象徴しているのだろうか？　単純に置き換えると、リンチが芸術に生を授けている、という意味合いかもしれない。

　外部の力が出来事に介入するという概念──いわば「リンチアン」の宇宙におけるデウス・エクス・

マキナ（機械仕掛けの神）──が、リンチ作品では永続的なテーマになっている。

　巨大なミミズのような精子（あるいは、胎児という解釈もあり得る）は、手づくりしなければならなかった。リンチは彫刻家のごとく、自分の映画をこつこつと手作業でかたちにしていった。自分の映画の基本構造にどれだけ近づけるかを見きわめ、低予算の枠内で力強い視覚効果をもたらす才能を発揮した。まるで、残り少ない絵の具をチューブから絞り出すかのようだった。いや実際、『イレイザーヘッド』

の有機的な側面は、彼の初期の具象絵画──小さな部屋のなかで人間のかたちがしだいに歪み、肉体が機械と融合していく──の延長線上にある。

　リンチがあらたなアイデアを思いつくと、ヘンリーの物語はあらたな領域に進入し、各シーンすべてが再構成されたり、置き換えられたりした。これらが、夢のなかの夢というかたちを取り始めた。「ヘンリーは本当に困惑していた」と彼は説明する。「そのせいで、夢想の世界へ導かれていった」。複雑なショットが組み立てられ、照明が準備されているあいだ、

右：ローレル・ニアが演じる「ラジエーターのなかの女性」。両頬が腫れ上がっているが、哀れな立場に置かれたヘンリーにとって、幸福の象徴といえる。

リンチは、真っさらな紙に思いつくものを描くことに没頭した。あるとき、小さな女性の絵を描き、すぐさま、彼女が放つ温かさを感じた。そこから必然的に、彼女はラジエーターのなかに住み、そこのステージ上で歌っている、という設定に至った。リンチの「ミューズ」、すなわちインスピレーションの導き手は、連鎖反応に似ている。偶然か運命か、ヘンリーのアパートメントに割り当てた部屋には古いラジエーターがあり、その奥に、こちんまりした空間があった。ヘンリーがその方向を見つめるシーンまで撮影済みだった。「ラジエーターのなかの女性」（ローレル・ニア）は「結果的に、きわめて重要だった」とリンチは語る。悲観的な見通しで八方ふさがりのヘンリーにとって、彼女は唯一の希望の光だ。リンチは彼女を「きわめて美しい」存在ととらえていた。たとえ両頬が腫瘍のように膨れていても、歌い踊っている最中に胎児（あるいは精子）が降ってきて、それを華奢な足で踏み潰しているとしても。『イレイザーヘッド』の鑑賞体験は、観る者にトラウマ的な苦悩をもたらす（これは賞賛のつもりだ）。その原因は、視覚的な要素だけではなく、緊張感の高まりのように繰り出される原始的な音にある。『ヴィレッジ・ヴォイス』誌に寄せた記事のなかで、リーは「映画は観るだけでは意味がない。聴くことも必要だ」と指摘している。この映画を包み込む黙示録的な連続ノイズ、破滅的なテクノロジーのうめき声は、リンチとスプレットのたゆまない共同作業の成果だ。『イレイザーヘッド』の制作を通じて、リンチはサウンドスケープや音楽への「より深い愛」に目覚めた。

「音は大きな世界を構築できる」と彼は言う。『イレイザーヘッド』の予算は限られていたが、音響的な深みのおかげで、カメラの届かないところにある苦悩の深淵が感じられる。全編にわたるサウンドスケープは、映画史上まったく新しい試みだ。遠くのラジオからは、ファッツ・ウォーラー（スプレットがリンチに紹介した）のオルガン音楽がかすかに聞こえてくる。

　最初の上映はAFIで行なわれた。客席にすわったキャスト、クルー、友人たちは一様にとまどった。どう反応すべきか、誰もわからなかった。何を考えればいいのかすら……。これが、リンチ作品に共通する、観客のお決まりの反応だ。最初は困惑するが、やがて虜になる。次に何が起こるのか、観客はつねに予想がつかない。とくに処女作ともなると、過去の何とも比べようがなかった。のちにリンチを賛美するようになる主要な映画祭もすべて、『イレイザーヘッド』の上映を見送った。初公開は1977年3月19日、ロサンゼルスのフィルメックス映画祭だった。映画が終わったとき、「呆然とした沈黙」があった、とナンスは振り返る。間が空いたのち、拍手が始まった。しかし、レビューはほとんどなく、あったとしても、たいがい否定的なコメントだった。

　映画業界のバイブルである『ヴァラエティ』誌は、「吐き気を引き起こす悪趣味」「直視しがたいクライマックス」と厳しく批判したが、一方で、ニューヨークで映画館を営むベン・バレンホルツは、トレンドに敏感で目ざとく、これぞまさに自分が探し求めていた定義不能で時代にふさわしい深夜上映向きの作品だと見抜いた。バレンホルツは、1970年、チリのアレハンドロ・ホドロフスキー監督の神秘的、超自然的な映画『エル・トポ』を大成功させ、マニア向け深夜上映の第一人者という地位を確立していた。『エル・トポ』は、謎めいた砂漠を旅するガンマンの、狂気と血にまみれた物語だ。バレンホルツは、この作品をニューヨークのエルギン劇場で深夜に上映した。『イレイザーヘッド』に関しては、彼はフィルメックス版から20分カットし、マンハッタンのシネマ・ヴィレッジ劇場で封切りした。マー

上：消しゴム工場にまつわる夢のなかの夢のシーンで、トマス・クールスン演じる少年が、ヘンリーの頭部をかたどった特殊メイクアイテムを抱えている。頭部の切断は、去勢のメタファーと解釈されることが多い。

ケティングはいっさいなし。ただ1つのキャッチフレーズは「悩ましく暗き物どもの夢」だった。

　徐々に座席が埋まり始め、評判がささやきのように広がって、ほかの都市のアートシアターでも上映され始めた。ロサンゼルスのヌーアート劇場、サンフランシスコのロクシー劇場、ロンドンのスカラ劇場……。最終的な興行収入の数字は特定できないものの、結果的に黒字だった。『イレイザーヘッド』を観ることは、カウンターカルチャーの儀式になった。感覚に訴える衝撃度からいって、この作品は映画というより悪夢に近い。批評家たちも、驚くべき独自性に注目しだした。鋭いまなざしであらたな挑

発者を探していた『ニューヨーカー』誌のポーリン・ケイルは、「合理性を大胆に超越した映画」と評した。また、『シネファンタスティック』誌のデイヴ・バーソロミューは、「手がかりのない暗号文のような」非凡な映画だと表現した。やがて、このデイヴィッド・リンチという人物は何者なのかについての議論が始まった。

　貧弱な若い制作チームがつくった映画であるにもかかわらず、『イレイザーヘッド』は、絵画や彫刻などの孤高の芸術作品のように、独自の世界を確立していた。どこからどう見ても、デイヴィッド・リンチの創造物だ。彼のキャリア全体にわたる魅力的な謎の1つが、処女作にして早くも浮かび上がる。すなわち、静寂と恐怖のあいだで繊細かつ重要なバランスを保つ、これほどまでに個人的なイメージを、どのようにしてほかの人々に共有させることができたのか？　クルー、共同製作者、プロデューサー、資金提供者がしだいに増えていく状況下、どうやって全員をインスパイアし、手伝わせたのか？『イレイザーヘッド』は、リンチのキャリアのうちでもとくにユニークであり、存在主義的なゴシック・ノワールのファンタジーというサブジャンルの元祖となった。このサブジャンルはやがて商業的に大ヒットが見込める分野に発展し、製作費も高騰した。代表的な作品としては『エイリアン』（1979）『未来世紀ブラジル』（1985）『ターミネーター』（1984）『π』（1998）『マトリックス』（1999）などがあり、壮大な悲観主義が特徴だ。リンチは『2001年宇宙の旅』（1968）から大きな影響を受けたが、ぐるりと一周まわって、こんどはスタンリー・キューブリックがリンチのデビュー作をお気に入り映画の1つに挙げ、閉所的なサウンドスケープを『シャイニング』（1980）に採り入れた。伝記作家デニス・リムによれば、『イレイザーヘッド』はまるで異星からビームで送られてきたかのような完全に独自の芸術作品

である一方、「時代によく当てはまる映画でもあった」という。観客は、たんに映画の世界に入るのではなく、制作の過程や意図にまで没入させられ、監督の芸術上の「筆致」を感じとる。物語を追うというより、環境に身を委ねることになる。その意味で、1970年代から広まったインスタレーションアートと映画の境界地帯に位置する作品なのだ。また、いわば「大きく歪んだレンズ」を通してではあるが、都市の荒廃を描いた70年代映画——『タクシードライバー』(1976)『狼たちの午後』(1975)『フレンチ・コネクション』(1971) など——の本質を捉えている。さらに、めまいを誘うような不安定感は、同じく70年代の一連の偏執病的なスリラー——『ナイトムーブス』(1975)『カンバセーション…盗聴…』(1974)『パララックス・ビュー』(1974) など——と共通する。

　リンチは、ひび割れた鏡にアメリカを写しているということか？

　彼が登場した時代と、ロサンゼルスの映画学校で過ごした時間の長さを考えると、リンチは、「新ハリウッド世代」や「ムービーブラッツ」と呼ばれる監督たちと、少なくとも同時代人といえるだろう。にもかかわらず、そのようなくくりでリンチが論じられることはない。「わたしは奇妙な扉からやってきた」と本人は言う。コッポラ、スコセッシ、スピルバーグらがマスメディアの見出しを飾り、大手映画会社の札束をつかむかたわらで、彼は、アメリカ映画の陳腐さに対し、はるかに過激な変革をもたらしていく。とはいえ、それはまだ先の話だ。

わたしは奇妙な扉からやってきた。
——デイヴィッド・リンチ

上：異星人の子供の姿──リンチは非凡な造形力を発揮して、ヘンリーの赤ん坊をつくり出した。
このグロテスクなパペットの出自について、リンチはいまだ口を閉ざしている。

悩ましく暗き物どもの夢　　61

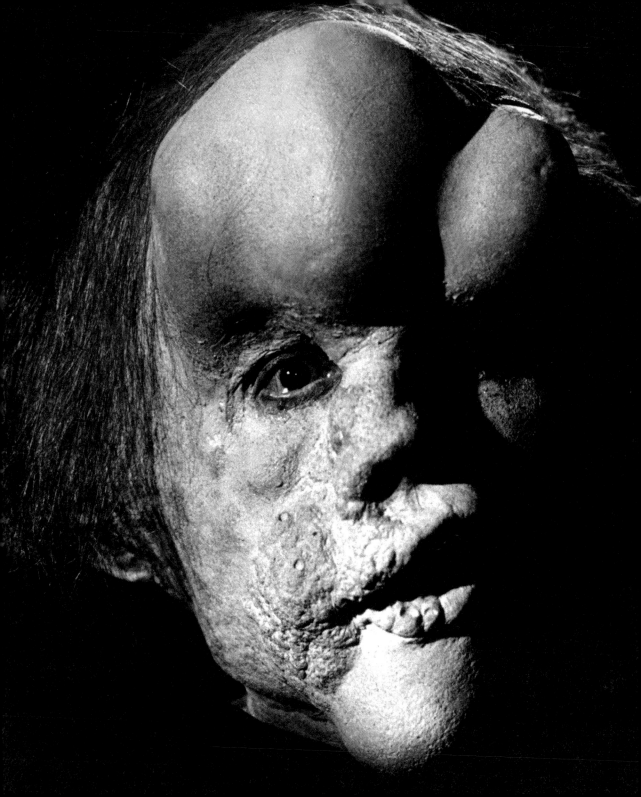

皮膚の下

『エレファント・マン』の驚くべき真実

前ページ見開き：デイヴィッド・リンチの第2作『エレファント・マン』で、ジョン・ハートは、精巧な特殊メイクにより、悲劇の主人公ジョゼフ・メリックに変身した。

右ページ：前半のシーンでは、メリックのいびつな顔を麻袋で隠すことにより、サスペンスを高めるとともに、メイクの必要性を最小限にとどめてある。

下：リンチにとって、『エレファント・マン』は、正統派の監督としての地位を築く試みだった。世間で「ふつうのキャリア」といわれるものを歩み始めようとしたわけだ。「正統派」や「ふつう」と言っても、あくまで相対的にみての話だが……。

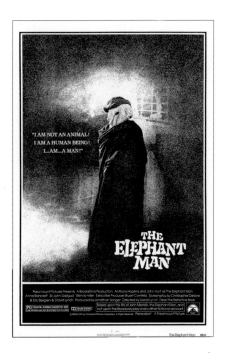

運命が、私たちの生活において巨大かつ実用的な役割を果たす——デイヴィッド・リンチはよくそう口にする。名前を付けることのできない外部要因がある。宇宙のなかには、私たちを正しい道筋へ導く影響力が存在する。その力とは、遠くの惑星に住む陰の神々が錆びたレバーを引くのに似ている。「ジョン・ギールグッド卿が出演するヴィクトリア朝時代のドラマをつくるのに、『イレイザーヘッド』の監督を起用しようなんて、誰も考えつかないだろう」とリンチは言う。しかし、現実にはそうなった。運命はリンチを『エレファント・マン』へ導き、穿鑿好きな世間の目を避けていた芸術家兼映画監督は、突如、表舞台の中央に押し出された。

しかし、まずは前日譚から。

最初に記さなければいけないのは、『ロニー・ロケット』の悲劇だ。実現しなかったリンチのプロジェクトのなかで、おそらく最も素晴らしい作品だろう。形而上学的なミステリーとスラップスティック・コメディが融合している。とある映画会社の幹部から、新作はどんな映画かと尋ねられたとき、リンチは大真面目にこうこたえた。「身長1メートル弱、髪が赤いポンパドールで、交流電力によって動く男の話です」

脚本はおもに、デイヴィッド・リンチが父親といっしょに改装中だったロサンゼルスの家で執筆された。2度目の結婚を控

上：アンソニー・ホプキンス演じるフレデリック・トリーヴス博士（左）は、医師仲間たちにジョゼフ・メリックの素の姿を見せる。
明らかに残酷な皮肉であり、メリックはサーカスにいたころと同じように見世物になっている。

えているころだった。相手はジャックの妹、メアリー・フィスク。リンチの父親がリヴァーサイドにある古びた家を買い、父子で改装しよう、改装後に売却で得た金を結婚祝いとして贈る、と言ってきたのだった。日々の肉体労働で活力を培い、リンチは毎晩10ページずつ書き進めた。1ヵ月もしないうちに、脚本が完成した。

『ロニー・ロケット』の主人公はリンチの脳内から脱することができなかったものの、その影響とからだの一部は、無事に世に出た作品に影響を与えた。リンチのみごとなキャリアの根底にある伝説的な映画といえる。のちに彼はアメリカの一般的な文化や

価値観をユニークな視点から描き続け、観客側のわれわれはそれがリンチ作品というカンヴァスのおもだった特徴ととらえている。『ロニー・ロケット』は、そういう作品群と、幻想的なデビュー作とをつなぐミッシング・リンクなのだ。舞台は1950年代ふうの、煤で覆われた広大な街。工場の煙突から煙が吹き出している（『エレファント・マン』で多用される、スモッグライトのような効果につながるアイデアだ）。空気は静電気により、ばちばちと音を立てている。音響効果の達人であるアラン・スプレットによれば、静電気というテーマに沿ってさまざまな音を工夫したという。「バチッ、ブーン、ブーッ、バンッ。あるいは、雷や叫び声、金切り声のような音……」。

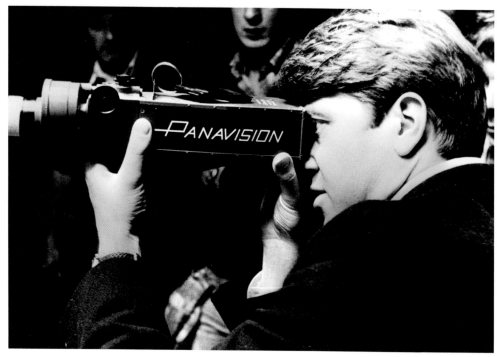

上：ショットの構図を決めるデイヴィッド・リンチ──『エレファント・マン』の制作は、火あぶりの洗礼のようだった、と彼は公然と語る。外国での撮影や、イギリス人のキャストの扱いに難儀した。しかし、撮影が進むにつれて、自信を膨らませていった。

物語は、一方ではフィルム・ノワールに傾き、曖昧な事件を追う刑事が登場する（つまり『ツイン・ピークス』の原型）。この刑事は、片足で立つという稀有な才能の持ち主でもある。他方では、『フランケンシュタイン』のテーマが進行し、科学者たちによって低身長のロニーがつくり出される（あるいは復活する）ものの、15分ごとに主電源につないで充電しなければいけないという制約を抱えている。電気が中心的なモチーフであり、ロニーは狂気じみた絶叫を武器に、ロック音楽のスターダムにのし上がる（ライブ演奏のシーンは、『ブルーベルベット』『ロスト・ハイウェイ』『マルホランド・ドライブ』にもある）。オープニングでは、巨大な黒いカーテ

ンに覆われたステージが映し出され、やがてカーテンが開くと、そそり立つ炎の壁が現われる（『ワイルド・アット・ハート』で再現されるイメージ）。

電流は両方向に流れる。善と悪が満ちている。市は横暴な専制君主の支配下にあり、邪悪な「ドーナツメン」が探偵を尾行している。閉回路の性質についての哲学的な考察も多い。また、登場人物たちは、自分自身を編み針で刺し、たえまない痛みの刺激によって活力を維持している。観客側は、ある意味でこれは薬物依存の寓話なのかもしれない、という印象を抱かせられる。

リンチは、『イレイザーヘッド』の制作のやりかたを踏襲したいと望んだ。すなわち、前作よりはる

かに野心的な映画であるものの、同じような少人数の献身的なクルーと組み、自分の都合の良い時間に撮影したかった。「この映画の世界に入り込んで、しばらくそこで生活したい」と彼は言った。しかし、それには費用がかかる。映画会社側は困惑と反感の入り混じった反応を示した。この突飛で理解しがたいSFが商業的にヒットする可能性はあるのだろうか？　リンチは90年代、『ツイン・ピークス』が成功したあと、ふたたび『ロニー・ロケット』の映画化の実現を試みたものの、彼が文化的に絶頂期だった当時でさえ、まったく関心を呼び起こすことができなかった。

『ロニー・ロケット』の頓挫を経て、リンチは賢明になった。「ふつうの」映画監督としての実力を証明する必要がある、と考えた。いやそもそも、次の仕事が必要だった。そこで、若手プロデューサーのスチュアート・コーンフェルドに助けを求めた。

ロサンゼルス生まれのコーンフェルドは、ときおり俳優としても活動しながら、会社幹部として頭角を現わし、高名なコメディアンたちとの強力なつながりを築きつつあった。『トロピック・サンダー／史上最低の作戦』（2008）でトム・クルーズが演じた口汚いプロデューサー、レス・グロスマンのモデルは彼といわれる。当時はまだあまり知られていない存在で、ある日、リンチの家に電話をかけてきた。メアリーを介して伝言を受け取ったリンチは、名前の響きが気に入り、何度も何度も口に出して言った。「コーンフェルド。コーンフェルド。コーンフェルド」。いずれ会う価値があると思った。コーンフェルドのほうは、『イレイザーヘッド』の生みの親と仕事をしたくてたまらなかった。短期間ではあったが、『ロニー・ロケット』の実現に向けてすら、果敢に（あるいは正気を失って）立ち上がったほどだ。やがてリンチのほうから電話して、自分が演出できそうな脚本はないかと尋ねた。

ふたりはビヴァリーヒルズの喫茶店「ニブラーズ」で会った。コーンフェルドは意欲満々の表情で現われた。

「候補として良さそうな脚本が4つあります」と彼は言った。

リンチは乗り気になった。「ほう。1つ目は？」

「『エレファント・マン』というタイトルです」

まるで、リンチの脳内で爆弾が炸裂したかのようだった。「それだ！」とリンチは即座に言った。残りの3つが何だったのかは、いまだに知らない。瞬時にして、その実話の映像化を決めた。アイデアが次々と湧いてきた。

こうして、リンチのキャリアで最も特異な段階が幕を開く。なぜ「特異」かというと、このあと2本の映画に関しては、リンチがみずから進んでハリウッドの主流に身を任せたかのようだからだ。どちらの映画もリンチの発案ではない。大手映画会社が主導権を握ってつくる商業作品の誘惑を無視できず、ありのままの自己表現の衝動には一時停止ボタンを押したらしい、という解釈が一般的だ。しかし、そのような見方は、うわべに惑わされすぎている。『エレファント・マン』にも『デューン／砂の惑星』にも、じつは「リンチアン」の本質が溢れており、ときおり炸裂する。にもかかわらず、両作品は大手映画会社によって配給され、多彩な業界関係者たちが製作に携わり、芸術家が試練を乗り越えつつ自分の本質を追究していく姿を示唆に富むかたちで浮き彫りにした。片方の作品は絶賛を浴び、他方は酷評された。

運命の始まりは1979年だった。コメディアンであり映画監督でありプロデューサーでもあるアメリカ・コメディ映画界の重鎮、メル・ブルックス（代表作『プロデューサーズ』［1967］『ヤング・フランケンシュタイン』［1974］『ブレージングサドル』

上：患者を診断するトリーヴス博士（ホプキンス）。メリック（ジョン・ハート）は神経線状腫瘍症と判明。
骨にできた不治の腫瘍が徐々に膨らんでいく病気だった。

> 表面はエレファント・マンだが、
> その下には美しい魂がある。
> ——デイヴィッド・リンチ

［1974］）が、難解な『イレイザーヘッド』でカルト的な人気を集めていたリンチを、商業的な大成功へ導いたのだ。先に断わっておくが、『エレファント・マン』は、ブルックス監督のSFコメディ『スペースボール』（1987）とは似ても似つかない。ヴィクトリア朝のロンドンを舞台に、ジョゼフ・メリック（ジョン・ハート）の生涯を描いた実話だ。若きリンチは、この物語に特異な情熱を傾けた。ディケンズふうの陰鬱さと社会的な礼儀正しさで張り詰めた雰囲気のなか、哀れな主人公メリックは、先天性神経線維腫症と思われる病気によって骨に腫瘍ができ、醜い奇形に苦しんでいる。腫瘍は悪化の一途をたどっており、リンチいわく「ゆるやかな爆発のような」病気だ。メリックスは、サーカスの見世物となって困窮を逃れていたが、研究対象としてロンドンの病院に引き取られ、いわば親切さを口実にした別種の奇人ショーに巻き込まれる。そんな彼を救ったのが、フレデリック・トリーヴス博士（沈着冷静なアンソニー・ホプキンス）だった。同博士は「リンチアン」に欠かせない探偵の代役といえる。

リンチはメリックのことを知らなかった（彼が反応したのはタイトルだけだった）が、脚本には身体のテクスチャーに関する考察、アイデンティティの渇望、メランコリーに覆われて夢とも現実ともつかない濃密な都市背景（重苦しさのない『イレイザーヘッド』）が盛り込まれていた。「表面はエレファント・マンだが、その下には美しい魂がある」。自分を惹きつけた要素を分析しながら、リンチはそう語った。「誰もが感じとれるはずの美しさに満ちているのに、表面の醜さにさえぎられてしまっている。この点が巧みなアイデアだと思った」

メリックは、リンチ映画をまさに体現していた。

33歳の無名の監督がロンドンへ赴き、イギリスの名だたる俳優たちに囲まれて、本人が「火あぶりの洗礼」と形容するような経験をすることになった

のは、どんな経緯だったのだろう？　なにしろ、ブルックスが最初に候補にしていた監督は、『ミッドナイト・エクスプレス』（1978）のアラン・パーカーだった。

「まあ、メルは興味深い人物だ」とリンチは言う。「抽象的な思考力の持ち主でもある」

運命は、長期に及ぶ展開を用意していた。クリストファー・デヴォアとエリック・バーグレンという脚本家たちが、フレデリック・トリーヴスの回想録を200ページの台本に脚色し、それが、ブルックスの弟子であるジョナサン・サンガーの手に渡った。見込みありと踏んだサンガーは、映画化権を取得。女優兼監督のアン・バンクロフトが次に監督・主演するコメディ映画『愛と食欲の日々』（1980）のロケハン中、彼女に脚本を見せた。彼女は心を動かされ、夫であるブルックスに渡した。折しも、彼は当時、みずからの製作会社ブルックスフィルムズで「非メル・ブルックス映画」をつくりたいという熱意に燃えていた。その点、『エレファント・マン』は、彼の風変わりなパロディ映画からこれ以上ないほど遠いプロジェクトだった。じつのところ、彼は、この映画がコメディの一種と世間に誤解されることを懸念して、クレジットから自分の名前を外している。

上：特殊メイクから解放されたハートが、セットでデイヴィッド・リンチと過ごす姿。
監督にとって、ハートの名演技は不可欠であり、異形の下からにじみ出る魂を観客に感じさせる必要があった。

前ページ見開き：リンチとディケンズの融合——夢のなかのような（『イレイザーヘッド』を思わせる）ロンドンの裏通り。メリック（ハート）は、巡業団長のミスター・バイツ（フレディ・ジョーンズが好演）に囚われている。この乱暴な団長が、メリックにとって最初の、しかし陰湿な父親代わりだ。

上：リンチが、ミスター・バイツ率いる巡業団を演じているケニー・ベイカーらの俳優と協議中。

こうして、プロジェクトが準備された。サンガーが製作、コーンフィールドが製作総指揮、デヴォアとバーグレンが脚本を担当。メリックを世間に知らしめるきっかけとなる重要な役どころ、舞台女優マッジ・ケンドールは、アン・バンクロフトが演じることになった。ブルックスは、ふむふむとリストを眺めるうち、監督名に目を留めた。「このデイヴィッド・リンチって誰だ？」

「『イレイザーヘッド』を観てください」とだけコーンフィールドはこたえた。

その先は伝説として語り継がれている。ブルックスが『イレイザーヘッド』を観る予定の日、リンチは、降板させられるのを覚悟して、20世紀フォッ

上：『エレファント・マン』はリンチのキャリアのなかで異色作といわれるものの、この映画で描かれた孤立感は、以後の彼の作品全体を貫くテーマとなる。

クスの試写室の外をうろついていた。とりあえず、試写がエンドマークまでこぎつけた。リンチは鮮明に覚えている。扉が勢いよく開いたかと思うと、ブルックスが駆け寄ってきて、リンチを強く抱きしめた。「おおいに気に入った。きみはイカれてる。合格だ」

よくよく考えると、ブルックスの狂気じみた社会風刺映画は、ギャグを次から次へと画面にまき散らしており、その不条理さはリンチ作品とそれほど遠くない。また、ブルックスは、リンチが疎外感を理解している監督だと見抜いた。

パラマウントとの取引が成立し、500万ドルの予算が与えられ、ブルックスとサンガーが全体を指揮

上：皮膚の下の芸術家——メリックは、窓から見える大聖堂のミニチュア模型をつくり、創造的な一面を示し始める。

する権利も保持できた。パラマウントの社長兼CEOだったマイケル・アイズナーも、『イレイザーヘッド』から卓越した才能を見てとり、リンチとの面会を希望した。この監督はボヘミアンの変人にちがいないと予想していたアイズナーは、握手の相手が洗練された服装の礼儀正しい男であることに驚き、身代わりの俳優を雇ったのではないか、とブルックスに言いがかりをつけた。

　リンチがデヴォアやバーグレンと協力して脚本をさらに練り上げるうち、『イレイザーヘッド』からは大きく隔たる、従来タイプの伝記映画に近づいた。『エレファント・マン』は、リンチの作品群のなかで明らかに最もストレートな映画だ。とはいえ、観客の予想にこたえつつも、彼らしい視点を巧みに織り込んでいる。われわれ観客が、メリックの救出、病院での生活、ロンドン社交界における名声の高まりを追い、近しい人々が彼の非凡な魂に気づく一方で、彼は救われたかに見えて利用され、壇上でさらし者にされる。「だが、リンチは、恍惚たる強烈な感覚体験をもたらし、観客の理解を超越する」とオンラインサイト「スラント・マガジン」のチャック・ボウエンは評している。

　撮影監督には、モノクローム映像に長けているフレディ・フランシスが選ばれた。彼は素晴らしいキャリアを持ち、イギリス映画界で高い地位を築いていた（代表作として、リンチは『息子と恋人』[1960]と『回転』[1961]の2作を挙げた）。ハマー・フィルム・プロダクションのホラー映画を監督した経験も持つ。リンチとはすぐに意気投合した。「彼は純金だった」とリンチは言う。映画の雰囲気は、医学的な明瞭さを誇る昼の世界と、カーニバルのような歪んだ夜の世界とのあいだを揺れ動く。19世紀ロンドンの再現にあたっては、歴史研究や実地調査の成果に加え、挫折した『ロニー・ロケット』の名残が混じり合っている。機械音が鳴り響き、煙に覆われ、過去の姿から変貌した都市。過密化と重労働がうかがえる。しかし、『イレイザーヘッド』で描かれたモノクロームのディストピアに比べると、銀色の、おとぎ話のようなタッチだ。『ニューヨーカー』誌のリチャード・ブロディは「潜在意識の端にある歴史」と形容した。

　1979年の秋にロンドンで行われた54日間の撮影は、不安と恐怖に彩られていた。リンチは、プリプロダクションから編集まで、結局は1年間も自宅を

右：社交界入り──醜い皮膚の下に潜む魂を見いだしたトリーヴス（ホプキンス）とその妻（ハンナ・ゴードン）は、メリック（ハート）に礼儀正しい社交界の細かなしきたりを教える。親切心から出た残酷さというべきか？

上：トリーヴス博士（ホプキンス）が、ヴィクトリア朝時代の湿ったロンドンの街を散歩している。このシーンは、当時とあまり変わっていない埠頭地区、シャッド・テムズでロケ撮影された。

離れ、ロンドン北部のウェンブリーにある賃貸住宅に住みながら、早晩、自分の能力不足が露呈するにちがいないと怯えていた。邪魔が入らず融通が利いた『イレイザーヘッド』の創作とは、かけ離れた環境だった。みずからに課したものを達成できないのではないか、と精神的に追い詰められた。本人は「最も暗い最悪の地獄」と表現している。苦悩にピリオドを打つために自殺を考えたことさえあるという。あとから振り返れば、『デューン／砂の惑星』のほうが悲惨な結果になったにしろ、制作時のストレスは『イレイザーヘッド』のほうがひどかった。『イレイザーヘッド』には何年も腰を据えて向き合うことができたが、いまや「時は金なり」だった。クルーともども、現実のロンドンの各所とエルストリー・スタジオのあいだを異常に目まぐるしく移動

し、ホワイトチャペル通りにあるイースタン病院の使われなくなった病棟で撮影を行なった。一流キャストが集まった一流の映画制作だった。しかし、キャストたちは当初、エレガントなオーバーコートと大きな帽子に身を包んで「ピーチー・キーン（うん、悪くない）！」とつぶやきながら歩きまわる奇妙な監督に困惑した。キャリアの最も不安定な時期にいたホプキンスが、この古風なマナーのアメリカ人は自分の理解を超えていると感じ、ついに冷静さを失った。

「いい加減に、そのコートと帽子を脱いでくれ」と怒鳴った。「こっちは、あんたの言葉がひとことも聞こえないぞ！」

　そのあと、リンチのキャリアではめったにない、激しい口論が始まった。リンチのからだの芯から怒

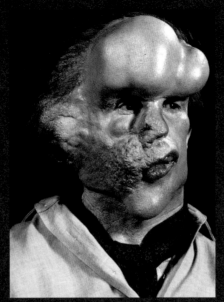
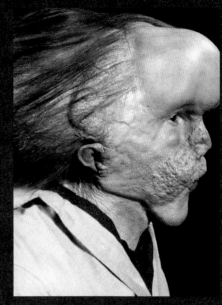

右（左から右へ）：特殊メイクを最終的にデザインしたのは、才能あるクリストファー・タッカー。ジョゼフ・メリック本人の保存されている頭蓋骨と胴体から型を取った。重要なのは、ジョン・ハートの名演技がおもてに表われることだった。

右ページ：おそらく、この映画で最も悲痛なシーン――画面外で、メリックの姿を初めて見た若い看護師がパニックに陥っている。自分はこれほどまでの恐怖を引き起こしてしまうのかと悟って悄然とする彼を、ジョン・ハートがみごとに演じている。

りが湧き上がった。ホプキンスも激高して、ブルックスに電話をかけ、リンチの解任を求めた。だが、ブルックスはリンチの味方に立った。蓋を開けてみれば、ホプキンスは沈着で感動的な演技をした。彼のキャリアのなかでも最高レベルの演技だった。トリーヴスの静かな善意と、研究者としての冷静な判断力が溶け合っていた。もっとも、リンチによると、ホプキンスは最後まで「不機嫌な態度」だったという。

ウェンディ・ヒラーは、まばたきをしない婦長、マザーズヘッド夫人をみごとに演じきった。彼女は舞台やスクリーンで40年の経験を持つベテラン女優であり、大英帝国勲章の「デイム」を授与されたほどの貴婦人で、愚か者を許さない。それを非常に明確に、できる限り強調して示すたちだった。若いリンチの首をつかんで自分の楽屋内を引っ張りまわし、こう宣告した。「わたしはあなたを知らない。これから先、あなたに目を光らせているわよ」。し

かしほどなくして、ふたりは互いの才能に惚れ込んだ。同様に威厳ある役者のジョン・ギールグッド（病院長カー・ゴム）は、優雅そのもので、動じることなく、流暢にせりふをこなした。風変わりな楕円形の煙草を吸っていたが、灰をいちども服に落とさなかった、とリンチは回想する。

ハートをいかに変身させるかをめぐって、さらなる苦難が訪れた。本能的に、リンチは特殊メイクをみずから手づくりすべきだと感じた。『イレイザーヘッド』で質感を追求したことでもわかるように、リンチという男は、身体的な感覚からインスピレーションが湧き出す。そこで、ハートがメリックに扮するために着用するきわめて複雑な特殊メイクを監督自身で仕上げようとした。けれども残念、試みは失敗に終わった。ポリウレタンとシリコンでつくったマスクはすぐに硬化して彫刻作品のようになり、キャラクターに生命力が宿らなかった。「難しいものなんですよ」とハートが慰めた。彼は映画でからだに

上：社会からの孤立──群衆が見つめるなか、メリック（ジョン・ハート）は逃げ込むように船に乗る。社会規範の枠外で生きる人々が、リンチ作品全体に響くテーマの1つだ。

右ページ上：『エレファント・マン』とジョン・ハートの演技の大きな力は、メリックが悲劇的な運命を最後に受け入れるところにある。すなわち、彼は自分の奇形から逃れることはできないと悟る。

右ページ下：天上でメリックの前に現われる母親。宇宙を背景に頭部が浮かぶシーンは、リンチ映画で『イレイザーヘッド』から『デューン／砂の惑星』まで繰り返し登場する。

大がかりな特殊メイクをされるのに慣れている。前年には『エイリアン』（1979）で腹部が裂けるシーンを経験した。ブルックスが賢明な判断を下し、この作業をベテランの特殊メイク専門家、クリストファー・タッカー（代表作『スター・ウォーズ』[1977]『I, Claudius』）に任せた。そのあいだ、リンチは「絶望の日々」を4日間過ごしつつ、この件は、自分がこれからつくる映画に対処しきれないという兆候だろう、と悲観した。そんな彼にブルックスが直接、力強く優しい指示を与え、きみは監督に専念しなさいと諭した。

　ブルックスの影響が「限りなく大きかった」とリンチは漏らす。

　撮影開始まで数日しかなかったが、タッカーはみごとにやりとげた。保存されているメリック本人の

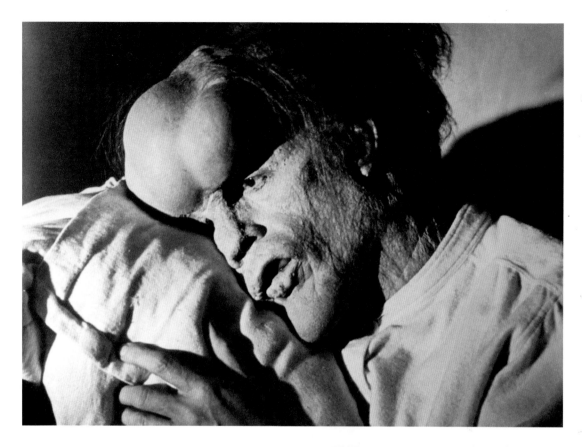

頭蓋骨と胴体から型を作り、曲がった脊椎に沿って
胴体をつくり上げた。装着するのに毎日6時間かかっ
たものの、じゅうぶんな柔軟性を備えており、ハー
トの演技に支障なかった。メリックの魂が現われた。
フルメイクの姿がセットで初めて披露された日、驚
きの沈黙が広がった。ホプキンスさえ、言葉を失った。

　リンチには似つかわしくない手法だが、メリック
の醜悪さやハートの無垢な瞳は、映画が始まってか
ら30分近くも隠され続け、メリックの頭部は布袋
で覆われたままだ（そのぶん、メイクの時間は節約
できた）。観客は、ときに、メリックの視点に置かれ、

下：明るい昼間の生活では、メリックは立派な服を身に着けて……

最下段：ロンドンの劇場の魔法を体験する。ほんの一時だが、彼は、自分が多少なりとも他人に受け入れられていることを半信半疑ながら感じとる。

右：しかし夜になると、マイケル・エルフィック演じる夜警が、酔っ払いや売春婦から金を取り、メリックの奇怪な容姿を見世物にする。昼夜のこの対比が、映画に劇的な二重性をもたらした。

不気味さを味わう。彼の息苦しそうな呼吸は、『イレイザーヘッド』の哀れな赤ん坊を想起させる。古典的なホラーの伝統にのっとって、観客は、看護師の反応やホプキンスの涙から多くのことを読み取る（現在では、涙はリンチのモチーフの1つとして確立されている）。メリックの正体が明かされる瞬間は、恐怖と悲痛さに満ちた美しい演出だ。看護師が思わず絶叫し、つられてメリック自身も叫び声を上げる。彼は、自分が人を恐怖に陥れることに恐怖しているのだ。

ジョン・ハートは、感情を押し殺した素晴らしい演技を見せる（リンチは主演をジャック・ナンスにしようと提案したが、却下された）。それに圧倒され、観客は、奇形者をじろじろと不謹慎に眺める気になれない。メリックは生き生きとし、完全に人間らしく、美を愛でる心を持つ。「リンチにとって、メリックは究極の「苦悩する芸術家」なのだ」と「スラント・マガジン」のボウエンは述べている。メリックの物語の軌道は、恐怖と嫌悪から、受容と尊敬へ変わっていく。社会から疎外されていた男が、芸術的な魂を秘めていることが明らかになり、ブルジョア社会に歓迎され始める——この筋書きに、リンチの

自伝的な断片を見ることができるのではないか？

　撮影が進むうち、リンチはコートと帽子を脱ぎ捨て、自分の繭から出た。ある日、大きな転機が訪れた。ロワー・クラプトン病院での撮影中だった。リンチによると「いたるところ、鳩の糞だらけ」だったという。廊下に立って病棟を見つめていたとき、一陣の風が彼の身を包んだ。過去から、じかに吹いてくる風。その後も、ときおりそんな経験をした。ヴィクトリア朝のロンドンで生きる感覚を、肌で感じたのだ。「まさしく感じた。理屈ではない」。自信が急上昇した。

　監督にしだいに威厳が備わっていくのが、ハートの目にも見てとれた。リンチは俳優の扱いに慣れ、自分が制御できない事柄もあるという現実に適応し、それでいて、どの部分は制御しなければいけないかを学んでいた。「彼は簡単には妥協しない」とハートは語る。

　この映画を観ていると、格式は優雅だが、捉えどころのない「リンチアン」らしさが滲んでいることに気づく。観客の皮膚の下に入り込んでくる何か。当然ながら、これは感傷的な物語であり、リンチがどれほど感情豊かに表現でき、観客の心に訴えることができるかを思い知らされる。モンスター映画でありながら、モンスター自身がおののいている映画なのだ。やがて、メリックの失われた母親の幻影が現われる。顔を月に縁取られ、まるで天使のような彼女は、いにしえのロンドンと『イレイザーヘッド』の宇宙をつなげている。しかし、その感傷は不安を帯びている。スプレットの手になるサウンドは緊張感で張り詰め、機械音がひっきりなしに挟み込まれる。蒸気音を立てるパイプ。きしむ歯車。さらに深く、苦悶する何か。産業革命が、科学の進歩が、人間性を奪いつつある。

　歴史に欠けている劇的な緊張を加えるため、リンチは、メリックの生活の昼と夜に対照的なエピソードを追加した（後年の『ブルーベルベット』の舞台である架空の街ランバートンが道徳的な両面性を持つのに似ている）。昼間のメリックは、トリーヴスに導かれ、病院のスタッフから愛され、自分の繭から出て上流階級に紹介される。夜になると、ホテルの夜警（マイケル・エルフィック）に好き放題に利用される。夜警は、好奇心旺盛な連中や泥酔者から金を取ってホテル内に連れ込み、変形のメリックを見物させて笑いものにする。もう1つ、対照的な描かれかたをするのが、メリックのふたりの「父親」だ。思いやりのある控えめなトリーヴス博士（ホプキンス）と、いかにもディケンズふうの、酔っ払いで荒っぽい巡業団長ミスター・バイツ（フレディ・ジョーンズ）。メリックを奪われたバイツは、儲けとともに（いびつな）愛情の対象を失った。

　のちにリンチは、満ち足りた思いでこの映画を振り返ることになる。当然といえるだろう。『エレファント・マン』は、『イレイザーヘッド』と違って超現実的な演出がなく、のちに生み出すアメリカの悪夢の複雑なストーリー構造もないが、錚々たるキャストによって実現した怪奇的かつ幻想的な悲劇だ。メリックはみずからの身体のなかに幽霊のように囚われている。公開当初、少なくとも『ヴァラエティ』誌は、ハートの「名人芸の演技」と「奇妙に魅力的な雰囲気」を称賛したものの、全体として見ると、賛否両論だった。しかし、アカデミー賞で8部門（監督賞も含む）にノミネートされたとおり、評価はうなぎ登りとなった。さらに、興行収入は2600万ドルの大ヒットを記録し、リンチとしては、皮肉な成功の味を噛みしめた。オスカー授賞式では、マーティン・スコセッシ（『レイジング・ブル』[1980]でノミネートされた）の前列に座り、監督デビューしたロバート・レッドフォードが『普通の人々』（1980）で受賞するのを見守った。

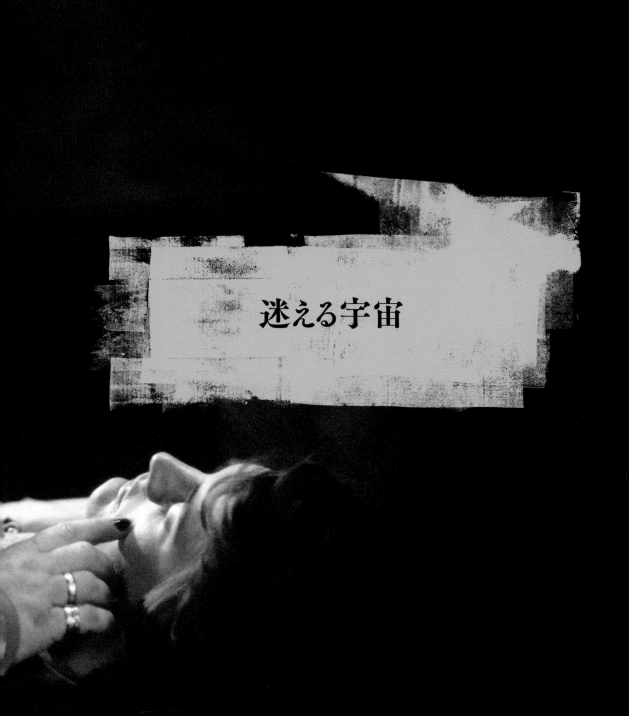

前ページ見開き：『デューン／砂の惑星』で肥満の卑劣な悪党、バロン・ハルコネンを演じたのは、ケネス・マクミラン。おびただしい数の膿瘍は、邪悪さが体内から滲み出ているかのようであり、いかにも「リンチアン」のタッチだ。この要素が、4000万ドルのSF大作と、低予算のデビュー作『イレイザーヘッド』の本格的な質感とをみごとに結びつけている。

右ページ：興行的には失敗したものの、リンチの映画化作品は、ロックスターのスティングが不機嫌なハルコネンのフェイド・ラウサとして登場するなど、カルチャー史に刻まれるイメージを残した。

下：フランク・ハーバートの小説の初期シリーズは、1960年代末にカルト的なヒットとなり、SF小説界に多大な影響を与えた。

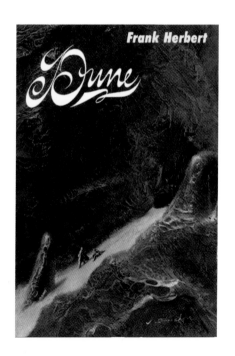

『デューン／砂の惑星』の苦悩と驚異

「ジ ューン（6月）だって？」彼は電話口に向かって大声で聞き返した。契約代理人が興奮していることに戸惑っていた。「6月に何かあるのか？」デイヴィッド・リンチは、このエピソードをたびたび語る。代理人を通じて、『デューン』なる4000万ドルのSF大作を監督しないかというオファーを受けたと初めて聞いたとき、リンチは何の話だかさっぱりわからなかった。友人たちから教えられて、『デューン』とは史上最高レベルの絶賛を浴びているSF小説だと知った。数千年先の未来の人類を描いた、壮大かつ複雑なスペースオペラで、舞台となる砂漠の惑星には、明るい赤紫色の目を持つ部族と、海洋船くらいの巨大な砂虫（サンドワーム）が住んでいる。作者のフランク・ハーバートは記者や生態学者の経歴を持ち、この小説は、1960年代のサイケデリックな文化にみごとに符合して、このジャンルの聖典となり、やがてハリウッドの目にも留まって、映画化が検討されていた。

はたして、そういった情報を教えた友人たちは、映画化がきわめて困難な小説でこれまでいくつものプロジェクトが挫折した、という点もリンチに伝えたのだろうか？ 658ページに及ぶ物語をコンパクトにまとめるのは無謀だと、リンチは考えなかったのだろうか？

左：砂まみれになっている若き日のリンチ。のちに「悪夢のような経験」としてみずから忘れ去りたがる映画の、混乱のさなかにいる。まるで『イレイザーヘッド』のヘンリーのように、制御できない出来事の連続に押し流されている気分だった。

私はしだいに、本当に暴力的な、完全に堕落した世界へ入り込みかけていた。
——デイヴィッド・リンチ

　確かに、最初の提案の段階では、この本をどう映画化するのかが曖昧だった。「蜃気楼」とでもいうべきか。リンチが好奇心を抱いたのは、この野心的なプロジェクトの背後にいる人物、ディノ・デ・ラウレンティスだった。彼は、リンチが敬愛するフェデリコ・フェリーニの作品の後ろ盾にもなったこともある、生ける伝説のようなイタリアの映画プロデューサーだ。当時はハリウッドの大手製作会社をミニスタジオ並みに牛耳っており、ビヴァリーヒルズにオフィスを構え、まるでメディチ家のようなオーラを放ちつつ権威を振るっていた。リンチとしては、とりあえず会わないわけにはいかなかった。

　誤解され、曲解され、ときに過大評価されときに過小評価される『デューン／砂の惑星』は、リンチがごくふつうの映画監督に近づいたこの短期間の結晶だ。『エレファント・マン』の成功を受けて、一時、『ロニー・ロケット』の製作が実現するかに思われた。メル・ブルックスが予算を調達したものの、リンチ

にとって必要な額には届かなかった。その後、ブルックスはリンチの関心を『女優フランシス』に向けようとした。それもそのはず、脚本を『エレファント・マン』と同じコンビ、クリストファー・デヴォアとエリック・バーグレンが執筆していた。異色で率直なブロードウェイ女優、フランシス・ファーマーの伝記映画で、彼女は1930年代のハリウッドの偽善に反発した。主演はジェシカ・ラング。リンチは興味を示したが、引き受けるほどの熱意は湧いてこなかった。理由は本人も覚えていないという。

　そんなわけで、ブルックスとの有益な協力関係はそれ以上進展せず、リンチは、シシー・スペイセクの紹介で、名高い代理人リック・ニシータと知り合い、彼が所属する有力なクリエイティブ・アーティスト・エージェンシーのもとに入った。その結果、大金を稼げる可能性が出てきた。とはいえ、どんな代償を払うことになるのか？　成功は、期待するのとは真逆の効果をもたらすことも多い。たとえば、自由が制限されてしまう。オスカーへのノミネート、高い興行収入、リンチはさらにヒット作を連発していけるだろうと示唆するレビューの数々などのせいで、リンチは、ありがちなハリウッドの甘い罠に陥る——すなわち、アーティストとしての独自性を失う——危機にさらされた。ハリウッドはたちまち、リンチを特定の映画ジャンルに押し込もうとした。最初の2作が異世界を鮮やかに表現していたため、SFジャンルがふさわしいとみなされた。当時はSF映画の人気が非常に高まっていた。

　それだけに、ニシータがリンチとジョージ・ルーカスの面談を手配したことは不思議ではなかった。『スター・ウォーズ』初期3部作の3作目『ジェダイの帰還』(1983)の監督にリンチを起用してはどうか、という可能性を話し合うためだった。

　リンチは、自叙伝『夢みる部屋』のなかでこの一件を振り返り、置かれた状況に対してパニックが樹液のように湧き上がってきたという心境を記している。ルーカスも、もともとは前衛的な映画を追究していたが、『スター・ウォーズ』の大成功に押し流され、路線変更を余儀なくされた。ルーカスがたどった道は、リンチにとって警告に思えた。ルーカスとリンチは変人ぶりに間違いなく共通点がある。すべてが秘密裏に進められた。リンチは指示に従い、バーバンクにあるワーナー・ブラザーズの近くの指定されたオフィスで、航空券、クレジットカード、鍵を受け取り、到着先のサンフランシスコでハイヤーに乗り、待ち合わせ場所に向かった。ルーカスが『スター・ウォーズ』の世界観や神話について詳細に語り、リンチがそれに従わなければならなかった。何もかも、あらかじめ決められていた。「光栄に感じた」とリンチは言うが、その一方で頭が痛み始め、そこから抜け出したくてたまらなくなった。せっぱ詰まって、空港からニシータに電話で告げた。「あれは彼のものだ」。とはいえ、リンチだったらイウォーク族をどう描いただろう、と空想せずにいられない。

　続いて、リチャード・ロスというプロデューサーが現れた。リンチの大ファンで、近い未来、リンチにとって重要な役割を果たすことになる。彼は、ハンニバル・レクターを主人公にした小説シリーズの第1作『レッド・ドラゴン』を映画化する話をリンチに持ちかけた。リンチはしばらくそのアイデアを検討した。興味のあるジャンルだったし、悪の顕現はリンチ作品の魅力の核になりつつあった。ところがなんと、彼は道徳的な理由で取りやめた。「私はしだいに、本当に暴力的な、完全に堕落した世界へ入り込みかけていた」

　本書でもいずれ触れるが、この時期、彼の頭には『ブルーベルベット』という名のアイデアが浮かび始め、断片をまとめて満足のいく脚本に仕上げようとしている最中だった。内面の遠くから呼び声が聞こえ、そこには看過できないほどの不道徳さが含ま

上：制作の初期段階、まだ気楽なリンチが、原作者フランク・ハーバートの訪問を受けている。出来上がった映画についても、ハーバートはつねに擁護にまわり、この監督が物語にもたらした視覚的なメタファーを喜ばしく思っていた。

れていた。

　その当時、リンチがエリートたちの輪に巻き込まれていたというもう1つの証拠は、フランシス・フォード・コッポラが一時的にリンチを自分の傘下に置いたことだ。コッポラはみずから設立に携わったゾエトロープ・スタジオの運営を試みており、アーティストを最優先するという壮大な（そして結局は無理な）基本方針を掲げていた。リンチは、ついに時機到来、『ロニー・ロケット』をつくれる日が来たかもしれない、と期待したが、コッポラの実験的なミュージカルロマンス『ワン・フロム・ザ・ハート』（1982）が興行的に大失敗し、それに伴ってスタジオが破産

したため、夢は潰えた。

　こうしてリンチは、ハリウッドにおける可能性の潮の流れに束の間だけ身を任せたものの、変動の激しい主流には永遠の別れを告げ、悪名高い『デューン／砂の惑星』へ向けて旅立ったのだった。

　1920年にワシントン州タコマで生まれた原作者ハーバートは、リンチと似たような田舎町で育ったが、世界恐慌の煽りを受け、暮らしははるかに貧しかった。海軍の写真家から、報道記者、共和党のスピーチライター、米国農務省の職員へ、職業を転々とし、科学者の鋭い視点を持つ自由主義信奉者だった。50年代末に入り、人間社会の「メシア的な動揺」

についての小説を構想し始めた。

6年間にわたる研究の成果と、幻覚性のキノコの助けによって、彼は、壮大かつパワフルな神話を誕生させた。政治、生態学、霊性、宗教、テクノロジー、言語といった要素に加え、石油の統制を通じてアラビア諸国の力が増大している状況も寓話的に織り込まれていた。1965年8月、小説『デューン』がついに出版された。クチコミで評判が広がり、センセーションを巻き起こした。SF小説には神話的な世界を創造する力があるという模範だった。ルーカスも、あの「はるか彼方の銀河系」を生み出すうえで、この小説から多大な影響を受けた。『デューン』には、独特の奇妙な魅力もあった。作中の世界では超自然が科学に取って代わっており、夢や予言が物語の展開を左右する。そして何より、謎の「スパイス」が鍵を握る。この物質は、人の精神状態を変え、目から青い光を放ち、銀河旅行の燃料となる。

時は紀元1万191年。デジタル時代後の人類は、銀河系内に分散している。思考機械（コンピューター）が非合法化されて、人間の脳は超能力を進化させ、脳力の種類に応じて異なる派閥に分かれた。ベネ・ゲゼリットの魔女たちは心を読み、メンタットは純粋な論理で計算し、醜く変異したナビゲーターは宇宙を歪曲させる。既知の宇宙全体の支配者であるパディシャ（皇帝）シャダム4世のもと、貴族の家々が権力を競い合っている。数ある権力のなかでも、スパイスの唯一の産地である砂漠の惑星アラキス、通称デューンの支配権はとてつもない宝だ。アトレイデス家の長と、その若く未熟な後継者ポール（カイル・マクラクラン）は、あらたな支配者となるべくデューンに降り立つが、そこには巨大な陰謀が張りめぐらされていた。アトレイデス家の滅亡をもくろむ皇帝にとって、ポールの体内に潜む超自然的な力が脅威となる。裏切りに遭って砂漠へ逃れたポー

ルは、不思議な青い目を持つ原住民フレーメンと出会い、彼らの反乱の指導者となって、巨大な砂虫を乗りこなし、戦いに挑む。

原作『デューン』は、たびたび映画化が頓挫していた。デイヴィッド・リーンが監督を務める見込みだった時期もある。T・E・ロレンスの回顧録『知恵の七柱』に、第一次世界大戦中、アラビア（スパイスの産出地でもある）の諸部族を結集しようとした試みが記録されており、リーンの『アラビアのロレンス』（1962）や、ハーバートの小説に影響を与えた。

リンチと同じく映画館の深夜上映で人気を誇る、チリのシュールレアリスト、アレハンドロ・ホドロフスキーも、『デューン』の映画化を夢見た。原作を読まなかったにもかかわらず、『デューン』が自分の運命だと堅く信じて、射精する宇宙船や次元を超越する子宮船などのヴィジョンを展開し、忽々たるキャストを呼び集めた――ミック・ジャガー、グロリア・スワンソン（『サンセット大通り』の主演女優）、肥満の悪党であるハルコネン男爵役にオーソン・ウェルズ、皇帝役にサルヴァドール・ダリ。このあたりは極度の「リンチアン」に近い。際限なく広がる野望の重みで、当然、プロジェクトは押しつぶされていった。ホドロフスキーが、観客に幻覚体験をもたらすには12時間の上映時間が必要だと言いだすにいたって、ついに頓挫した。そこへ、デ・ラウレンティスが映画化権を買い取ろうと割り込んできた。明らかに、『スター・ウォーズ』の大ヒットに便乗しようという魂胆だった。

ナポリ郊外のトッレ・アンヌンツィアータで生まれたデ・ラウレンティスは、古風な流儀で育てられた。分厚いレンズと葉巻の煙の奥に、50年にわたって500本以上の映画を生み出す魅力と冷酷さを秘めていた。彼の血にはパルプと芸術が流れていた。彼はイタリア・ネオレアリズモの巨匠たちの生みの親

だ。フェリーニはもちろん、ヴィットリオ・デ・シーカ、ロベルト・ロッセリーニ（イザベラの父）、ルキノ・ヴィスコンティ……。デ・ラウレンティスは芸術的な感性を導く（そして操る）すべを知っていた。また、彼は壮大な物語を愛し、聖書の叙事詩や文学の映画化のほか、スリラー、西部劇、SFなどを手がけた。すでに『ユリシーズ』（1954）『戦争と平和』（1956）『天地創造』（1966）を製作した経験があっただけに、多弁なイタリアのショーマンである彼にとって、貴族間の戦いと精神に作用するスパイスをテーマにした『デューン』の壮大なサーガは、恐れるに値しなかった。

　デ・ラウレンティスは最初、『エイリアン』を完成したあとのリドリー・スコットに白羽の矢を立てた。スコットは7カ月かけてこの小説をいかにしてスクリーンにまとめるかを検討していたが、兄のフランクが癌で他界し、そのショックもあって『ブレードランナー』（1982）に引き寄せられていった。

　話が舞い込んできたあと、リンチは、この映画化

上（左）ドキュメンタリー映画『ホドロフスキーのDUNE』のポスター。チリのシュールレアリスト、アレハンドロ・ホドロフスキーが、原作を映画化しようと試みて挫折した経緯を描いている。

上（右）砂漠の迷宮――デイヴィッド・リンチとプロデューサーのラファエラ・デ・ラウレンティス（有名なディノの娘）。

右ページ：リンチがフランク・ハーバートの神話をひもといて、ディーン・ストックウェル（ユエ医師）とフランチェスカ・アニス（妾妃ジェシカ）に伝える。役者ふたりは、勇敢なアトレイデス家の18世紀ロシア風の宮廷スタイルの衣装を着ている。

が文化に与えるであろう影響をひしひしと感じた。「『デューン／砂の惑星』に向けられた好奇心は、巨大なボイラー内の蒸気に似ている」と彼は脚本の第5稿のカバーノートに書いた。爆発寸前の機械——きわめて「リンチアン」的なイメージだ。このプロジェクトが外部からの期待に満ちあふれていると知っていた。

リンチが『デューン』の映画化に適しているとデ・ラウレンティスが確信した最大の理由は、彼の娘であり後継者候補のラファエラが『エレファント・マン』に涙したからにほかならない。ヴィクトリア朝ロンドンから宇宙へ、というのはどう考えても自然な流れではなかったが、製作側が発表したプレスリリースには、デイヴィッド・リンチの芸術的なヴィジョンと、ディノ・デ・ラウレンティスが得意とする華やかさとスケールとが合体、と謳われていた。しかしその裏で、デ・ラウレンティスは、娘と同様『エレファント・マン』は気に入ったが、『イレイザーヘッド』は大嫌いだと公言した。

ついつい特異性を発揮しすぎる癖を抑えなければ、とリンチは承知していた。たとえ、宇宙空間の巨大ミミズの物語であっても。『デューン／砂の惑星』はPG指定をめざしたため、壮大なスケールが実現可能な脚本に縮小され、さらに2時間17分の尺まで縮められた。それ以上の長さだと、映画館での上映回数が1日あたり1回減ってしまう。また、デ・ラウレンティス、娘のラファエラ、配給会社ユニバーサルの商業上の提案にも合わせなければならなかった。

　ではなぜ、リンチはこの毒入りの聖杯を受け入れたのだろう？　第一に、手早く金が入り、それを活かして創造性を追究できる可能性があったからだ。デ・ラウレンティスから、今回の巨額の製作費だけでなく、将来のプロジェクトに対する出資も約束されていた。惑星アラキスから帰還したあとは、もっと個人的な映画の制作に取り組めそうだった。目の前にキャリアが開けてきたのだ。第二に、この映画化は独特な創造性が求められており、挑戦しがいがあると感じた。まったくあらたな世界をつくり出す機会だった。なにしろ、4つの惑星が登場し、これ

らを巨大な「動く絵画」として創作できる。原作を初めて読んだとき、彼は詩的な要素に惹かれた。映画が育つだけの、肥沃な土壌が感じられた。「私は、そう、テクスチャーが大好きで、夢や奇妙な世界が大好きで、とはいえ、現実のシーンも大好きだから……『デューン』は、まさにあつらえ向きなんだ」。制作中に彼はそうコメントした。

　だから、はっきりさせておく必要がある。以後何十年も、この映画を否定し、言及すら嫌がるようになるとしても、リンチには『デューン／砂の惑星』をつくりたがっていた時期があったのだ。さらに、

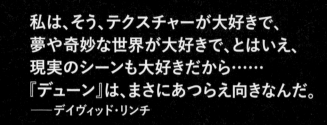

私は、そう、テクスチャーが大好きで、
夢や奇妙な世界が大好きで、とはいえ、
現実のシーンも大好きだから……
『デューン』は、まさにあつらえ向きなんだ。
——デイヴィッド・リンチ

左：「デューン」と呼ばれる惑星アラキス——この
映画はさんざん酷評されたものの、リンチの凝った
絵づくりや特殊効果の活用がフランク・ハーバート
の小説に完璧にフィットしている場面も多い。

数十年にわたって議論が高まってきたとおり、惑星アラキスは、われわれが「リンチアン」と考える要素の多くの発祥地だ。『ブルーベルベット』などにつながるアイデアやモチーフの芽生えが見てとれる。『ツイン・ピークス』にしろ、この映画で扱ったジャンルやテーマの直接的な子孫といえる。確かに、さまざまな制約があったうえ、全体のストーリーラインとアクション映画ならではのスピード感を両立させなければならないという無理も災いしたが、しかし何と言っても、『スター・ウォーズ』ファンが『デューン／砂の惑星』に落胆したおもな理由は、映画会社の圧力をすり抜けた、じつに「リンチアン」ふうの宇宙観がにじんでいるせいだろう。

「私は、波について考えた。水の波、砂の波、波の動き、象徴、反復する形状、それらをつなぐ糸について」とリンチは語る。ハーバートが描いた夢のイメージに魅了されていた。風に運ばれてきたスパイスの麻薬的な効能を繰り返し体験するにつれて、主人公ポールはその形而上的な波長に符合し、物語の最終幕の予告編であるかのように未来の一部を予見する。小説と映画は、異なる内部宇宙と外部宇宙を表現しているが、その境界は曖昧だ。

複雑な物語と隠喩的な要素を簡略化し、135ページの脚本に仕上げるまで、18カ月と7回の書き直しを要した。リンチは最初、『エレファント・マン』で手を組んだデヴォアとバーグレンを起用し、共同執筆に取りかかった。2人とも小説『デューン』の熱烈なファンだったが、彼らのアプローチはデ・ラウレンティスの立場と噛み合わなかった。そこでリンチは、独力で脚本づくりにいそしんだ。原作に忠実でありたいと考えて、オレゴンでハーバートと時間を過ごし、この神話を理解しようとした。しかし、物語が奥へ進めば進むほど、把握し続けることが難しく、彼は悩んだ。

チュルブスコ・スタジオはメキシコシティのはずれにある。リンチは、2年間住むことになるこの土地に魅了された。「いろんな要素がミルクシェーキみたいに溶け合って、どの場所にも刺激があり、メキシコシティじゅうにアイデアが満ちている」。先だって、オーストラリア、インド、モロッコのアトラス山脈を視察して、スコットの撮影を計画してあった。重要なのは、砂漠の近くに撮影所があることだった。この映画の内部世界を描き出すために、じゅうぶん広い屋内空間が必要だった。その点、チュルブスコ・スタジオは奇跡のようだった。費用対効果が高く、ロサンゼルスから簡単にアクセスでき、地元の職人や資材が豊富で、8つの広々とした屋内スタジオがあった。リンチはその8つを2回にわたって独占することになる。また、この撮影所はチワワ州のサマラユカ砂丘に近かった。砂丘では300人のクルーが、砂から人の足跡を消し去るという、「シーシュポスの岩」のような難作業に取り組んだ。

リンチの仕事と働きかたは非常に独特なので、彼の映画制作を実用的な観点から考えることは不似合いに思える。しかし、予算や運営、ロケーションやスケジュール、撮影シーンを完成させるうえでの苦労など、通常の問題は避けて通れない。しかも、『エ

レファント・マン』から『デューン／砂の惑星』へ、現場の規模の違いはとてつもなかった。この作品は宇宙バージョンのセシル・B・デミルであり、クルーは1700人に急増し、数万人ものエキストラや、さまざまな特殊効果が必要なうえ、リンチの指令をオブラートに包み込もうとする有名プロデューサーの存在があった。リンチの体力と権威が試されただけでなく、リンチ個人のスタイルをどこまで維持できるかのテストでもあった。

「『デューン／砂の惑星』は本物でなければいけない。それが最優先だ」と彼はセットで言った。「現代的なSFの、うわべだけの雰囲気は嫌いだ」。美術担当のアンソニー・マスターズ（『2001年宇宙の旅』を手がけた）と協力し、原作のアブノーマルな志向を受け継ごうとした。「凝りすぎず、機能的ではない50年代の装飾スタイルをめざした」とマスターズは言う。すなわち、リンチ監督が若いころに魅了された映画、『禁断の惑星』(1956)や『宇宙戦争』(1953)のような風変わりなSFを手本にしていた。

ハーバートが描いた激動の宇宙を視覚化するにあたって、『エレファント・マン』の撮影中にリンチがヴィクトリア朝ロンドンの息吹を感じたのと似たような、啓示の瞬間が訪れた。外界からの刺激が、いわば扉を開いた。それは、まだプリプロダクションの段階だった。リンチはデ・ラウレンティスと脚本を協議するため、定期的にイタリアまで出かけていた。ある夜、ふたりは（デ・ラウレンティスのお抱えの、妥協を許さない運転手の）車で1時間の距離にあるヴェネツィアへ赴いた。そこでゴンドラに乗り、街の奥深くで下船した。そのあと彼は、年老いたプロデューサーを追って、曲がりくねった裏通りをいくつも進み、迂回する秘密のルートを抜けて、ようやくサン・マルコ広場にたどり着いたという。まるで『赤い影』(1973)のドナルド・サザーラン

上：高度な超能力を持つ少女アリア（アリシア・ウィット）が、邪悪なハルコネン男爵（ケネス・マクミラン）に立ち向かう。肥満体の男爵は、浮遊装置に支えられて浮かんでおり、リンチによる悪の探求の原型となっている。

右：陰謀をめぐらすナビゲーターズ・ギルドが、劇的な登場。変異したナビゲーター自体は、巨大な黒いタンクに隠されている。この映画のデザインや衣装は、未来的な要素、古典的な要素、純粋に「リンチアン」的な要素が組み合わさっている。

ドのようだった。

「突然、目の前が一気に開けた。わーっ、とね」とリンチは言う。「気づくと、私たちはそこにいた。そのサン・マルコ広場には、あらゆる種類のものが集まっていた」。デ・ラウレンティスがリンチに、その街の建築物に関する本を買い与え、ロケット燃料のような濃厚なカプチーノをごちそうした。夜が訪れると、ふたたびゴンドラで帰途に就いた。昼間のヴェネツィアで目の当たりにしたルネサンスの様式の装飾が、王朝が滅びつつあるアトレイデス家の故郷の星カラダン、宇宙帝国のきらびやかな首都惑星カイタインなどの美術にインスピレーションを与えた。夜のヴェネツィアは、通りや建物の出入口が暗闇に沈んでおり、邪悪なハルコネン家の故郷の星ギエディ・プライムのバイオメカニカルな地獄風景につながった。

　現実的な観点でいえば、この大作は『イレイザーヘッド』の対極に位置する。しかし、伝記作家のデニス・リムは「リンチの『デューン／砂の惑星』は何よりもデザインの偉業である」と主張した。どんな欠点があるにせよ、この映画には、マヤやアステカのモチーフ、ジュール・ヴェルヌやH・G・ウェルズを土台にした幻覚的なスチームパンクふうのアレンジ、エドワード朝のイングランドとルネサンス期のイタリアの奇抜な混在など、忘れがたいものがある。しかし、『エレファント・マン』から引き続き参加した撮影監督のフレディ・フランシスは、カメラに対する配慮がいっさいないことに落胆した。バロック様式のセットの撮影に、ロケ地での撮影と同じくらい苦労した。そのせいで、観客はつねに、

この宇宙に入り込むというより、観察しているような気分にさせられる。

　この映画は、過去の時代の要素を採り入れたSFであり、華麗かつ退廃的で、しゃれた小道具よりも奇天烈な仕掛けが目立つ。また、リンチらしい物質感に満ちている。砂、油、毛皮、ガス、水、血、汗、膿……。洗練された未来主義の下に、病気と衰退が潜む。現実に似ていながら現実とは異なる夢という、『イレイザーヘッド』とそう遠くないイメージが横溢している。リンチの初期の3作品はすべて、宇宙

を背景に人間の頭部が浮かんでいるシーンで始まり、ある種のテーマの共通性が感じられる。『デューン／砂の惑星』の場合、観客は、皇帝の娘であるイルーラン姫（ヴァージニア・マドセン）から長い前置きを聞くことになる。せりふを通じて、この物語の入り組んだ政治的関係をなるべく簡潔に説明してくれるわけだが、かなり複雑だ。

　そのオープニングのすぐあと、「リンチアン」的な奇妙さとデ・ラウレンティス的なショーマンシップという、あまりにも極端な対比の典型例が現われ

る。皇帝の邪悪な計画が動きだすシーンだ。玉座が置かれている部屋は、金箔に覆われ、蜜蜂の巣を思わせるムーア建築ふうの装飾があり、この映画の荘厳なデザインを代表する派手派手しさだが、そこへ到着したギルド・ナビゲーターは、巨大な鋳鉄製の水槽のようなもののなかに浮かんでおり、製作費4000万ドルの『イレイザーヘッド』を想起させる。スパイスによって変異したナビゲーターのパペットは、リンチのスケッチをもとにつくられた。バッタのような胴体、膨らんだ頭部、薄緑色のスパイス煙

右上：原住民フレーメンの娘チャニ（ショーン・ヤング）とその恋人ポール・アトレイデス（カイル・マクラクラン）。この映画に出てくるロマンスはもっぱらこのふたりの恋愛関係だ。

右下：二面性のあるユエ医師を演じたディーン・ストックウェルは、忘れられていたハリウッド俳優であり、撮影所の大食堂でリンチによってまさに「再発見」された。

右ページ：主人公ポールのキャスティングは非常に重要だった。なかなか決まらず絶望しかけたとき、リンチは、シアトルで活動していた俳優マクラクランを見つけた。マクラクランはこのあと、リンチのスクリーン上の「ミューズ」となる。彼らは見た目も少し似ていた。

を吹き出す腟のような形状の口。原作者ハーバートの奇抜なアイデアとリンチの有機的なイメージが素晴らしいかたちで交わっている。

　要するにこの映画は、「リンチアン」的な特性ゆえに、記憶に深く刻み込まれるのだ。

　全盛期のデ・ラウレンティスが得意とした、荘厳で汎ヨーロッパ的な雰囲気をまとい、ボブ・リングウッドがデザインした古風な凝った衣装に身を包んで、『ツイン・ピークス』を除けばリンチ作品で最も大人数のキャストが登場する。ユルゲン・プロホノフ（高貴で目つきの悪いレト・アトレイデス公爵）、

シアン・フィリップス（禿げ上がった頭部が印象的な、女性集団ベネ・ゲセリットの教母）、イギリスの美女フランチェスカ・アニス（姜妃ジェシカ、ベネ・ゲセリットの一員でポールの母）、プエルトリコの名優ホセ・フェラー（皇帝）、ベルイマン映画の常連マックス・フォン・シドー（帝国の生態学者カインズ博士）、ポップ界のスターであるスティング（コッドピースを着けた姿が印象に残る、ハルコネン家の後継者フェイド・ラウサ）、そのほかにも、パトリック・スチュワート、ショーン・ヤング、リンダ・ハント、イタリアの名女優シルヴァーノ・マンガーノ（デ・ラウレンティスの妻でもある）など

が名を連ねている。

　プロジェクトに二面性があったぶん、過去や将来のリンチ作品でおなじみの俳優陣も多い。『エレファント・マン』で強烈な印象を残したフレディ・ジョーンズ（アトレイデス家のメンタート、スフィル・ハウト）、『イレイザーヘッド』主演のジャック・ナンス（ネフド）、『ブルーベルベット』で再登場するブラッド・ドゥリフ（ハルコネン家のメンタート、パイター・ド・ブリース）、『ツイン・ピークス』で再登場するエヴェレット・マッギル（フレーメン族のリーダー、スティルガー）など。

　数年後、ユニバーサルがリンチの関与なしに長尺版を製作した。混乱ははなはだしい物語の救いにはならないものの、過剰な編集でカットされたシーンがよみがえっており、非常に洗練された（『エレファント・マン』よりもはるかに上品な）演技の数々を味わえることは間違いない。

　そして言うまでもなく、『デューン／砂の惑星』はリンチにマクラクランという分身を与えた。奇妙な——しかし、砂の惑星に比べれば地球的な——物語を演じられるアルターエゴだ。『デューン』の映画化にあたって、やはりポールがキャスティングの最大の課題だった。中心的なキャラクターでありながら、原作のなかではきわめて定義が曖昧で、とき

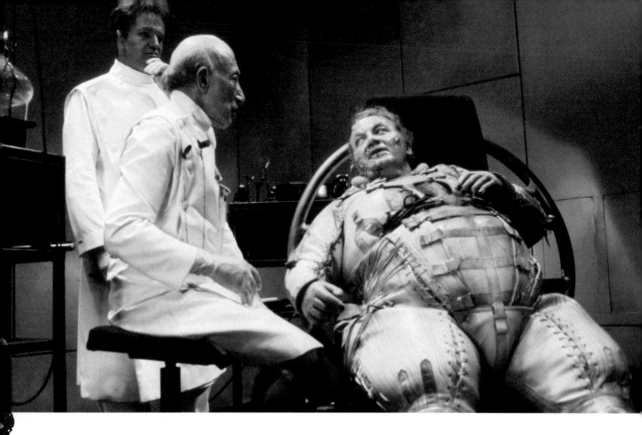

上：ハルコネン家の医師レオ
ナルド・シミーノが、不安定な
男爵（マクミラン）を治療中
──この映画は病気と性的要
素の奇抜な結びつきを扱って
おり、映画会社が求めていた『ス
ター・ウォーズ』ふうのヒーロ
ーものとはかけ離れていた。

左：カメオ出演のデイヴィッド・
リンチ。巨大な砂虫に飲み込
まれる危険を冒すスパイス採
掘者を演じた。結果的には象
徴的な役柄だった。

上：運命尽きたレト・アトレイデス公爵（ユールゲン・プロホノフ）が神聖な水を注ぐシーン。この映画のキャストは、壮大な叙情詩に似つかわしいエピックのヨーロッパ系の俳優と、リンチふうの奇妙さをもたらす俳優とが、まさに入り交じっている。

によって救世主、スーパーヒーロー、政治的な策略家、（原作をどれだけ再現するかにもよるが）最終的には暴君と、多面性を帯びていて扱いにくい。いくら探してもふさわしい役者が見つからず、200人の名前が浮かんでは消え、リンチが絶望しかけたとき、マクラクランが現われた。

　マクラクランはワシントン州ヤキマで生まれ育った。リンチが幼少期を過ごした土地と同じくらい、曇りの多い北西部の町だ。彼は3人兄弟の長男だった。母親の勧めによりシアトルのワシントン大学で演劇を学んだ。候補者を懸命に探し求めていたリンチたちのもとへ、シアトルの現代劇団に有望な新人がいるとの評判が伝わってきた。彼とリンチは、会ってすぐに意気投合した。田舎町の出身というだけで

なく、風変わりなユーモアのセンスや、良家育ちふうの物腰が共通していたうえ、外見まで驚くほどよく似ていた。「まあ、彼は私ほどハンサムではないが」とリンチは笑う。マクラクランにはもう1つ利点があった。若いころに小説『デューン』を愛読し、想像のなかで自分をポールと重ね合わせていたのだ。

　1983年4月から1984年2月にかけての撮影（特殊効果向けの撮影を含む）では、不安を感じる暇はなかった。マクラクランはラファエラとも折り合いが良く、遠方にいる彼女の父親デ・ラウレンティスともうまくいった（デ・ラウレンティスは、現場を数回訪れ、国賓並みの扱いを受けた）。しかしリンチは、出来そこないの巨大な機械のようなこのプロジェクトを管理するのに疲れ果てた。クルーが食中毒に襲われ、現地の電力供給は安定せず、ロサンゼルスか

らの必要物資の供給もひどく遅かった。臨機応変に対応する余地はほとんどなかった。そのうえ、砂漠での撮影は正気の人間には向いていなかった。セシル・B・デミルの時代以来、砂漠は情熱とストレスを等量にもたらす。『アラビアのロレンス』を監督したリーンは、目がくらむほどの太陽に何年間もさらされた。

「私はあの映画でかなり正気を失っていた」とリンチは告白する。その象徴であるかのように、彼は、大砂虫に飲み込まれる寸前のスパイス労働者という役でカメオ出演している。カルロ・ランバルディ（『エイリアン』の男根に似た頭部や『E.T.』［1982］の温厚そうなパペットで有名）が造形したストップモーションの砂虫の「おぞましい男根」には、正直なところ、失望させられる。アラキスの神々ともいうべき砂虫たちは、本来持つべき巨大な荘厳さを実現できていない。

監督が真に本領を発揮したのは、ギエディ・プライムくらいだろう。ハルコネン家が領地とするこの惑星は（端的に表現するなら、宇宙のフィラデルフィア）、表面を機械で覆い尽くされ、つねに重低音が響いている。支配者である男爵（ケネス・マクミラン）は、肥満体で顔じゅうが嚢腫だらけだ。嚢腫から膿が吹き出るようすがクローズアップになるシーンには、体液の放出へのリンチのこだわりが表われている。空中を浮遊し、垂れてきたオイルを浴びて嬉々とするマクミランのおぞましい演技は、次作でデニス・ホッパーが演じるフランク・ブースの予行演習のようでもある。この男爵は、みずからの快楽のために若い男どもを出血死させ、満足の笑みを浮かべる。邪悪さと性的倒錯の大胆な、力強い表現だが、世間で賛否両論が巻き起こり、同性愛者に対する嫌悪を助長しているとして激しい非難の声が上

がった。ギエディ・プライムの撮影にあたって、リンチは、猫の搾乳装置と牛の死骸を要求した（後者はおそらく、彼が若いころに死んだ牛に敬意を表したかったのだろう）。もし完全に彼の想像に任せていたら、いったいどんな映画が完成したのだろうか。

リンチが本人が「売り渡した」と表現する妥協ぶりは、撮影終了後の態度に如実に表われている。デ・ラウレンティスと映画会社の要求に応じるため、映画をひどく歪ませ、破壊しなければならなかった。

5時間の長さにまとめたバージョンについては──かなり未完成で、特殊効果のシーンの仕上げも遅々として進んでいなかったが──リンチ自身が満足していたといわれる（長尺版の「リンチ・カット」が存在するという伝説は、このあたりに端を発しているらしい）。しかし、物語の大部分を削除せざるを得なかった。「カットしたものは、まとめてゴミ圧縮機に押し込むほかなかった」とリンチはあけすけに語っている。

どのリンチ関連本を読んでも、他作品を称賛する評論家のレビューを見ても、ほとんど異口同音に、『デューン／砂の惑星』は例外的な作品であり、デイヴィッド・リンチの輝かしいキャリアにおいて、化膿した腫れ物にすぎない、と断じている。彼の最も不安定な映画で、欠点だらけ。原作から奇妙に逸脱している点が多い。編集で短縮すればするほど説明不足が増えたため、リンチはそれに対処すべく、いろいろな出来事に登場人物たちの内なる声を重ねることにした。ある角度から見れば、きわめて「リンチアン」な仕掛けであり、観客を登場人物の内面

> 自分がつくりたい映画に仕上げられないなら、つくるべきではない。ただの冗談になってしまう。悪い冗談に。やがて、それに首を絞められる羽目になる。
> ──デイヴィッド・リンチ

へ導いたとも言えるが、基本的には、ずるい手だ。こうした低い静かな独白について、小説家でエッセイストのデイヴィッド・フォスター・ウォレスは「かすかな思考をいちいち声に出して唱えている」と揶揄した。まったくもって安っぽい印象になってしまった。登場人物の困惑顔がアップになって、シーンだけでは明らかに説明が不十分な事柄を解説していく。

予算面でも圧力がかかった。複雑な特殊効果のシーンに関して、壊滅的というべきレベルまで妥協を余儀なくされた。この映画は、エキゾチックな見かけと、その進行とのあいだに、創作上の大きな溝が生じている。とくに終盤のアクションは支離滅裂だ。映画の後半は凝縮されすぎ、実質上、モンタージュの連続も同然になってしまった。

さてこうして、意図的な妥協の産物『デューン／砂の惑星』は、1984年12月14日、懸命の過剰な宣伝のもとで公開された。リンチの作品のなかで、ベルトのバックルやボードゲームといった関連商品がつくられた映画はほかにない。批評家たちが、手ぐすね引いて待ち受けていた。「悪魔的にひどい」と「ニューヨーク・ポスト」紙のレッド・リードは酷評した。ハーバートの世界に詳しいであろうジャンル雑誌『スターバースト』は、せっかくの機会が台無しだと嘆いた。「この映画は小説の予告編のようなものだ。ハイライトシーンを編集して寄せ集めただけで、中身がない」。書籍『デイヴィッド・リンチ──映画作家が自身を語る』の取材でリンチ監督にインタビューしたライターのデイヴィッド・ブレスキンは、相反する力が無理やりぶつかり合った結果だ、と分析した。「リンチは、みずからの恍惚としたムードや方法論という針の目に、広大な物語を通そうと試み、もののみごとに失敗した」。「リンチアン」ならではの真剣なトーンが、素材に逆作用している。この映画は、誇張や過剰さを特徴とする、いわゆる「キャンプ」の芸術スタイルを声高に訴えている。かつてデ・ラウレンティスがこのスタイルのジャンル映画に惚れ込んでつくった『黄金の眼』（1968）『バーバレラ』（1968）『フラッシュ・ゴードン』（1980）同様、奇想天外な非現実性を、あっけらかんとコミックブックふうに熱弁しているのだ。

皮肉を言うなら、リンチの映画のうち、『デューン／砂の惑星』ほど高い興行収入（全世界で3200万ドル）を稼ぎ出した作品はほかにない。しかし一方、最終的な製作費が推定5200万ドルにまで膨れ上がった作品もない。マーケティング費用も加えると、興行的には大失敗だった。

時間が経って傷が癒えた今日でも、リンチは『デューン／砂の惑星』については話すのがやっとだ。

右：宣伝用写真より。中央で座っているのが、きりりとした表情のデイヴィッド・リンチ。後方は、プロデューサーのラファエラ・デ・ラウレンティス、マクラクラン、シアン・フィリップス。

「私は売り渡した。最終編集権を持っていなかった。調整はしたものの、すべきではなかった」

重みのある教訓だった。リンチは、自分のアイデアの表現に妥協する余地を持っていない。絵画の最後の仕上げを他人に指示されるなどもってのほかなのと同じだ。彼はこう結論する。「自分がつくりたい映画に仕上げられないなら、つくるべきではない。ただの冗談になってしまう。悪い冗談に。やがて、それに首を絞められる羽目になる」

しかし、本人は異議を唱えるものの、『デューン／砂の惑星』はリンチについて多くを語っている。物理的な欠陥や終盤の物語の早急さはさておき、この映画には「リンチアン」の驚異も満ちている。自然には溶け込んでいない。だが、彼の作品群は、最初から宇宙的な雰囲気に覆われている。どの作品も、尋常ならぬ世界で物語が展開し、「リンチアン」の異質さが滲み込んでいるか、あるいは、ふつふつと湧き上がってきている。『デューン／砂の惑星』は、彼の想像力がどれだけ広がり、詳細に及ぶかを教えてくれる。この映画を、異星における巨大規模のアートプロジェクトと捉えるといい。実際、原作者のハーバートにしろ、この「『デューン』もどき」を観て、視覚的な隠喩を楽しみ、「物語が画面から飛び出す」ようすを喜んでいた。

もしリンチが、この複雑な謎、プロット内のプロット、大量の登場人物たちをテレビシリーズとして制作することができていたら、と思わずにいられない。ある種の物語は、劇場上映やマーケティング部門や微笑みの仮面を被ったプロデューサーによる制約なしに、自由自在の方向へ広がることを許されるべきなのだ。『ツイン・ピークス』が好例だろう（と同時に、一種の贖罪かもしれない）。

また、『デューン／砂の惑星』の失敗が、リンチを形成したといえるだろう。『イレイザーヘッド』のような深夜のアートシアターの世界へ戻る代わりに、彼は1つ深呼吸して、前へ進む道を見つけた。予算よりも、創作上のコントロールが重要だと痛感した。大手映画会社のもとでは自分の意向を押し通せないとわかり、ハリウッドの辺縁に自然な場所を見つけたコーエン兄弟、ジム・ジャームッシュ、トッド・ヘインズ、クエンティン・タランティーノといった同志と仲間になった。こうした仲間たちが生み出す、ひと筋縄ではいかないストーリーや奇妙な会話は、明らかに「リンチアン」らしさを帯びている。リンチが惑星アラキスで苦難を味わい、暗い場所へ導かれていなければ、『ブルーベルベット』は存在しなかっただろう。そして、『ブルーベルベット』がすべてを変えた。

わが家に勝る所なし

偉大なる倒錯
『ブルーベルベット』

前ページ見開き：対照的な演出——真紅のカーテンが青い光に染まっている。『ブルーベルベット』のイザベラ・ロッセリーニは、感傷的なラブソングの歌い手であり被害者であり魔性の女でもあるドロシー・ヴァレンズを演じ、「スロークラブ」で心揺さぶる歌唱を始める。

右ページ：時代を超えた悪役——フランク・ブースのような人物は、過去、スクリーンに登場したことがなかった。デニス・ホッパーは、自身の苦悩に満ちた人生を役柄に投影して、ノワールなギャングを昇華させ、（青い）ベルベットにフェティシズムを抱く、頭のネジが完全に外れきった子供じみた男に変えた。

下：倒錯した欲望——未熟なヒーローのジェフリー・ボーモント（カイル・マクラクラン）は、魅惑的だがサドマゾヒスティックなドロシー（イザベラ・ロッセリーニ）と出会い、禁断の世界に足を踏み入れる。

『デ　ューン／砂の惑星』の砂煙が落ち着いたとき、デイヴィッド・リンチは、未来がどうなるかわからなかった。このSF叙事詩は批評的にも商業的にも大失敗で、たいがいの映画監督ならキャリアに終止符を打たれてしまうレベルだった。これで映画制作の日々も終わりか、とリンチは本気で危惧した。「暗い時期だった」と当人も認めている。かといって、創造の衝動を抑え込まれたわけではない。まったく逆だ。彼は静かなアトリエに戻り、何年ものあいだ想像力の奥底で温めてきたプロジェクトに取り組んだ。本人はまだ知らなかったが、これがやがて彼の地位を決定づける映画になる。すなわち、夢想に満ちたネオ・ノワール。この作品により、彼は自分自身を取り戻し、ぬるま湯に浸かっていた80年代半ばのアメリカ映画に激震をもたらし、監督としてもういちどオスカーにノミネートされることになった。この新作『ブルーベルベット』を史上最高の映画の1つと考える人も多い。

『ニューヨーカー』誌のポーリン・ケイルは、この映画の官能的な魅力の虜になり、かつてなく熱っぽいレビュー記事を書いた。「これはアメリカの闇……」。ほかのどんな映画と違う独自性を備えている。

　リンチが確信していたことが1つあった。『デューン／砂の惑星』で地獄を見た今、『イレイザーヘッド』のときのように自分の個人的な物語をつづる必要がある、と。いやそれどころ

か、この先はずっと、個人的なストーリーを語り続けなければならない。自分の最も奇妙な内面をスクリーンにさらけ出すのだ。それはつまり、原点に立ち返ることだった。絵画と同じように、映画も、自分自身の頭のなかで生み出さなければいけない。

『ブルーベルベット』へとつながるアイデアの連鎖は、不気味なほど鮮明な幼少期の記憶から始まる。リンチは家へ帰ろうと、夜のボイシの町を歩いていた。まだ少年だったが、隣にいる弟よりは年上だ。すると、暗闇から全裸の女性が現われた。夢か絵画から抜け出てきたかのように。「しかし私には、彼女の肌がミルクのように白く、口が血だらけに見えた」。脳裏の映像が、クローズアップに切り替わる。彼女がひどい状態であることは間違いなかった。リンチたちに気づかないまま、よろめきながら近づいてきて、縁石に座り込んだ。弟が泣きだし、少年ふたりは彼女に何もしてあげられなかった。彼女はひとことも話さなかったが、何かトラブルに巻き込まれているのは明らかだった。

　1973年、『イレイザーヘッド』の構想を練るうち、彼の頭のなかでさらに3つのアイデアが結晶化し始めた。1つめは、質感だった。その質感は、タイトルにも込められている——『ブルーベルベット』。青はリンチの好きな色だ。この映画のなかでは、深いコバルト色の雰囲気と、被害者であり主人公でもあるドロシーがつけている血のような赤い口紅とが、鮮やかなコントラストを生むことになる。2つめはイメージだった。切断された人間の耳が、野原に放置されているイメージ。なぜ耳なのかは自分でもわからなかったが、何かしら人体の開口部でなければいけないと感じた。

　「私は、何かのなかに別のものがあるのが好きなんだ」と彼は説明する。「『エレファント・マン』みたいにね。外側とは別の姿が、内側にある。『ブルー

左ページ：ブルネットのドロシー（ロッセリーニ）が陰から現われる。ジェフリーの潜在意識に呼び出されたかのように。

右：この映画に含まれる数多くのコントラストの1つ。ブロンドの恋人サンディ（ローラ・ダーン）は、もっと健全な方向性を示している。いや、本当にそんなに単純なのだろうか？

ベルベット』も同じだ。うわべは美しいが、その下はどんどん奇妙になっていく」

　3つめは歌だった。ボビー・ヴィントンの歌う『ブルーベルベット』と、それが呼び起こす時代と場所の雰囲気。おもに、リンチ自身の青春時代に存在したものだ。

　『イレイザーヘッド』の撮影後の編集中、「ブルーベルベット」というネオンサインの点いた古びたナイトクラブの絵をリンチが見せてくれた、とジャック・ナンスは振り返る。

　「どうだろう、ジャック？」とリンチが尋ねた。

　「美しい」とナンスはこたえた。

　「いつか、いっしょにやろう」

　「何を？」

　「『ブルーベルベット』だよ。映画なんだ」

　『エレファントマン』を完成させたリンチは、プロデューサーのリチャード・ロスと初めて会った。ロスから『レッド・ドラゴン』の映画化を持ちかけられたときだった。ロスが、ほかに何かアイデアを温めているのか、と尋ねてきた。カフェインで気分が高揚していた若いリンチは、女の子の部屋に忍び込んで夜通しその子を見ていたいと前々から考えている、と話した。そうやって覗き見するうち、何か謎の手がかりを見つけるかもしれない。ひょっとすると、殺人事件の手がかりを。

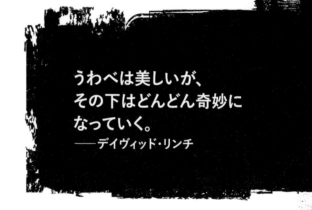

> うわべは美しいが、
> その下はどんどん奇妙に
> なっていく。
> ──デイヴィッド・リンチ

　興味をそそられたロスは、企画書の提出を求めた。やがてワーナー・ブラザースも関心を示した。リンチは、2年間を費やしてさまざまな要素を脚本にまとめたが、出来上がった2つの草稿はどちらも、何なのかわからないものの何かが欠けていた。映画全体を一体化する鍵となるイメージやシーンがなかったのだ。そこで彼は、この覗き見ミステリーを潜在意識に沈めておいた。すると、彼の無意識が、すべてを結び合わせるエンディングを授けてくれた。ユニバーサルの社内で、『ロニー・ロケット』の制作をめぐる、またも実りのない会議が始まるのを待っ

ていたとき、前夜に見た夢を思い出したのだ。彼は秘書からペンと紙をもらい、脚本を完成させるイメージを書き留めた。

30年以上が経った今でも、私たちの目の前にあるこの作品は、去来する幻影のごときアメリカを描いたリンチの代表作であり、きわめて挑発的でありながら詩的でもある。礼儀正しさや道徳性を真っ向から一撃しており、変態的なまでに恐ろしいが、にもかかわらず、どことなく気高く、そこはかとなく安らぎさえ醸し出している。まるで道徳的な教訓を伝えているかのようだが、その本質はつかみきれない。タイトルだけ取っても、誘惑の香りを放ち、禁断のものに手を伸ばして触れくなるような気持ちをそそる。ちなみに、リンチは『ブルーベルベット』を自分の作品のうち「最もノーマルな映画」と考えているという。その言葉をどう解釈するかはあなた次第だ。

『デューン／砂の惑星』のあと、二度の改訂稿を終えたリンチは、みずから倒錯行為に出るかのように、前作で彼をがんじがらめにしたプロデューサー、ディノ・デ・ラウレンティスのもとへ戻った。一方でリチャード・ロスも製作総指揮を担当する意思を持ち続けていた。デ・ラウレンティスは、過去の意見の食い違いを根に持って将来のチャンスを棒に振るような人物ではなかった。受け取った企画書のなかに芸術があれば、見抜くだけの目を持っていた。実際、かつてはフェリーニの夢幻的な作品を製作したこともある。彼はワーナー・ブラザースから脚本を買い戻し、ファウストの真逆のような契約取引をリンチに持ちかけた。結果として、リンチは、芸術上の完全な自由を得る見返りに、映画の製作費と自分の報酬を半分に切り下げなければならなかった。魂を取り戻すため、営利面の本能を犠牲にしたわけだ。彼は600万ドルで『ブルーベルベット』をつくることになった。

『『デューン／砂の惑星』のあと、私はどん底に落ちた。だから、何をやろうと、上向く一方だった」とリンチは言う。そんな心境で、彼はさらなる大勝負に出ることになった。いつもの扉がどれも開きそうにないとみたデ・ラウレンティスが、リンチを信じ、この問題作を公開するためにみずから配給会社を設立すると決めたのだ。

『ブルーベルベット』を鑑賞する行為は、どんな言葉で表わせばいいのだろう？「体験する」？「耐え抜く」？ この映画は象徴に満ちているが、その意味は霧のように捉えがたい。冒頭のシーンから、いきなり挑戦状を突きつけられる。観客は、シーンの意図するところを深く考えるべきなのか？ 奥深い内部論理をどうにか辿って、何らかの意味を見出そうとすべきか？ それとも、向かい来る波が砕けるのをただ受け入れるように、潜在意識に残る泡を眺めていればいいのか？

この映画もまた、さまざまな「対照」を描いている。リンチの子供時代、地元のバーでは、第2次世界大戦の退役軍人たちが肩を落とし、やるせない不協和音を鳴らしていた。その一方、テレビのスピーカーからは、人気番組『ハウディー・ドゥーディー』や『アイ・ラブ・ルーシー』のあらかじめ録音された笑い声が、均質化された響きとなって各家庭へ流れ込んでいた。

「私の視覚的なコンセプトのほとんどを、もし言葉で象徴的に表現できたら、誰も私の映画を製作したいと思わないだろう」とリンチは語っている。事実、『イレイザーヘッド』や『ブルーベルベット』や『マルホランド・ドライブ』がめざすものを言葉で明らかにした場合、リンチ自身すら衝撃に堪えられないかもしれない。

カイル・マクラクラン演じるジェフリー・ボーモントは、父親が倒れたと聞き、大学から帰郷する。

上：兄弟以上の関係——カイル・マクラクランとデイヴィッド・リンチがノースカロライナ州ウィルミントンで『ブルーベルベット』の撮影中。作品の内容は暗かったが、撮影自体はリラックスした雰囲気だった。

私の視覚的なコンセプトのほとんどを、もし言葉で象徴的に表現できたら、誰も私の映画を製作したいと思わないだろう。
——デイヴィッド・リンチ

父親が倒れるのはオープニングのシーンで、芝生に水を撒いている最中に発作を起こす。すると続いて、リンチのカメラは芝生のクローズアップに移る。葉陰には昆虫が群れ、けたたましい音を立てている（ラテックスの上でゴキブリを這わせて録音した、まさしく「リンチアン」の効果音）。『イレイザーヘッド』が根源的な不安をかき立てるのに似ている。

『デューン／砂の惑星』から逃れてきたマクラクランは、つねに声のトーンを抑えた美少年ジェフリーとして登場し、外見も内面もリンチを装っている。『デューン／砂の惑星』のオーディションでマクラクランを見たとき、リンチはすでになかば『ブルーベルベット』とジェフリーのことを考えていたに違いない。いざ時が来た際、マクラクランは脚本に惹

上：絵本のようなロケーション——架空の町
ランバートン。リンチは、けばけばしい色彩の、
50年代のアメリカが理想とした小さな町をつ
くり出した。

下：オープニングショットでは、澄んだ青空、
白い塀、真っ赤な薔薇が映し出される。

かれながらも、その魅力に何カ月も抵抗し続けた。けれども、リンチからふたたび電話がかかってきて、結局は承諾した。「仕事が必要だったせいもあるし、あの脚本が頭から離れなかったせいもある……」

「戻ってくると思っていたよ」とリンチは言った。

マクラクランは2週間早く現場に到着した。惑星アラキスの悪夢から早く逃れ、『ブルーベルベット』の悪夢に早く入り込みたい、と。

ジェフリーの故郷ランバートンは、分裂症的な陳腐さだ。昼間は、『素晴らしき哉、人生!』(1946)のベッドフォード・フォールズや『アラバマ物語』(1962)の舞台の原型となったモンロービルのような、典型的なアメリカの田舎町だ。ところが夜になると、『デューン／砂の惑星』の惑星ギーディ・プライムにも似たいかがわしい暗部と化す。『イレイザーヘッド』の撮影監督フレデリック・エルムズがシネマスコープで撮った、アメリカの中心地のコダクロームの輝きは、ラヴクラフトふうの恐怖や不気味さを秘めている。他次元からの恐怖が戸口のすぐ外に潜んでいるものの、現実に訪れる恐怖は人間の姿をとる。われわれ人間こそが、リンチのとても暗い想像力のなかに潜む虫なのだ。

リンチは自分なりのランバートンをノースカロライナ州のウィルミントンで見つけた。その決定には、予算上の問題も絡んでいた。最初は太平洋岸北西部で撮影する予定(後年の『ツイン・ピークス』のように)だったが、リンチたちの拠点は当面、ウィルミントンにあるデ・ラウレンティスのDEGフィルムスタジオだった。このスタジオでは、やがて失敗に終わるスティーヴン・キングの監督デビュー作『地獄のデビル・トラック』(1986)とサウンドステージを共有していた。双方の映画は似て非なるものだ(一方は悪霊に取り憑かれた大型トラックの物語、他方は幻想的なノワール)。とはいえ、関係者同士が食堂で顔を合わせることもあった。ランバートン

という町の名前は製作の準備段階では決まっていなかったが、美術・衣装の担当のパトリシア・ノリスがリンチにこう助言した。「このスタジオ周辺のどこかから名前を借りれば、ナンバープレートや看板の作成費を浮かせられるんだけど」。リンチがスタジオ内にあった地図に目をやると、「ランバートン」という地名が蛙のように飛び出してきた。ランバー(lumber、材木)という音から、材木や丸太がその町の産業にふさわしい、と想像した。自身が木立ちに囲まれて幼少期を送ったことと重なり、これが『ツイン・ピークス』にもつながる重要なモチーフとなった。「映画の多くの部分は、作業を進めていくうちに見つかる」とリンチは語っている。

作家のデイヴィッド・フォスター・ウォレスは、リンチの作品スタイルについて詳細に分析し、「リンチアン」を学術的に定義するとすれば、「非常に不気味なものと非常にありふれたものが結びつき、後者には前者がつねに内包されている点を明らかにしていくという種類のアイロニー」だろうと述べた。『ブルーベルベット』の冒頭シーンでは、白い柵と口紅のように真っ赤なバラが、ありえないほど青い空に映えている。まるで広告か絵葉書か夢のようだ。リンチによれば、あの風景は彼の幼少期と重なり合うという。すなわち、「本来あるべき中流階級のアメリカ」。ノーマン・ロックウェルの絵画やポール・アウトブリッジの写真に見られる、素敵なうわべのアメリカ文化の理想形だ。「ローアングルから見上げる角度で撮影してある。子供目線の風景だからだ」とリンチは説明する。彼らしい50年代へのこだわりでもある。希望に満ちていた時代。アメリカの小さな町がいまだに囚われている時代。しかしそれだけでなく、この映画にはいろいろな時代が不思議なかたちで混在している。40年代のノワールから、50年代のテレビの陳腐さ、さらには80年代の重苦しい息吹まで。

上：撮影現場のようすを示す3枚の写真。整った装いのデイヴィッド・リンチが、主演のイザベラ・ロッセリーニやカイル・マクラクランとともに写っている。『ブルーベルベット』は、うわべの下に潜むアメリカを暴き出すという、一連のリンチ作品の礎を築いた。

右ページ：特別な化学反応――撮影に苦労するうち、ロッセリーニはリンチと親密になり、やがて恋に落ちた。芸術が人生と重なったのだ。

入院した父親を見舞った帰り道、空き地に通りかかったジェフリーは、切断された片耳を見つける。まるでハムのような質感で、蟻にまみれていた（リンチは蟻が大好きだった）。その耳は腐りかけていた。話が進むにつれ、この町ランバートンで腐りかけていないものなどないに等しいと明らかになるのだが……。出だしだけなら、ナンシー・ドルーやアンディ・ハーディが謎を追って活躍するような、ティーン向けの健全な物語と似ていなくもない。ところが、まったく対照的に、ジェフリーはこの腐りかけの耳の出所を探そうと動きだし、やがて、平穏な町に潜む汚れた裏社会の深みに入り込んでいく。

ジェフリーは、拾った耳を刑事に届けたあと、その娘サンディ（ローラ・ダーン）と力を合わせて調査に乗りだす。サンディが、父親のデスクから最新の情報を手に入れてくる。

ふたりをめぐる端々に、常識に反する要素が横溢している。もしこの映画が大人への通過儀礼を扱っていて、子供時代の無垢を失うさまを描く古典的な物語だとしたら、真面目そうなジェフリーがなぜ金のイヤリングをしているのか？　ダーン演じる17歳のサンディ・ウィリアムズは、ボビーソックスと呼ばれる50年代ふうのファッションスタイルであり、サンドラ・ディーを思わせる清純な美女だが、ブラジャーを着けていない。ジェフリーは彼女に「あいつらが謎の核心だ」と言う。それでいて、ドロシー・ヴァレンズのところへ、ひとりで乗り込む。

明るいブロンドのサンディとは対照的に、くすんだブルネットのドロシーは、官能的な魅力と無力感という、非常に悩ましい組み合わせの女性だ。ナイトクラブのシャンソン歌手で、心の傷を抱え、古びて物寂しげなディープ・リヴァー・アパートメントに住み、警察の保護監視下にある。切断された耳の事件と何らかのつながりを持っている。

このファム・ファタールと堕天使の要素を兼ね備

えた役者をキャスティングするにあたって、ハリウッドの契約代理人の多くは、イザベラ・ロッセリーニが女優であることすら知らなかった。彼女はモデルであり、イングリッド・バーグマンの娘であり、当然、間接的に「ハリウッドの王族」だった。彼女の愛する父親はイタリアのネオレアリズモの先駆者であるロベルト・ロッセリーニ監督（代表作『無防備都市』[1945]）であり、彼女の元夫はマーティン・スコセッシだ。もっとも、ニューヨークのレストランでイザベラ・ロッセリーニと顔を合わせたとき、リンチはこうした立場を念頭に置いていなかった。彼女が何者なのか、まったく知らなかったのだ。会話の流れで、リンチの新作映画の話題になった。主要な登場人物のキャスティングの構想も話した。席

を立つとき、リンチは言った。「きみなら、イングリッド・バーグマンの娘を演じられるかもしれない」。彼女は苦笑したにちがいない。あとになって、リンチは友人から、彼女は本物の娘なのだと教えられた。そこで、リンチのインスピレーションが働きだした。

それまではヘレン・ミレンを抜擢する方向に傾いていたが、1週間後、業界誌『スクリーンワールド』を読んでいると、イザベラ・ロッセリーニの写真に出くわした。彼女が主演したタヴィアーニ兄弟の監督作『草原』（1979）——イタリアの小さな町の反逆者たちの物語——のワンシーンだった。その日の午後、リンチはロッセリーニに脚本を送った。再び会ったとき、彼女はドロシーがとても気に入ったとリンチに言った。それ以上に、彼女はドロシーを

よく理解していた。

　リンチは彼女が映画に持ち込んだ荷物に無関心ではなかった。彼女の母親とロッセリーニの関係は当初は不倫だったため、当時のスキャンダルとなった。バーグマンはハリウッドでのキャリアを事実上失い、追われるようにヨーロッパの映画界へ去った。その娘であるイザベラ・ロッセリーニは、カトリック教徒としての罪悪感と、特別扱いされ続ける有名人という宿命さを引きずり、やるかたなき憤懣を抱えていた。彼女の親友である監督ガイ・マディンによれば、『ブルーベルベット』の公開後、彼女が昔かよったローマの高校の修道女たちが、彼女の魂を救済す

下：デイヴィッド・リンチが、フランク・ブースを完璧に演じたデニス・ホッパーと笑い合っている。

右ページ下：ブースはドロシー（ロッセリーニ）とジェフリー（マクラクラン）を無理やり「スロークラブ」に連れ込む。一連のリンチ作品で重要な役割を果たす、ナイト・クラブのシーンの1つ。

るために特別なミサを繰り返したという。

　しかし、リンチに本当に訴えかけたのは、苦悩の色が浮かぶ彼女の瞳だった。さらに、異国の訛りがにじむ話しかたが、アウトサイダーとしての位置づけにふさわしかった。「リンチ監督はすべてを取り巻く謎にとても敏感な人だ」と彼女は気づいた。撮影の途中、ふたりは恋に落ちた。

　ドロシーは、リンチが最も得意とすること——すなわち、究極の絶望と現実において人間性を描くこと——のきわめて印象的な例だ。シュールな映像、非線形な物語、ウェットな音響に包まれながら、観客はリンチ作品の登場人物に自分を重ね合わせる。

フランク・ブースにさえも。

　1980年代初頭、デニス・ホッパーは、ハリウッドから追放された者のなかでも特異な存在だった。飲酒や薬物、それに伴う自己破壊的な狂気により、ハリウッドから「カインの烙印」を押された。大手映画会社の立場からは、彼を雇うのは無理だった。ところが、『ブルーベルベット』の製作は大手映画会社の主導ではなく、契約書によれば、リンチは自分の望む人材を自由にキャスティングできた。とはいえ、ホッパーに対して多少の懸念も抱いていた。スクリーン上では登場人物にさまざまな苦難を味わわせるものの、リンチは、撮影現場が緊張で張り詰

めるのを非常に嫌う。

　ホッパーは18カ月間、トラブルを起こさず過ごしており、リンチに自分の実力を証明したいと必死になって、電話口で「私がフランクだ!」と妙に声を張り上げた。リンチは苦笑いしつつその反応を回想する。ホッパーすなわちフランクなのは「まあ、良くもあり、悪くもあった」。さいわい、そのあとホッパーのマネージャーが連絡してきて、彼はもうまともになっていると請け合った。プロとして振る舞うだろう、と。

　皮肉なことに、悪評高いからこそ、ホッパーはフランクにぴったりだった。ロッセリーニと同様、世間の先入観を理想的なかたちで持ち込んできた。観客がフランクという登場人物にひどく不安を覚えるのは――さすがにフランクほどひどく狂気じみていないにしろ――潜んでいるのではないかと想像するからだろう。フランクという人物は、ホッパーの役者かつ芸術家としての大胆さの頂点だ。イギリスの有名な映画評論家デイヴィッド・トムソンは、これをホッパーの新境地と評価した。「知ったかぶりの人は、フランクを見て、「うん、いつものデニス・ホッパーだ」と思うかもしれないが」

　地元のギャングで、ガンメタルグレーのスーツと不気味な笑みをまとったフランクは、一見、昔から映画によく出てくる、『民衆の敵』(1931)のジェームズ・キャグニーのような荒っぽい典型的な悪役に見える。すぐに激怒し、暴力を振るい、おぞましくも魅力的なカリスマ性を放っている(その凶悪ぶりは、『バットマン』に出てくるハイテンションの悪者に近い)。しかし、リンチ作品ではいつも、陳腐なものの下に深い意味が隠されているのだ。

　そしてホッパーはまさにプロフェッショナルだった。「彼のことがわかってきたら、好きになったよ」と撮影監督のエルムズは言う。「彼はやがて、撮影現場で最も責任感の強い人物になった」ホッパーは、リンチの試みに魅了されていた。『ブルーベルベット』は「アメリカの分裂症についての映画だった」とコメントしている。

　映像の構成ではさかんにコントラストが強調されており、明るい夢のような冒頭のシーンがネオンがきらめく夜景に取って代わり、手入れの行き届いた芝生が工業地帯に置き換わる。撮影スケジュールの半分は夜だった。ドロシーの古びたアールデコ調のアパートメントは、シットコムにありがちな明るい配色に反して、紫と緑の不気味な色合いを帯び、『イレイザーヘッド』におけるヘンリー・スペンサーの生活環境の閉塞感を思い出させる。

　リンチのスタイルの流れに関する通説では、『エレファント・マン』と『デューン/砂の惑星』というそれぞれ違う方向の寄り道を挟んだあと、『ブルーベルベット』でアブノーマルな世界観に戻った、といわれる。『イレイザーヘッド』で始まったテーマを素直に継承しており、複雑な夢のようなロジックがふたたび展開する。すなわち、リンチならではの特異な現実が描かれる。『イレイザーヘッド』と『ブルーベルベット』は、「隣り合わせの別の地区のようなもの」であり、どちらも、一般の広い世界からは切り離されている。ふつうの社会の感覚は存在しない。『ブルーベルベット』は、異様な場面を目撃したことにより、ジェフリーの内部にあった見えない力が解き放たれる、という映画だ。リンチは、謎をひもとくことにはあまり興味がない(その点で、『ブルーベルベット』は、以後のキャリアの方向性を宣言した映画といえる)。もっと深い、さらに根源的な謎の世界をクローズアップしたがる。プロットの仕組みは曖昧なままにされる。ランバートンの町におけるフランクの邪悪さの浸透ぶりや、ドロシーの子供をさらって人質にし、彼女を奴隷にするという企みは、リンチが目的を果たすための手段にすぎない。

上：悪夢からの目覚め——サンディ（ローラ・ダーン）とジェフリー（マクラクラン）は、心砕かれたドロシーをついに苦しみから救い出す。と同時に、自分たちが何に巻き込まれたかを悟る。

　撮影は1985年の秋に行なわれた。自分のペースをつかんだリンチは、現場へ行くのが毎日楽しみだった。それまでに感じたことのない最高の気分で、ピンク色の自転車に乗って撮影現場を走りまわった。ポケットにはピーナッツ入りのM&Mチョコレートを詰め込んでいた。彼が思いのままに撮影を進め

ていたことに疑問の余地はない。「『ブルーベルベット』では、地獄から天国へ行く思いがした」と彼はしみじみと言う。小道具やセットを自作した『イレイザーヘッド』のころに帰って、ディープ・リバーにかかる工場やピストンのシルエットは、リンチがその場で段ボールを切り抜いてつくった。

前ページ見開き：町の暗黒面への旅——デニス・ホッパーは、自分ほどブースを正しく理解して演じられる者はいない、とデイヴィッド・リンチに請け合った。彼はまさしくフランク・ブースだった。リンチは、それを喜んでいいのかやや戸惑った。

右：彼女は青いベルベットを着ていた……ボビー・ヴィントンの歌声は、リンチにとって重要なインスピレーションの1つだった。ある時代と場所を呼び起こし、それ以上に、ある質感を呼び起こした。

左ページ：覗き魔——映画の核心をなす衝撃的なシーン。ジェフリー（マクラクラン）は、囚われのドロシーをブースがレイプするのを盗み見る。その場面の官能的な狂気に、リンチは観客全員を巻き込む。

「リンチ監督は風変わりな指示を出す」とマクラクランは証言する。『デューン／砂の惑星』の経験があるだけに、「エルヴィスふうに」「風のように」などという謎めいた指示に合わせて演技するのにも、マクラクランは慣れていた。かと思えば、リンチは何も言わず、カメラのそばでしゃがんで笑っているだけのときもあった。ロッセリーニが面くらったのは、映画のなかで最もショッキングで強烈なシーンの撮影時、リンチがずっと笑っていたことだった。

ジェフリーは最初、害虫駆除業者——この役柄にふさわしい設定——を装ってドロシーのアパートに入り込み、裸同然でクローゼットのなかに隠れる羽目になる。扉の隙間から、束縛のない本能むき出しの力を覗き見る。映画史に残る名シーンだ。

ジェフリーはリンチの分身かもしれないが、われ［わ］れ観客の分身でもあり、映画館の最前列から最後

列までを埋める人々に代わって覗き見をしている。ヒッチコックと同じく、リンチは、映画そのもののはしたない根本構造を浮き彫りにした。つまり、観客は覗き魔であり、人間の最も暗い欲望、さもしい幻想を他人があらわにしているのを見に来ているのだ。クローゼットの鎧戸が生む光と影を浴び、ノワールの愛撫を受けながら、ジェフリーは、サディスティックなフランクがマゾヒスティックなドロシーという獲物に襲いかかるのを見る。しかしなぜか、双方とも被害者なのだ。

リンチは、フランクを邪悪というよりもむしろ歪んだ人間とみている。彼は言う。「フランクは完全に愛に溺れている。それでいて、どう表現すべきかがわからない。彼自身も、奇妙なことの数々（近親相姦的なプレイ、誘拐、殺人、耳の切断、薬物吸引など）に巻き込まれた男なのかもしれない。しかし

彼はまだポジティブなものに駆り立てられている。『ブルーベルベット』はラブストーリーなんだ」

批評家のフォスター・ウォレスは、こう分析する。『ブルーベルベット』を筆頭に、リンチの優れた映画では「感情を揺さぶるパワーの大半が、われわれ観客を、登場人物たちの病的な側面と共謀しているかのような気持ちにさせることから生じている」

リンチ作品の大きな魅力の1つは、観客が自分と強く重ね合わせたくなる点だ。リンチが過剰に自己意識を打ち出さないぶん、われわれの心の奥の心理と、精神的な親密さが生じる。われわれはジェフリーと共犯であり、「ママ」と「パパ」が本能のままに演じる変態行為から目を背けられない。ここに、中心的なテーマが流れている。善と悪は同じ町、同じ人間の2つの側面なのだ。誰もが内面で何かを抱えている。

右ページ：笑気ガスを吸って興奮したフランク・ブース（デニス・ホッパー）は、進んで身を任せる生贄ドロシー（ロッセリーニ）に性的暴行を始める。リンチの最初のアイデアでは、フランクにヘリウムを吸わせ、子供のような甲高い声を出させるつもりだったが、ホッパーは難色を示した。あとになって、ホッパーは自分の選択を後悔した。

やがて、羞恥、堕落、そして切望があらわになり、衝撃的であると同時に、非常に悲しい瞬間でもあるシーンが訪れる。フランクが、正体不明のガスを缶から吸い込んで、幼児の性心理に戻り、ドロシーの女性器という祭壇に向かって、「ママ！ ママ！」と叫ぶ。そのあと、幼子が安心のため古い毛布をつかむかのように、青いベルベットのガウンを握りしめ、儀式的な強姦をする。リンチは当初、フランクがヘリウムを吸って甲高い声を出す設定にしようと考えていたが、ミッキーマウスみたいな声では場面が馬鹿らしくなってしまう、とホッパーが難色を示した。しかしのちに、その選択を後悔することになる。

ドロシーという名前は、この映画全体に影響を与えている『オズの魔法使』のヒロインにちなんで名づけられた。どんな影響なのか、リンチは具体的には説明できなかったものの、「「わが家に勝る所なし」

というせりふに関係があるに違いない」と述べている。あるいは、目にも鮮やかなテクニカラーや、別世界への移動というアイデア、家から遠く離れた孤独な少女、といった点が影響しているのかもしれない。

日常を旅立ち、狂気じみたオズの夜へ入り込んだジェフリーは、フランクやその一味とともに、ディーン・ストックウェル演じるベンに会いに向かう。このベンは、どんな映画のカメオ出演にもまさるほど、印象的で不気味だ。リンチはストックウェルを『デューン／砂の惑星』で発見（あるいは再発見）した。ストックウェルは40年代に子役スターとして活躍し、50年代は有望な若手俳優だったが、伸び悩んで80年代はニューメキシコで不動産業もやっていた。彼とリンチが出会ったのは、『デューン／砂の惑星』の撮影準備中、チュルブスコ・スタジオの共同食堂だった。落ちぶれたストックウェルは、ここでB級映画の仕事をしていた。「きみは死んだ

と思っていたよ」とリンチは言い、すぐに彼の起用を決め、スケジュールの都合で出られなくなったジョン・ハートの代わりとして、羽毛のような眉毛を持つドクター・ユーイ役に抜擢した。『ブルーベルベット』では、ストックウェルはさらに奇妙に見える。

ホッパーがフランクをどう演じるかを知り、フランクが多少とも尊敬している唯一の人物がベンであるという設定を踏まえて、ストックウェルは、ベンはフランクよりも奇妙でなければいけないと考えた。異次元から送り込まれたかのように、ベンはヴェルサイユの宮廷人よろしく顔に白粉を塗り、麻薬から来る幸福感に酔い、不気味なけばけばしい服装で、部屋じゅうをふわふわと動きまわり（悪夢のなかの悪夢）、ロイ・オービソンの「イン・ドリームス」を口パクで歌う。『ニューヨーカー』誌のポーリン・

ケイルは、「観客は彼の魔力に吸い寄せられ、束の間、起こっているはずのほかの物事を忘れてしまうほどだ」と評した。

当初、リンチはホッパーにこの曲を歌わせるつもりだったが、運命が別の企みを用意していた。シーンのリハーサル中、キャラクターになりきったストックウェルが、放置されていた作業用ランプを手に取り、曲に合わせて口パクを始めた。ランプの光がストックウェルの死人のような顔を照らし出すさまに魅了され、リンチはこれで行くしかないと決めた。

そのランプを誰がそこに置いたのかは、わからずじまいだった。

リンチの幼い日の記憶にある謎の女性と同じように、ロッセリーニ演じるドロシーが傷だらけの裸で

茂みから出てくる場面で、映画はクライマックスへ突入する。このシーンも、撮影が難しかった。ロッセリーニは並外れた勇気を発揮した。ウィルミントンの車道を使ったこの屋外撮影は、スケジュールの最後のほうに残してあった。すると、地元の人々がピクニック用の毛布を持って集まり、見物を始めた。その野次馬たちに、女性が魂まで裸にされる生々しいシーンだと警告した。ロッセリーニは動揺しながらも、詫びの言葉を口にしたあと、撮影に取りかかった。やがてリンチが満足すると、彼女は顔を上げた。野次馬はひとりもいなくなっていた。翌日、ウィルミントンの街頭での撮影許可はもう下ろせない、との通告が届いた。

それどころか、いずれ映画の封切り時に巻き起こる両極端な反応の前触れとして、音響担当のアラン・スプレットが、映像にもう堪えられないと、制作が終わる前に離脱してしまった。しかし、偉大な共同作業者がひとり離れていった代わりに、別のひとりが現われた。

問題は、ロッセリーニは歌うのが苦手だったことだ。なのに、地元の低級なバー「スロー・クラブ」で彼女がタイトル曲を歌い、観客席で聞き惚れているフランクの頬を涙が伝う、というシーンを撮らなければいけなかった。製作のフレッド・カルーソの提案により、ブルックリン生まれの作曲家アンジェロ・バダラメンティに連絡し、ロッセリーニの歌唱指導を頼んだ。バダラメンティとロッセリーニは、ホテルのロビーのピアノを使って、曲をワンフレーズずつ練習した。ロッセリーニの甘ったるいスローな歌いかたをリンチに聞かせたところ、「ピーチー・キーン（うん、悪くない）！」といつもの口癖が返っ

てきた。その後、ディス・モータル・コイルの曲「ソング・トゥ・ア・サイレン」を使おうとして権利が手に入らなかったとき、バダラメンティがふたたび救世主になり、「ミステリーズ・オブ・ラブ」という曲をリンチと共作し、彼の推薦により、ジュリー・クルーズが神秘的で優雅な声で歌った。これが、胸の張り裂けそうな「リンチアン」サウンドの出発点になった。リンチの要求に不思議なほどうまくはまったバダラメンティは、サウンドトラック全体を作曲するよう依頼され、ショスタコーヴィチの要素を隠れたかたちで交えながら、華麗かつメロドラマチックなスコアをつくり上げた。彼は映画のサウンドトラックとテレビの仕事をわずかに経験していただけだったが、『ブルーベルベット』で一気に頭角を現わした。以後、『インランド・エンパイア』を除いて、すべてのリンチ作品に音楽をつけることになる。彼は2022年12月に85歳で亡くなったが、リンチとの共同作業で遺した音楽は歴史に刻まれ、マッシヴ・アタックからラナ・デル・レイまで、シンセサイザーを軸にした物憂げなサブカルチャー音楽全般に影響を与えた。

『ブルーベルベット』は1986年8月30日に一般公開され、観客たちの度肝を抜いた。リンチのキャリアのなかで最も賛否渦巻く映画となり、不確かさを特徴とする作品スタイルが確立された。レビューは、絶賛から酷評までさまざまだった。評論家のディヴィッド・トムソンは、「映画というメディアにふたたび息吹を与え、映画をふたたび危険なものにする」監督を発見した、と述べた。「ロサンゼルス・タイムズ」紙のシーラ・ベンソンは、「アメリカの

左ページ：輪をかけた奇妙さ——謎の悪党ベンとしてカメオ出演したディーン・ストックウェルが、現場にあった作業用ランプをひとつかんで、ロイ・オービソンの『イン・ドリームス』に合わせて口パクをし始めた。そうして、予定外の忘れがたいシーンが誕生した。

上：無邪気な探偵たち──サンディ（ダーン）と
ジェフリー（マクラクラン）のコンビ。リンチは、
アメリカの10代に人気だったテレビ番組の登場人
物、ナンシー・ドルーやハーディ・ボーイズをア
レンジした。

左：センターステージに立つドロシー──イザベ
ラ・ロッセリーニは歌が苦手だった。作曲家のア
ンジェロ・バダラメンティの指導を受け、どうにか
ワンフレーズずつ歌った。

田舎町の日常に根ざし、かつてない輝かんばかりの不吉さを放つ映画」と称賛した。その後、現在に至るまで、熱狂的なマニアが増え続けている。たとえば映画学者のニコラス・ロンベスは、『フィルムメーカー・マガジン』誌のウェブサイトで1年間にわたって「ブルーベルベット・プロジェクト」を進め、この映画を47秒ずつに切り分けて、詳細に分析した。

　もちろん、批判的な意見もある。著名な映画評論家ロジャー・イーバートは、「シカゴ・サンタイムズ」紙の映画レビュー欄でこの映画を最低評価の1つ星とし、リンチの映画は道徳的に堕落してしまったと断じて、「安っぽいショットの数々」とロッセリー

ニの不当な扱いを非難した。「ニューヨーク・ポスト」紙のレックス・リードは「史上、最も病んだ映画」と評したが、この点については、リンチのファンも同意するかもしれない。

　当然ながら、自分の目で確かめたいとばかり、観客が殺到した。最終的な興行収入は、アメリカ国内だけで800万ドルとみられ、全世界では推計2000万ドルに達した。いまや『ブルーベルベット』は、伝説的な作品にまでなっている。はたしてリンチは禁断の境界線を越えたのだろうか？　一部からは、不道徳だと非難を浴びた。「そうではないつもりだ」とリンチは困惑してこたえた。芸術的な衝動そのも

上：みずからの正当性をジェフリー（マクラクラン）に訴えるフランク（ホッパー）
──この映画は潔く、サブテキストがほぼまったくない。すべてが表面に出される。

アメリカの
田舎町の日常に根ざし、
かつてない輝かんばかりの
不吉さを放つ映画。
──「ロサンゼルス・タイムズ」紙

のが、一般的な社会規範からは外れているとみるべきかもしれない。リンチはただ、折に触れて暗闇のなかへ踏み込み、そこで見つけたものを咀嚼して表現しているのだ。映画『ブルーベルベット』にはほとんどサブテキストがない。ジェフリーのせりふにあるとおり、「僕たちはいま、つねに陰に存在し続けている何かを見ている」。それが「リンチアン」の使命といえるかもしれない。

『ニューズウィーク』誌によると、シカゴで上映中にひとりの男性が心臓発作を起こし、病院に搬送されたが、ペースメーカーの調整を受けた（おそらく目盛りを最大に上げられた）あと、映画館に戻ってハッピーエンドを見届けたという。

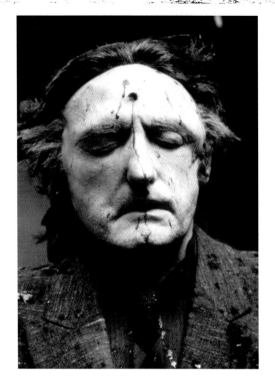

上：デニスのデスマスク——フランク・ブースの末路のためにつくられた特殊メイク。額に銃創。

右：封切り時、『ブルーベルベット』はセンセーションを巻き起こした。傑作と賞賛する声もあれば、話題性を狙っただけという批判の声もあり、とにかく観ようと客が群がった。しかし現在では、この映画は真のクラシックと見なされている。

DE LAURENTIIS ENTERTAINMENT GROUP ZEIGT

Blue Velvet

EIN FILM VON DAVID LYNCH
KYLE MACLACHLAN · ISABELLA ROSSELLINI · DENNIS HOPPER
LAURA DERN · HOPE LANGE · GEORGE DICKERSON · DEAN STOCKWELL
KAMERA FREDERICK ELMES SOUND DESIGN ALAN SPLET AUSSTATTUNG PATRICIA NORRIS SCHNITT DUWAYNE DUNHAM
MUSIK ANGELO BADALAMENTI PRODUKTION RICHARD ROTH BUCH UND REGIE DAVID LYNCH
IM VERLEIH DER CONCORDE-FILM

　ただし、ハッピーエンドなのかどうかも、考える余地がある。われわれは、映画の結末を信頼していいのだろうか？　世界が正され、ドロシーは子供と再会し、フランクは暴力的な死を迎え、満足げなジェフリーは日向ぼっこしながら世界を眺める。とそのとき、窓辺に1羽のコマドリがやってくる。サンディによれば、良い予兆らしい。訓練されたコマドリを探すのに手間取っていたところ、スクールバスにぶつかって死んだコマドリを生物学部の学生が剥製したという話が耳に入った。そこで、リンチは大喜びで、剥製の鳥を窓際に固定し、細い糸をつないで操った。悪趣味な子供向け番組から逃げ出したかのように、口には生きた虫をくわえている。暗い側面はつねに存在し続けるのだ。

大衆向けのマグリット

『ツイン・ピークス』の
テレビ版と映画版の
奇妙な事件

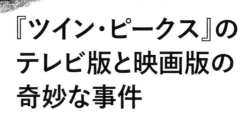

『ツイン・ピークス』にたどり着くまでには長く曲がりくねった道のりがあった。この作品は、テレビ史上の重大事であり、小さな画面でのエンターテイメントが黄金時代を迎える土台となり、デイヴィッド・リンチのキャリアのうちで最も幅広く称賛され、彼の名前を世間に知らしめた（さらに意外なことに、彼の顔まで世間に知られるようになった）。公式な始まりは、リンチと、テレビ脚本家のマーク・フロストとが、向かい合って座ったことだった。フロストは、刑事ドラマと人間ドラマを融合した新鮮な『ヒルストリート・ブルース』で名を上げた人物だった。ふたりを会わせたのは、芸能エージェンシー「CAA」に所属する代理人トニー・クランツ（偶然にも、超一流のロマンス作家ジュディス・クランツの息子）だった。彼はテレビのスペシャリストで、リンチとフロストの両方を担当しており、気が合うのではないかと思って1985年にふたりを引き合わせたのだ。実際、ふたりは意気投合した。

しかし、これはリンチの世界だ。物事はけっしてそう単純ではない。もう少し深く掘り下げると、『ツイン・ピークス』は起源は複雑で、マリリン・モンロー、スティーヴ・マーティンの唾液、海底に沈んだ大陸など、さまざまな要素を含む。この

前ページ見開き：めまいと混乱――ロネット・ポラスキー（フィービー・オーガスティン）はツイン・ピークスの町に戻り、物語の軸をなす殺人事件の寡黙な重要関係者となる。

右ページ：袋状のビニールシートに包まれたローラ・パーマー（シェリル・リー）。この作品の象徴的なイメージだ。オリジナルのテレビシリーズでは、生前のローラはほんの短いフラッシュバックにしか登場しない。

下：ブームの誕生――デイヴィッド・リンチが手がけた小さな町のミステリードラマは、たちまちアメリカで話題沸騰となった。

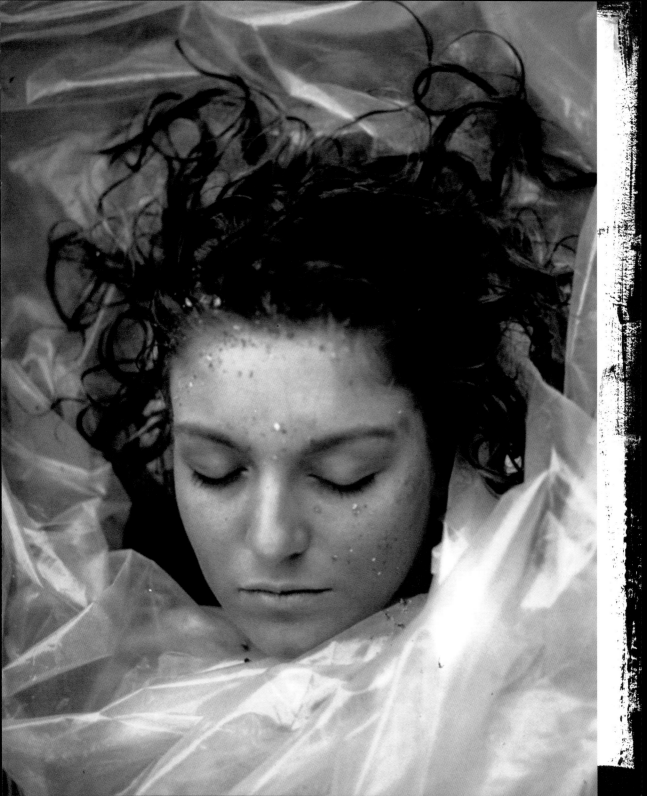

大陸はアトランティスではなく、レムリアと呼ばれる。また、この人気ミステリードラマの端緒となった数多くのアイデアの1つは、1972年ごろ、『イレイザーヘッド』撮影時の長い夜に湧き出した。伝えられている話によると、リンチは、撮影セットの奥にいた雑用係のキャサリン・クールソンが眼鏡をかけるのを見て、瞬時に、彼女が赤ん坊のように丸太を抱きしめている情景を想像したという（奇形の赤ん坊がつねに意識にあった）。続いて、次々にアイデアが湧いてきた。このキャラクターは『私の丸太にあらゆる知識の枝を植え付ける』というタイトルのテレビドラマに主演しており、火事で夫を喪ったあと、どこへ行くにも丸太を抱えていて、その丸太に向かって世界のいろいろな情報を教え込むのだ。

15年以上経って、ワシントン州スノコルミーで『ツイン・ピークス』の2時間パイロット版を撮影している途中、リンチはクールソンに電話をかけ、丸太を持ってカメオ出演してほしいと頼んだ。こうして彼女は「ログ・レディ（丸太おばさん）」になり、ワンシーンだけでなく繰り返し登場するキャラクターに発展して、しだいにシュールさを増すこのドラマ

の象徴的な存在になった。登場するたびいつもポンデローサ松の切り株を抱えており、神託のようなメッセージを口にする。

物語の起源をさらに遡ることもできる。伝記作家のデニス・リムが指摘したとおり、リンチの出生地であるモンタナ州ミズーラの東には、ジャンボ山とセンティネル山という「双子のような山（＝ツイン・ピークス）」がそびえている。作品の舞台となった、ルソーの絵画ふうの緑豊かな田舎町は、間違いなくリンチの幼年期に原点がある。アメリカ北西部の気怠い美しさと、小さな町のコミュニティーに満ちた秘密。幼少期の環境がすべて、『ツイン・ピークス』に取り込まれたのだ。

リンチはミステリー小説、とくに殺人事件を扱ったミステリー小説も好きだった。『ブルーベルベット』と同様、『ツイン・ピークス』シリーズは、ミステリージャンルの伝統を踏まえつつ、逆手に取っている。「私は殺人ミステリー小説が好きだ」とリンチは語る。「完全に魅了されてしまう。謎があり、しかも生と死に関わっているからだ。だから、私はすぐに夢中になる」。ただ、事件の解決については不満に思うことが多かった。『ツイン・ピークス』は、ある側面をいえば、純粋な「フーダニット（犯人捜し）」だ。17歳のホームカミング・クイーン、ローラ・パーマーを殺したのは誰か？　殴打された彼女の死体が、半透明のビニール袋に入れられ、ブラック・レイクの岸辺に打ち上げられる。生気を失ったシェリル・リーの青白い顔が、バラの花びらのようなビニールシートの襞に縁取られている。いまやテレビ史上最も象徴的なイメージの1つだ。

リンチと同じく、フロストも、若いころはアメリカ各地を転々とした。ブルックリン生まれだが、ロ

> 私は殺人ミステリー小説が好きだ。完全に魅了されてしまう。
> 謎があり、しかも生と死に関わっているからだ。
> だから、私はすぐに夢中になる。
> ──デイヴィッド・リンチ

サンゼルスで育ち、その後、家族とともにミネアポリスへ移住した。ピッツバーグ大学で演劇と演技を学んだあと、しばらくは子供向けののどかな長寿番組『Mister Rogers' Neighbourhood（ミスター・ロジャーズのご近所さん）』の照明クルーとして働いたが、ロサンゼルスに戻り、ドラマ『600万ドルの男』からテレビ脚本家としてスタートした。1982年には、エミー賞を総なめにした人気作『ヒルストリート・ブルース』の脚本家チームにも加わった。

リンチとフロストは、あるカフェで初めて顔を合わせた。場所はウェストウッドだったかビヴァリーヒルズだったか、ふたりの記憶は食い違っている。しかし一致して覚えているのは、すぐに意気投合したという点だ。間もなく親密な共同作業に入ることになるフロストは、こう振り返っている。「リンチの最初の印象は、自分と完全に同じ波長の人物、ということだ」。そこでさっそく、仕事で手を組もうと決まった。どちらも筋金入りの「非ハリウッドタイプ」だが、明らかな違いもある。リンチはアイデア豊かで、自分の頭のなかで生きており、慣習にとらわれず、イメージに導かれるままに身を任せていた。フロストはもっと学究的なタイプで、テレビに対して強い情熱と深い理解を持つ。物語の構造やキャラクターの創出、視聴者を惹きつけるストーリーづくりに長けていた。

『ブルーベルベット』のあと、好機が洪水のようになだれ込むかと思いきや、リンチの映画プロジェクトはうまく進展しない時期が続いた。成功はいつも混乱をもたらす。イザベラ・ロッセリーニとニューヨークで半年暮らし、セレブカップルとしてもてはやされながら、東海岸と西海岸を行き来するようになり、リンチの生活は慌ただしくなる一方だった。それでいて、オファーが殺到していたわけではない。これは定期的に起こる現象だった。彼の内なるレーダーと、必要な資金調達の困難さとがぶつかり合う。ハリウッドは相変わらず疑い深く、会議を繰り返すなかで、さまざまないいアイデアが消えていった。

1988年、リンチは『フィガロ』誌に口説かれて、同誌が企画したオムニバス・テレビ映画『パリ・ストーリー』の一編を引き受けた。非常に注目されたプロジェクトで、監督を依頼された6人のなかには、ジャン＝リュック・ゴダール、ヴェルナー・ヘルツォーク、アンジェイ・ワイダらが名を連ねていた。リンチがつくったのは、『カウボーイとフランス男』という26分の短編だった。親友のハリー・ディーン・スタントンを初めて主演に据えた。ストーリーは、風変わりな西部劇だった。スリム（スタントン）という大仰な「歌うカウボーイ」と、彼が領地で捕えた、これまた大仰なフランス人（フレデリック・ゴルシャン）とのあいだで、物語が展開していく。

ジャック・ナンスが、愚かな牧場労働者ピートとして顔を出す。おもにスラップスティックのスタイルで進行し、意思疎通の不成立をおおらかな「オード（叙情歌）」に仕立た作品だ。アメリカとフランスの絡み合った歴史を祝福しているようでもあるが、リンチの説明によれば、「2つのステレオタイプを1つにまとめた」のだという。

当初、リンチとフロストは、手を組んで映画を制作するつもりだった。マリリン・モンローの人生をかなりフィクション化した、アンソニー・サマーズの『女神　マリリン・モンロー』（『マリリン・モンローの真実』と改題）を映画化する話が持ち上がっていた。多くの人々と同様、リンチは悲劇のスター、モンローが放つ炎に惹かれていた。彼女の魅力は悲劇性よりもむしろ、「一部の女性は本当に謎めいているというところにある」と彼は自伝『夢みる部屋』で哲学的に語っている。リンチの見解によれば、『女神』は、モンローがケネディとの関係のせいで殺されたとほのめかす筋書きだったせいで頓挫した。だが、このプロジェクトは『ツイン・ピークス』に影を落としている。「ローラ・パーマーはマリリン・モンローだといえるかもしれない」と彼は書いている。秘密を引きずる、悲劇的な金髪美女。「ガーディアン」紙のナンシー・バンクス＝スミスは、じつはマリリン・モンローが『ツイン・ピークス』の主題なのではないか、と指摘した。「『ツイン・ピークス』という、乳房を指すこともある言葉がタイトルになっており、心の乱れた若い美女の死が取り上げられている。モンローはヌードを売りにしていた過去があるらしく、薬物を使用し、精神科医の治療を受けていた」

『ツイン・ピークス』の風変わりな探偵役、クーパーFBI特別捜査官は、「マリリン・モンローとケネディ家とのあいだには、実際には何があったんだろう？　JFK暗殺の引き金を本当に引いたのは誰なんだ？」

と考え込み、アメリカのさまざまな陰謀を俯瞰するというテーマを示す。

クリエイティブな絆を楽しみつつ、リンチとフロストは引き続き会って語り合った。「カーネーション・デイリー」というカフェでコーヒーを飲みながら、とくに縛りなく、自由にアイデアが湧き出るに任せた。「私たちは、早い段階でやりかたを確立し、そのスタイルを続けている。同じ部屋に座って、ただ話し始めればいい、とわかったんだ。すると、物事が湧き上がってくる」とフロストは語る。彼はそれを「ジャム・セッション」と呼んだ。

1987年、ジャム・セッションの成果が『ワン・サライヴァ・バブル（とある唾液の泡）』という長編の脚本に結実した。この作品では、不可思議なカオス理論が展開される。迷子になった唾液の泡が原因で、厳重に警備された軍事研究施設で壊滅的な連鎖反応が起こり、機器がショートし、近くの町の住民たちの人格が互いに入れ替わってしまう。おめでたいことに、リンチは、ふたりの人格が入れ替わるというタイプのコメディがハリウッドで流行しているのを知らなかった。主人公ふたりは「ハリウッドで働く間抜けな男たち」だよ、とフロストに説明した。スティーヴ・マーティンとマーティン・ショートが興味を示した。物語は「その後、あらゆる種類のおかしな地獄絵図が繰り広げられる。とんでもない馬鹿コメディだ」。狙いは奇抜だが——「ピークシャン（『ツイン・ピークス』的）」とは呼べないまでも——「リンチアン」の要素が大量に含まれている。韻を踏んだ二行連句だけでしゃべるキャラクターや、タップダンスをするケチャップ瓶。舞台はカンザス州ニュートンビルという風変わりな田舎町で、道路脇に「ようこそ、世界の雷の中心地へ……ゴロゴロとおくつろぎを！」なる看板が立っている。

制作開始の6週間前になって、各方面に手を広げ

上：オープニングシーン──ブラック・レイクの湖畔に死体が打ち上げられる場面から始まり、それがホームカミング・クイーンのローラ・パーマーであることが明らかになる。しかし、「リンチアン」の宇宙では、何もかも、目に見えるとおりではない。被害者までが秘密を抱えている。

すぎたディノ・デ・ラウレンティスから、資金がなくなった、まもなく破産申請をすると伝えられ、『ワン・サライヴァ・バブル』や『ロニー・ロケット』など、リンチの既存のプロジェクトはすべて法律上の忘却の彼方に封じ込められてしまった。「私自身のアイデアの数々が、私からは手の届かない鍵付きの場所に置かれてしまった」とリンチは言う。どこをどう行っても、赤信号にぶつかるだけだった。

　一方で、リンチとフロストの「ジャム・セッション」から、『ザ・レミュアリアンズ（レムリア人たち）』という新しい作品の構想が生まれた。当人たちが爆笑するほどのアイデアだった。代理人トニー・クラ

ンツの勧めに従い、テレビで広く視聴されることを念頭に置いて準備を進めた。とはいえ、型破りな内容だ。舞台は、海に沈んだといわれる古代大陸「レムリア」で、ここは邪悪さに満ちた土地だった。実在の海洋学者ジャック・クストーの研究作業のあおりによって、レムリアのエキスが太平洋の海底から

漏れ出し、世界じゅうのあらゆる善を脅かし始める。主役は、ガイガーカウンターを携えたFBI捜査官（『ゴーストバスターズ』［1984］のような、おふざけSFの雰囲気だ）。多くのせりふが詩の形式になっていた。「コメディなんだよ！」とリンチはテレビ局に説明した。

コメディだろうとなかろうと、実現は難しい番組だった。NBCから、単発のテレビ映画でどうかとの打診があったものの、リンチはシリーズ番組としてしか考えられなかった。そうこうしながら、邪悪なエキスを追うFBI捜査官という設定が、彼の頭にこびりついた。

テレビは賭けだった。80年代が終わりに近づいていたとはいえ、映画の華やかな可能性に比べれば、テレビはまだ安っぽい選択肢だった。低予算で高回転で使い捨ての娯楽。クイズ番組やシットコムが無数の家庭に向けて放送されていた。通俗的な連続ドラマが大人気だった。石油一族を描いた巨編『ダラス』は驚くべき視聴者率を記録した。しかしそのたぐいは、いわば「老いぼれた獣」であり、映画製作会社よりも堅苦しく官僚的につくられていた。リンチはほとんどテレビを見ないと言うが、見るとしたら、家のリフォーム番組や車に関する番組が好きだった。彼がボイシで育ったころ、リンチ家は、テレビ画面という異質な光でリビングルームを満たすのが、ほかの家庭よりずいぶん遅かった。とはいえ彼も、テレビがアメリカ文化にどれほど深く浸透しているかは知っていた。世間一般の人々は、夜ごと送信されてくる偽りの無垢をもとに、生活を形成していたのだ。「視聴者たちは自宅にいて、誰にも邪魔されない。夢に入るのにうってつけの状況だ」とリンチは語る。テレビは各家庭に忍び込む手段であり、家庭にはさまざまな秘密が潜んでいる。

当時、ABCは業界内の立場を変えようとしていた。家庭用ビデオやケーブルネットワークが普及し始め

て、ABC、CBS、NBCという3大テレビ局の自立性が脅かされつつあり、なかでもABCは視聴率で最も後れを取っていた。そこで、改革を決断した。『ビル・コスビー・ショー』や『ファミリータイズ』など、気の利いたジョークと録音笑いのコメディ番組だらけだったプライムタイムの時間帯に、リンチのような名前がどんな反響を呼ぶかを試すことにした。少なくとも、マスメディアの注目を集めるのは確実だろう、と考えたわけだ。脚本も含めて番組全体を仕切る「ショーランナー」などというポジションはまだなかったころの話だ。『ヒッチコック劇場』を除けば、番組のクリエイターたちはたいがい無名の存在だった。

リンチの視点からすれば、映画の資金調達にたえず悩まされていたことが、テレビへの進出の要因になった。あらたなメディアで再出発する機会だった。『イレイザーヘッド』が制作の過程で進化していったように、テレビシリーズなら、自由と時間のゆとりがあり、進行しながら物語を練り上げられそうだった。「映画には上映時間という制約がある」とリンチは語る。しかし、テレビなら、場面の細部を掘り下げることも可能だ。「チェリーパイの皮の細部にじっくりと目を向けたり、不倫の話題の最中にコーヒーカップとソーサーについて深入りしたりといったことは、連続ドラマだからこそできる。それに、連続ドラマにはある種の雰囲気づくりが必要だと思う。とくに殺人ミステリーの雰囲気をつくり出すのには、時間がかかる」

そこで、代理人のクランツ「ニブラーズ・レストラン」でランチをとることにした。ビヴァリーヒルズにあるこの店のランチタイムの賑わいを見渡しながら、クランツが「あなたは、ここにいる客たちみたい人々をめぐる物語をつくるべきだな」と言った。ふたりは連続テレビドラマの可能性について話し合

右：ティーンエイジャーの不良ボビー・ブ
リッグスを演じるダナ・アシュブルック、ウ
エイトレスのシェリー・ジョンソンを演じる
メッチェン・アミックとともに、撮影中のリ
ンチ。彼は若いキャストを使って、『理由な
き反抗』（1955）の精神を踏まえ、世代
間の隔たりを強調した。

い始めた。よくあるメロドラマ調ではなく、フラン
ク・キャプラ作品の真逆を行く『ブルーベルベット』
のような方向性、『イレイザーヘッド』のひねくれ
た家族ドラマのような路線を推し進めたい。クラン
ツが、『青春物語』を観てはどうか、と勧めた。マー
ク・ロブソンが1957年に監督した映画で、平穏な
ニューハンプシャーの町の秘密が暴かれていく。映
画のヒットを受けてテレビ番組化され、プライムタ
イムの連続ドラマの草分けになった。映画版もテレ
ビ版も、あまりに動きがなく、リンチは感心しなかっ
た。しかし、多重視点の構造やゴシップがもたらす
波紋については、小さな町の暮らしをめぐるリンチ
の認識と一致した。『青春物語』でオスカーにノミネー
トされたラス・タンブリンが、『ツイン・ピークス』
では、情緒不安定な精神科医ローレンス・ジャコビー
としてキャスティングされた。また、麻薬を売る不
良高校生ボビー・ブリッグスを演じたダナ・アシュ
ブルックが、『青春物語』と、50年代を舞台にした
青春コメディの長寿番組『ハッピーデイズ』とを混

ぜ合わせたような雰囲気を『ツイン・ピークス』に
もたらした（ただし、辛辣さが少し加わっている）。
　やがて、あのミステリアスな町への扉を開く鍵が、
ついに見つかった。リンチとフロストの「ジャム・
セッション」の最中、死んだ少女が物語への入り口
になるというアイデアにたどり着いたのだ。町の住
民たちはそれぞれ少女とどんな関係なのか？　彼女
の死は、いわば池に投げ込まれた石であり、どこま
でも波紋を広げていく。「最初に思いついた段階では、
彼女が誰なのかも、どんな町なのかも決まっていな
かった」とフロストは説明する。「ただ、これが、
玉ねぎの皮を1枚ずつ剥いていくのにふさわしい出
だしになると思った」
　ふたりは、ABCのドラマシリーズ開発担当副社
長チャド・ホフマンにこのアイデアを売り込んだ。
すぐにホフマンは、何を期待できそうか——あるい
は、何を期待すべきでないか——あるていと察しが
付いた。なにしろ彼は、70年代半ばにロサンゼル
スにやってきて、まず最初、西部地区の「ニューアー

ト・シアター」で働き始めた。その劇場では『イレイザーヘッド』を3年間にわたって深夜上映し続けており、リンチが風変わりな視点の持ち主なのは重々承知だった。

彼のオフィスに、リンチ、フロスト、代理人のクランツが集まった。静まり返った室内で、リンチが口を開き、新しいテレビドラマに向けての構想を語り始めた。このときのようすは、いまや（おそらく、いくぶん誇張されて）伝説となっている。「この町には風が吹いていて……死んだ少女がいて、それから、じつにいろんなことが起こる」。続いて、まだ名前のないこの町の雰囲気が、住民の暮らしと対照的であることを話した。背景で起こっている事柄が、前景で起こっている事柄よりもずっと重要なのだ、とリンチは強調した。ホフマンはすっかり魅了された。

数週間後、ウェスティン・センチュリー・プラザにある「カフェ・ブラザ」で朝食をとりながら、2回目の打ち合わせを行なった。こんどはリンチが、木炭で描いた町の地図をテーブルに広げ、誰がどこに住み、めいめいの生活がどのように絡み合っているかを説明した。メロドラマ調の連続ドラマ、すなわちソープオペラふうの人間関係だが、はるかに暗いエネルギーを秘めている。この段階では、町はまだノースウエスト・パッセージと呼ばれ、ノースダコタ州に設定されていた。

「何がどこに位置するか、私たちにはわかっていた。それが、各場所の雰囲気や、そこで何が起こるかを決めるヒントになった」とリンチは言う。「すると、登場人物たちがおのずと浮かび上がり、物語のなかに足を踏み入れていった」

『イレイザーヘッド』と同様、観る者を作品の世界へ引きずり込むことが、筋書きを追わせることと同じくらい重視された。『ツイン・ピークス』の舞台として最終決定した北西部の町は、2つの山に挟まれ、ゴーストウッドの森に囲まれて、グリム童話のような雰囲気をたたえている。このドラマは、ねじれたおとぎ話の仮面をかぶった殺人ミステリーなのだ。

すると、登場人物たちが
おのずと浮かび上がり、
物語のなかに
足を踏み入れていった。
——デイヴィッド・リンチ

「誰もの記憶にあるとおり、森は神秘的な場所だ」とリンチは言う。うわべの日常の下を流れる超自然的な見えざるものを明るみに出そうと決めていた。見えざるその「風」はとても重要な意味を持つ。町の境界線の外、そよぐ松の木々の下に、アメリカの原初の荒れ地がある。それは詩的でつかみどころのない魅惑の場所だ。その場所で、町の隠された本質が暴き出され、不可思議な古来の儀式が「ブラック・ロッジ」と名づけられた異次元への扉を開く。

リンチは都会的なイメージが強いものの、『ワイルド・アット・ハート』の平坦な南部、『ストレイト・ストーリー』のラストベルト地帯の農村、そして何より『ツイン・ピークス』パイロット版の松の木に覆われた山々を見ると、じつは風景描写を得意とする監督だとわかる。こうした人けのない森は、幼少期の彼が「未知の地」と感じていた場所だ。彼の父親はそんな森に分け入り、ポンデローサ松の枯れに

上：歌手のジュリー・クルーズは、映画『ブルーベルベット』で「ミステリー・オブ・ラブ」を歌い、『ツインピークス』では、架空のうらぶれたクラブで歌手を演じて、作品の重要な役割を果たした。

左ページ：ワシントン州のスノコルミーは、『ツイン・ピークス』に驚くほど完璧に合致していた。2つの山に挟まれ、製材所、軽食堂、滝のそばのホテルがあり、まさに当初の構想どおりだった。

ついて研究していた。

有名なオープニングクレジットでは、アンジェロ・バダラメンティの悲しげなシンセサイザーとギターで弾かれる鼓動のようなメロディーの組み合わせが、みごとな序曲として機能している。枝に止まった鳥（種類には諸説あるが、おそらくツグミかミソサザイ）が、『ブルーベルベット』のラストシーンに登場したコマドリとこのドラマを関連づける。パッカード製材所の煙突と製造機械は、工業的なものを好むリンチの趣味を感じさせる。続いて、「ツインピークスへようこそ」と書かれた道路沿いの看板により、町の人口が5万1201人とわかる。流れ落ちるホワイトテール滝のそばに、グレート・ノーザン・ホテル。物語を動かすローラの遺体が発見される、ブラック・レイクの穏やかな湖畔に建っている。ローラの死で、人口は5万1200人になったわけだ。

リンチが「アメリカらしさ」を感じる主要な場所はすべて、地図に印が付けてあった。それによって、町全体を覆う雰囲気がつかめた、とリンチは説明する。ツイン・ピークス高校の廊下では、仲の良い学生同士がグループに分かれて戯れている。住民たちがおもに集う「ダブル・R・カフェ」は、コーヒーとチェリーパイがおいしい憩いの場であり、町の噂

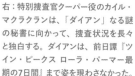
右：特別捜査官クーパー役のカイル・マクラクランは、「ダイアン」なる謎の秘書に向かって、捜査状況を長々と独白する。ダイアンは、前日譚『ツイン・ピークス ローラ・パーマー最期の7日間』まで姿を現わさなかった。

話であふれている。「バング・バング・バー」は、地元では「ロードハウス」の愛称で呼ばれており、『ブルーベルベット』の「スロー・クラブ」をもう少し粗末にしたような店だ。店内では、天使のような憂いをたたえた歌姫ジュリー・クルーズが、サウンドトラックに合わせて登場し、センターステージに立つ。

リンチは、長編映画と同じつもりでパイロット版に取り組んだ。それどころか、のちに、最初の2シーズンで本当の『ツイン・ピークス』といえるのはパイロット版だけだ、と語っている。われわれとしては、彼の映画作品の1つとして受け入れるべきだろう。

リンチとフロストの協力関係はすでに固まっており、脚本の執筆は手早く進んだ。フロストが最新型の家庭用パソコンで入力するかたわらで、リンチは、まるで精神科医のもとを訪れているかのように長椅子に寝そべっていた。9日後にはパイロット版の脚本が完成。1989年の2月から3月にかけて、24日間

という驚くべき短さで撮影を終えた。無限の夜を要した『イレイザーヘッド』と比較してほしい。のびのびと自由に創造できるだけで、活力がみなぎるのだ。

撮影現場には風が流れ、北部の静かな光が重々しい雰囲気を醸し出していた。ロケ地を求めてワシントン州のシアトル周辺を4日間探しまわったすえ、スノコルミーという理想的な場所を見つけたのだった。山々に囲まれ、製材所があり、滝のそばにホテルが建っていて、想像とおりの質素な軽食堂があった。不気味なほど完璧だった。静けさのなかに不吉さが漂っていた。まるで先住民の精霊たちが見守っているかのように。

テレビのスケジュールに合わせててきぱきと移動しながら撮影するうち、リンチとフロストの共同作業の利点が明らかになってきた。フロストが物語の

構造をつくり、それをもとにリンチが登場人物の暮らしを自由に視覚化する。ふたりはABCに対して明確に伝えた——干渉は受け入れない、と。そこでABC側は放任すると決めた。しかし、撮影はけっして容易ではなかった。あいにくの天候で、30年ぶりの大吹雪に見舞われた。雷が空を裂き、降りしきる雪が行く手を阻んだ。残りのフィルムがなくなりかけ、リンチはできるかぎりすべてを撮ろうと必死になった。空気には「ピークシャン」のドラマが満ちあふれ、俳優たちも夢中になっていたものの、寒さは誰の身にもこたえた。

　一連の出来事の中心に位置するのは、クーパー捜査官だ（カイル・マクラクランが非常に説得力ある演技を見せた）。殺人事件の捜査のために呼び出され、パイロット版のスタートから35分後に車で到着する。車中で彼は、画面には登場しない秘書ダイアンに伝えるべく、録音機に向かって自分の状況を話し続ける。ダイアンは彼の想像上の人物という可能性もある（ここまでのところでは）。「こんなにたくさんの木を見たのは人生で初めてだ」と漏らす。このような一方的な会話が彼の習慣だ。

　リンチの創作プロセスは非常に柔軟なので、この作品は、町の暗い側面を描いた『ブルーベルベット』の続編とも解釈できるし、クーパー捜査官はジェフリー・ボーモントの成長後の姿であると捉えることもできる。リンチ自身、「『ブルーベルベット』のジェフリー・ボーモントは若き日のデイル・クーパー特別捜査官だ」と認めている。だから当然、リンチの分身ともいうべきマクラクランに役を託し、ふたりの登場人物のつながりを鮮明にしたわけだ。フロストは、ハンフリー・ボガートふうの人物——謎を追う外部者——を演じさせるにはマクラクランでは若すぎるのではないか、と心配した。しかしリンチは、マクラクランが役のなかに持ち込むであろう奇妙な魅力を見抜いていた。昔ながらの探偵とは違い、つねに快活なクーパーは、捜査線上に浮かぶ人々と同じくらい変わり者なのだ。

　シャーロック・ホームズやエルキュール・ポワロ、フィリップ・マーロウとはまったく異なる。過去の名探偵たちは、論理と秩序を追い求める。ところがクーパー捜査官は、陽気で少年のようであり、妙に几帳面な一面を持ち、おいしいコーヒーとチェリーパイ（カフェインと砂糖という極上の組み合わせ）に目がない。しかも、宇宙の仕組みの細部に敏感だ。彼はマントラのように繰り返す。「ささやかなこと」が重要なのだ、と。第3話では、最近のチベットの歴史に関するうんちくを披露し、チベット人の知恵を推理に採り入れる。このくだりが物語に組み込まれた理由は、ユマ・サーマンの主催するパーティーで、リンチがダライ・ラマに直接会ったからにほかならない。「チベットの人たちの苦境を知って、本当に胸が熱くなった」

　さらに、クーパー捜査官の容姿をよく見てもらいたい。完璧に整えられた髪、黒いスーツとネクタイ、茶色のオーバーコート。いつも同じ、こざっぱりとした身だしなみだ。リンチ作品に登場するどのキャラクターよりも、クーパー捜査官はリンチそのものといえる。赤い夢想の世界や東洋の神秘主義から答えを見いだし、身のまわりの仲間を自分の計画に巻き込み、時代にそぐわない男でありながら幸せに暮らしつつ、「つねに隠されている何か」を探している。クーパーもリンチも、誠実な口調で話す。脚本の執筆時、悪徳町長ベンジャミン・ホーン（リチャード・ベイマズ）のような多弁なキャラクターはフロストが担当したが、クーパー捜査官のせりふはリンチが独り占めした。地元の保安官ハリー・S・トルーマン（マイケル・オントキーン）——正義感が強いことから、第33代大統領にちなんだ役名——とのやりとりは、幾何学的なまでの精度の真剣さを帯びている。

「丸太を抱えたあの女性は誰です？」とクーパー捜査官は尋ねる。

「われわれは"ログ・レディ"と呼んでいます」とトルーマン保安官がこたえる。

　クーパー捜査官は、映画批評家のポーリン・ケイルが言う、リンチの「あたかも過去のように感じられる、不明確で神話的な現在」をまさに体現した人物だ。50年代のテレビから時空を超えてこの町へ送られてきたかのように見える。マクラクランは、指示された固定の方向性に従って演じるのに、ときおり苦労した。「彼の内側に、間違いなくクーパーが存在していた」とリンチは言う。「けれども、リラックスしすぎたり、深刻になりすぎたりして、クーパーの持つエネルギー、注意力、ひらめきが欠けていることがあった」。そんなときは、リンチが介入して、ギアを切り替えさせる必要があった。

　リンチは、映画やテレビ番組を観る行為じたい、断片化されたイメージを組み合わせてそのシーンについての結論を導くという、一種の検出行為であると捉えていた。クーパーは、よそ者であり、分身であり、観客を物語に取り込む暗号だった。リンチとしては、物語と手段をできるだけ近づけようとしていた。

　マクラクランの立場からすると、この番組の強みは、すべてのキャラクターが個性的な特徴を持っていることだった。「ふつう、映画では少し変わり者のキャラクターがひとりだけいて、笑いを誘う要素として使われる。ところが、この作品では誰もが個性的だった」。これが、『ツイン・ピークス』の魅力的な刺激の1つだった。作品中には、ときおり、過渡的なイメージが奇妙に挟み込まれる——揺れる木、泡立つ滝、赤に変わる信号、曇り空、ローラの部屋の外の不気味な扇風機など。こうした不安定なイメー

ジや、田舎町を舞台にしたノワールというプロットと対照的に、登場人物たちはめいめいコミカルな要素を持っている。基本的なテレビの文法が強調されているのは、リンチによると「ぞくぞくする感覚を視聴者に与える」ためだという。制作の品質や音響に関しては、『ブルーベルベット』と比べれば、リンチならではの偏向性が豊かではないかもしれないが、徐々に強く視聴者に訴えかける。パイロット版の赤銅色がかった控えめな色調、寒々とした野外、ごくふつうの室内を斜めアンブルから撮った画面構成などは、『イレイザーヘッド』と同じくらい、意

図的に制御された演出であり、感情の共鳴を引き起こす。外部から訪問者（とくにクーパー捜査官）がやってくるほか、ときおりカナダ国境を越えて売春宿「ワン・アイド・ジャックス」へ行く場面もある──いうまでもなく、現実世界の境界から踏み出すこともある──が、ツイン・ピークスという町は基本的には独立した世界だ。そのようなソープオペラ的なムードの強調も、夢見るような効果をもたらす要因の1つになっている。

　フランスの批評家ミシェル・シオンは、1995年に出版され高く評価されたリンチの分析書『David

上左：クーパーは、信頼できる町の保安官ハリー・S・トルーマン（マイケル・オントキーン）に自分と相通じるものを感じる。この保安官の名前は、50年代の堅実なアメリカ大統領にちなむ、大げさなネーミングだ。

上右：キャサリン・クールソンが演じた印象的なキャラクター「ログ・レディ（丸太おばさん）」は、もともとは何年も前、『イレイザーヘッド』の撮影現場でリンチがクールソンを眺めているうち思いついた。最初の脚本段階ではワンシーンの登場にすぎなかったが、やがて重要な役柄に発展した。

上：リンチは多くのキャスティングの際、それぞれの俳優が背景として何を持ち込むかを考慮に入れた。
ウエイトレスのノーマ・ジェニングス役に起用したペギー・リプトンは、人気テレビドラマ『モッズ特捜隊』に出演していた。

Lynch』（未邦訳）のなかで、「『ツイン・ピークス』は一般的な心理学にもとづかずに世界を描いている」と指摘した。登場人物はそれぞれ、他人とは異なる奇妙な特徴——ステレオタイプな特徴のほか、身体的な特徴、フェティッシュな性向、癖のある性格など——を持つものの、ほかの住民からはそういう点について何の指摘も受けない。奇妙さに気づくのは視聴者だけだ。「ツイン・ピークスという構造じたいが、常軌を逸している」とシオンは結論する。まるで、ドラマ全体がキャラクターという概念に対する風刺であるかのようだ。この点で、シオンは、『ツイン・ピークス』の登場人物には、重なり合う3つの異なるカテゴリーがあると分類した。

　1つめは、ソープオペラや犯罪ドラマの定番にひねりを加えた人物たち。前述のクーパー捜査官やトルーマン保安官、町医者のヘイワード（マーク・フロストの父親であるウォーレン・フロストが演じた）、善良な少女ドナ（ララ・フリン・ボイル）、バイクでひた走るロマンチックな反逆者ジェームズ（ジェームズ・マーシャル）、堅実なガソリンスタンドの経営者ビッグ・エド・ハーリー（『デューン／砂の惑星』のエヴェレット・マックギル）などだ。2つめは、何らかの身体的な特徴や小道具や衣装によって「明らかに奇妙な存在」として区別できる人物たち。クールソン演じるログ・レディと彼女の丸太の占いがその好例だろう。片腕の男（アル・ストロベル）や双極性障害で片目のナディーン・ハーリー（ウェンディ・ロビー）もそうだ。もう少し微妙だが、製材所の経

左：製材所で働くピート・マー
トル（左）役のジャック・ナン
スは、リンチ作品のシンボル
的な存在だ。その不貞の妻キ
ャサリン（中央）役は、パイ
パー・ローリー。かつて『キャ
リー』で頭のおかしい母親を
演じた。町の大物ベンジャミン・
ホーン（右）役のリチャード・
ベイマーは、『ウエスト・サイ
ド物語』に出演した。

右：ガソリンスタンドの経営者
ビッグ・エド・ハーリー（左）
役のエヴェレット・マックギルも、
リンチ作品の常連だ。反抗的
なバイク青年ジェームズ・ハー
リー役のジェームズ・マーシャ
ルは、ジェームズ・ディーンの
ようなアウトサイダーふうの人
物像を体現した。

役の姿である ション ・・・ ハッカード。じつはイザベラ・ロッセリーニを念頭に置いてイタリア人の設定だったのだが、ロッセリーニに断られると、リンチはためらいなく、中国系アメリカ人女優のジョアン・チェンをキャスティングした。エキゾチックな美女として際立っている。オードリー・ホーン（シェリリン・フェン）は、つねに官能的な雰囲気をかもし出しており、赤い靴と短い靴下を欠かさない。また、FBIの上司で難聴のゴードン・コール（リンチ自身が長いカメオ出演）も、補聴器のコードがいつも肩にかかっており、この分類に相当する。

それぞれの役のキャスティングは、ジグソーパズルの断片をはめ込むのに似ていた。ほかの俳優では駄目だった。リンチは本能的に、俳優の容姿や話しかたに反応し、風変わりな町のヴィジョンに共鳴する何らかの背景を感じとった。何が正しいのか、言葉では表わせなかった。

若い世代の俳優陣は、『理由なき反抗』のようなアメリカのノスタルジアを呼び起こす役割を果たした。ジェームズ・ディーンに代表される50年代の高揚した感情や、親の束縛を振り払いたい衝動。スノコルミー・ハイスクールで高校生活のシーンを撮影する際、50年代に建てられた校舎から何かが空気中に漂っていて影響を受けた、とリンチは語る。

ラス・タンブリンと出会ったのは、デニス・ホッパーがリンチのために開いた誕生日パーティーの席上だった。ディーン・ストックウェルと同様、タンブリンも忘れ去られたスターだったから、おざなりにリンチにこう言った。「一緒にお仕事をしたいものですね」。リンチは同意し、本気で考えた。キャスティングの際にリチャード・ベイマーの名前が挙がったとき、『ウェスト・サイド物語』（1961）の俳優2人が揃うことに気づき、奇妙な呼応を大切にした。『ツイン・ピークス』の多彩な出演者リストは、ポップカルチャーの不可思議な要素に覆われている

上：「キラー・ボブ」を演じたフランク・シルヴァの宣材写真──彼は憑依のメタファーとなった。ごくふつうの人間がなぜ暗黒の行為に手を染めてしまうのか、という疑問に対する（ある種の）理由づけだ。

左ページ：「ボブ」の誕生──純然たる悪を超自然的に具現化した「キラー・ボブ」は、偶然の産物だった。道具係のフランク・シルヴァが現場で働いている姿をたまたま見かけ、リンチはふと、あらたなキャラクターを思いつき、急遽、フランクをキャスティングした。こうして、あの恐ろしい存在が誕生したのだ。

上：魅惑的なオードリー・ホーン（シェリリン・フェン）は、当初、クーパー捜査官の恋愛対象として設定されていた。
しかし、俳優同士の折り合いが悪く、このサブプロットは立ち消えになった。

社会をはみ出した若者たちが活躍する人気テレビド
ラマ『モッズ特捜隊』に出ていたペギー・リプトン
が、「ダブル・R・カフェ」のウエイトレス、ノーマ・
ジェニングスを演じた。陰謀を企む製材所の共同経
営者キャサリン・マーテルには、パイパー・ローリー。

彼女は、10代のころユニバーサル映画の人気女優
であり、市民権運動家としても知られる一方、高校
を舞台にしたホラー映画『キャリー』（1976）で狂
信的な信心深い母親を演じてオスカーにノミネート
された。『キャリー』は『ツイン・ピークス』に長

い影を落としている。

シオンの3つめのキャラクター分類は、神話的な登場人物たちだ。異次元の住人、異世界からの使者、主要人物の不可解なドッペルゲンガー。善と悪の二重性は、リンチ作品に一貫して存在する。

テレビに進出するうえで、リンチの大きな方針の1つは、運命とコーヒーに身を任せ、宇宙から降ってくるアイデアを受け入れることだった。パイロット版の撮影中、彼は、偶然をストーリーに取り込んだ。事態が思いがけない方向へ進み、あらたな可能性を生んだ。アドリブも推奨された。死体保管所で電球が明滅するのは、お決まりのモチーフになった。せりふの言い間違えが、生き生きとした反応につながった。取り調べのせりふ全体が、現場の熱気から紡ぎ出された。アル・ストロベルの声を聞いた瞬間、リンチは彼を「片腕の男」としてカメオ出演させようと思いついた（彼が片腕の男の友人を演じた、「間違えられた男」がテーマの古典的ドラマシリーズ『逃亡者』とのさりげない関連づけだ）。リンチは、ストロベル演じる人物がクーパーに語りかける予兆に満ちた詩を書き、そのシーンを編集の本当に最終段階で追加した。2つの世界のあいだで唱える。「火よ、我とともに歩め」と。初めての話ではないが、たびたび苦労している編集担当のドウェイン・ダナムは即座にこうつぶやいた。「何だ、これ？」

即興演出の最たるものは、現場の道具係を異次元の存在「キラー・ボブ」に生まれ変わらせ、このボブが人間に憑依して凶悪な犯罪を重ねているという設定にしたことだ。そうした犯罪の1つが、ローラ・パーマーの殺害だった……。正直なところ、リンチとフロストさえ、『ツイン・ピークス』がシリーズ化される可能性はまずないと思っていた。しかしパイロット版は、本シリーズにつなげるため、殺人事件が未解決のまま、数々のサブプロットも放置され

たままで終わっている。そのためリンチとフロストは、単発で打ち切りになる場合に備え、いちおうの結末を追加してほしい、と求められた（そうしてできたバージョンは、ヨーロッパでビデオとして発売された）。安全策として付け足しで考えた部分が、結果的には、物語全体をはるかに謎めいたものに飛躍させた。

『ツイン・ピークス』の当意即妙のひらめきを代表するのが、「ボブ」の誕生だ。リンチは新しいアイデアを思いつく瞬間を魚釣りにたとえるが、その比喩を借りるとすれば、大物を釣り上げたことになる。パイロット版の撮影時、フランク・シルヴァという名の道具係がローラの寝室で家具を移動している最中、「おいフランク、それじゃあ、自分が部屋から出られなくなっちゃうぞ」と誰かから声をかけられていた。

それだけでじゅうぶんだった。リンチは興味をそそられた。シルヴァが俳優の仕事もしていると知り、出演してもらおうとその場で決めた。何の役を与えるのか、そもそもなぜ彼を起用するのか、皆目わからなかった。とにかく、シルヴァにベッドの陰にしゃがんでもらい、ベッドフレームの棒の隙間からまばたき1つせずに前を見つめてくれ、と指示した。どんなシーンに使うかは決めていなかった。そのあと、パーマーの居間で撮影を行なった。ローラの母サラ（グレース・ザブリスキー）が悲しみにもだえるシーン。感情が高まり、ついには恐ろしい叫び声を上げる。「素晴らしい！」とリンチは褒めた。

「素晴らしくないです」と撮影係が言った。

スタッフがひとり映り込んだので、いまのショットは駄目です、と。リンチはファインダーを覗き、古い鏡に映ってしまったのは誰かと目を凝らした。ほかならぬシルヴァだった。運命のいたずららしい。「だから私は言ったんだ。「完璧だ」とね」とリンチは回想する。

こわばった顔、むき出しの歯、脂じみた長髪——シルヴァは、90年代のテレビ画面上で最も恐ろしい存在「キラー・ボブ」になった。

「ボブ」の存在感が増すなか、『ツインピークス』は、悪の本質とは何かというリンチの問いを追究し続ける。ただ、バロン・ハルコネン男爵やフランク・ブースとは異なり、この作品では抽象的なものや、超自然的な要素を扱っている。人々に入り込むことができる悪の本質というアイデアやメタフォーだ。リンチの考えでは、最も怖いのは「悪に取り憑かれた」いたって知的な心だ。ニュースは毎日、理由もなく暗黒の行為を引き起こしたふつうの人々について報じている。パイロット版に間に合わせの結末を加えたバージョンでは、「ボブ」は、たんに犯人と指摘されただけだが、その後、シリーズ全体を通じて、人間の悪の可能性の揺るぎない具現化として君臨する。

ABCがようやく、1話あたり110万ドルで全7話のシリーズを製作することに決め、パイロット版に急遽追加された20分のエピローグは、クーパーの夢というかたちで第1話と第2話にちりばめられ、謎の背後に謎を広げた。ここに来て、奇妙さがさらに奇妙さを増していく。

ブラック・ロッジの内部には、赤いカーテンで囲まれた「赤い部屋」があり、『イレイザーヘッド』のアパートメントのロビーと同じ、目立つジグザグ模様のカーペットが敷かれている。この並行世界、生と死のあいだの待合室は、ティム・バートン監督『ビートルジュース』(1988)の奇妙な前室に似ており、リンチが「潜在意識を意識化するための探求」の一部だった。現実か夢か。町の根底に潜むトラウマにふさわしい、いっそう複雑な隠喩的な空間だった。

「赤い部屋」の印象的な「リンチアン」存在のなかでも、最も記憶に残るのは、驚くほどのカリスマ性を備えた、マイケル・J・アンダーソン演じる「別の場所から来た男」だ。彼はかつて『ロニー・ロケット』に出演する予定だった。この小柄な予言者は、赤いスーツに身を包み、クーパーの夢に出てきては、ほぼ理解不能な手がかりを提供する。

「赤い部屋」の住人(のちにローラ・パーマーも加わる)はすべて、せりふを逆再生の音声で発話する必要があった(カメラ外で声のコーチが指導)。それを逆再生して聞き取れる音声に変え、不安定な効果を生み出した。視聴者は、何か重要なことを把握し損ねているような気になってしまう。

テレビ制作には金銭面の制約があり、北西部の幽霊めいた陰鬱な雰囲気のなかで撮影を再開することは不可能だった。そのため、シリーズ版はサンフェルナンドヴァレーの倉庫で撮影され、ツイン・ピークスの主要なロケーションすべてのセットが組まれた。おかげで「ダブル・R・カフェ」の店内から、クーパーのホテル部屋、ブラック・ロッジへと自由に行き来できた。仮設スタジオで撮影した『イレイザーヘッド』の日々に戻ったかのようだった。屋外のロケ地も、ロサンゼルスでの制作にふさわしい範囲内で念入りに選ばれた。たとえば、ワシントン州に似た雰囲気を持つ、木々の茂ったコールドウォーター・キャニオンなどだ。また、パイロット版の風景シーンを挿入するなどして、映像の一貫性を保とうとした。とはいえ、パイロット版とシリーズ版では、見ためや雰囲気が明らかに異なる。しかしそれは必ずしも悪いことではなかった。『ツイン・ピークス』はテレビモードへ、すなわち、みずからが風刺しているもの自体へ移行したわけだ。少なくともシーズン1では、謎と奇妙さの魅力的な組み合わせが失われていない。

パイロット版以後、リンチはシーズン1のうち2回(第1話と第3話)の監督と、さらに2回の脚本を担当したほか、その他の脚本や全体の雰囲気を統括

上：カイル・マクラクラン演じるクーパー捜査官は、シーズン1のクリフハンガー（続き
が気になる終わりの場面）で撃たれて倒れる。『ツイン・ピークス』の面白さの1つは、
デイヴィッド・リンチが意識的に連続テレビの定型を覆したことだった。

した。一方、フロストは、2回ぶんの脚本を書き、
製作の総指揮を行なった。『ツイン・ピークス』は
コラボレーションであることをくれぐれも忘れては
いけない。フロストはたんなる脚本家ではなく、リ
ンチのパートナーだった。物語を構成し、増え続け
るサブプロットをまとめ、「ピークシャン」の統一
感を保った。

　シリーズのほかの回を監督した面々——ティム・
ハンター（映画『リバーズ・エッジ』［1986］）、リ
ンチと同じAFI出身のケイレブ・デシャネル（映
画『マジック・ボーイ』［1982］）ら、シーズン1と
2で合計13人——も、「リンチアン」の路線によく則っ
ている。共同製作者たちのもと、彼らはめいめい、
内なるリンチを呼び覚まし、自分のアイデアを持ち

込んだ。各話はそれぞれの個性を持ち、ローラ・パーマー殺害事件というテーマを軸に周回するミニフィルムだ。

『ツイン・ピークス』は称賛を浴びた（もっとも、エミー賞14部門にノミネートされながら、受賞は2つにとどまった）。この斬新なテレビドラマがもたらした影響の大きさは疑う余地がない（ふたたび、巷で話題沸騰となった）。しかし、結局のところ私たちは何を見せられていたのか、という疑問が残っ

た。テレビの世界では、これに類似した作品はかつて存在しなかった（リンチの映画に慣れ親しんでいた人のみ、心の準備ができていただろう）。シオンが「ジャンルのカーニバル」と評したほど、この作品は超自然的なホラー、型破りなコメディ、めくるめくメロドラマが融合している。登場人物たちがこれほど泣くドラマがあっただろうか？　大量の涙が、滝のように流れる。リンチ作品では、感情の爆発が珍しくない。泣くときの顔の歪みに、リンチはとくに敏感だ。たとえば、『ブルーベルベット』でローラ・

ダーンの美しい顔が苦痛に歪むシーンを思い出して
ほしい。ただし、そうした醜い泣き顔は、同情を誘
うというより、不快感をもたらす。レイ・ワイズ演
じるリーランド・パーマーは赤ん坊のように泣くが、
その効果は、フランク・ブースがドロシーの歌に涙
するのと同じだ。

　興味深いことに、リンチ作品のなかで純粋にお涙
頂戴の作品といえば『エレファント・マン』と『ス
トレイト・ストーリー』だが、この2作には、登場
人物が画面上で泣くシーンが驚くほど少ない。
『ブルーベルベット』に感動した批評家デイヴィッ
ド・トムソンは、『ツイン・ピークス』には皮肉の
精神が脈々と流れているのではないか、と指摘して
いる。前作の成功に対する反動か？　それとも「ル
ネ・マグリットを大衆に届ける」試みなのか？　あ
るいは、リンチはシュールレアリスムそのものを風
刺しているのだろうか？　このドラマは、謎を提示
しつつも、同時に、謎解きテレビドラマの定番──
頭を掻きながら「もう1つだけ……」とつぶやくコ
ロンボのたぐい──をパロディにしている。

　何より奇妙なのは、このドラマシリーズの人気ぶ
りだ。宣伝による後押しもあり、パイロット版は
3500万人というスーパーボウル並みの視聴者数を
記録した。誰も説明できない社会現象だった。アメ
リカの家庭の視聴者たちは、驚くほど異質な味を噛
みしめ、「ねえ、ゆうべのドラマ見た？」と話題に
した。

　まさに話題騒然だった。出演者たちは、雑誌の表
紙に、トーク番組に、と忙しく飛びまわり、重要な
秘密を引き出そうとする司会者たちの問いかけをか
わしながら、自分たちも同じくらい暗中模索だと語っ
た。コールソンはエミー賞の授賞式に出たときの思
い出を語る。女優のロザンヌ・バーが彼女のそばに
駆け寄ってきて、「あのログ・レディだわ！」と叫
んだという。しかし、メディアが熱狂し、視聴者が

チェリーパイをむさぼる空気のなかに、謎をいつま
で持続できるのか、という問いがぶら下がっていた。

　好評に気を良くして、ABCは22話の追加を決めた。
しかし、シーズン2が始まると、このドラマならで
はの予測不能さよりも、テレビの意図的なペース配
分が目立ち始めた。既存の常識にとらわれている人々
からは、答えを出せという圧力が強まった。まるで
時限爆弾のようなものだ。あとどれくらい引き延ば
し続けられるのか？　ローラ・パーマーを殺したの
は誰かをめぐって、メディアはお祭り騒ぎになった。
大人気ドラマ『ダラス』で憎むべき石油王ジェイ・
アール・ユーイングが銃弾を受けて以来の騒動だっ
た。

　ついに圧力の大きさに屈して、リンチとフロスト
はみずからの良心に反し、第8話にいたるまでに、
型どおり展開を進めた。ふたり以外の誰も、殺人犯
の正体について知らなかった。フロストは、最初か
らローラの父親が犯人であるべきなのはわかってい
た、と話すものの、父親が「ボブ」に憑依されてい
た点は、あとから思いついたアイデアだ。あらたな
新事実の発覚について脚本が書かれ、撮影されたが、
容疑者は最終的に、陰険な実業家（ベイマー）、変
わり者の精神科医（タンブリン）、ローランドの父
親リーランド（ワイズ）の3人に絞られた。ワイズ
は自分が真犯人だと知らされてショックを受けた
──それはつまり、キャリアで最高の役が終わるこ
とを意味していた──が、真相が判明するエピソー
ドの演技に全力を尽くし、屋内に降り注ぐ雨のなか
で慟哭した。

　リンチが予見していたとおり、不可思議な風船か
らすぐに空気が抜けた。視聴者は、「真相を知る」
よりも「真相を知りたい」と思い続けるほうがずっ
と良かったと目が覚めた。「ドラマの結末がつかめ
てくると、それをきっかけに視聴者はたちまち、い
ままで見てきたものを忘れてしまう」とリンチは溜

め息をつく。彼の思いどおりなら、殺人犯の正体はまだまだ長いシーズンにわたって不明のままだっただろう。しかしここに、大衆向けのテレビの本質的なジレンマがある——視聴者はそれほどの長さに堪えられただろうか？

視聴率が下降し、リンチもフロストもほかのプロジェクトで忙しかった（リンチは『ワイルド・アット・ハート』を監督中であり、フロストは南部ノワール『ストーリービル 秘められた街』［1992］で監督デビューを果たした）。そのため、脚本チームは『ツイン・ピークス』をさらに14話も続けるのに苦労した。

町全体を巻き込む緊張感の軸がなくなり、『ツイン・ピークス』は本来の姿からはるかに劣る展開になってしまった。ストーリーの構造や規則を保ちながらも、思うがままに創造性を発揮する、というリンチの能力が、いかに模倣不能かがよくわかる。

地元の名士たちの裏の顔が暴かれていくなか、クーパー捜査官とオードリー・ホーン（フェン）と恋愛関係が長くにわたってほのめかされていたが、この恋愛をクローズアップする案は、マクラクランの反対により却下された。オードリーは高校生、クーパーはFBI捜査官だから釣り合わない、というのが表向きの理由だったが、俳優ふたりの仲が悪かったらしいとの噂が根強い。ドラマは馬鹿げた展開に陥った。希少な動物マッテンや絶滅危惧種のフクロウの話が続いたかと思うと、かつてクーパー捜査官の相棒だったが道を踏み外したウィンダム・アール（ケネス・ウェルシュ）が急遽、新しい悪役として登場した。その人物描写は薄っぺらく、「ボブ」やリーランドのような恐怖の存在からはほど遠かった。ファンたちは不満を漏らし、批評家たちも、このドラマはもはや死んだと断じた。当然ながら、ABCはシーズン2で打ち切ることを発表した。

とはいえ、『ツイン・ピークス』は、エンターテインメントの歴史に重大な影響をもたらした。テレビ業界で大きなパラダイムシフトが起こり、試みや検討の幅が広がった。たとえば、高評価を受けた人気ドラマ『ザ・ソプラノズ 哀愁のマフィア』『LOST』『マッドメン』にしろ、多彩なキャスト、独特の雰囲気、複雑なプロットは、『ツイン・ピークス』に負うところが大きい。ミステリー青春ドラマ『リバーデイル』は、あからさまに『ツイン・ピークス』に敬意を表しており、原作であるアーチー・コミックスの登場人物たちの平凡な言葉遣いを大きく改変し、『ツイン・ピークス』に出演したメッチェン・アミックをキャストに加えた。2017年、『ローリングストーン』誌が『『ツイン・ピークス』に多大な影響を受けた20のテレビ番組』なる記事を掲載した。そのリストには、『デスパレートな妻たち』『ピケット・フェンス ブロック捜査メモ』『TRUE DETEC-TIVE／トゥルー・ディテクティブ』のほか、FBI捜査官が超常現象を追跡する『X-ファイル』などが含まれていた（『X-ファイル』のデイヴィッド・ドゥカヴニーは、『ツイン・ピークス』でトランスジェンダーのFBI捜査官デニス／デニース・ブライソンを演じている）。簡単に言えば、『ツイン・ピークス』は、あらたな形式の小説ふうテレビドラマの基盤を築き、小さな画面に映画的な価値観をもたらした。

作品が残した最も直接の遺産は、リンチが『ツイン・ピークス』の制御権を取り戻したことだった。シーズン2が不本意なまま幕を閉じたわずか1カ月後、『ワイルド・アット・ハート』に続くリンチの新作は『ツイン・ピークス』の前日譚になる、と発表された。しかも、連続ドラマやテレビ映画ではなく、映画館のスクリーン向けの長編映画だ。

リンチは、自作に対する批評や商業的な反応には関心がない、とたびたび主張しているが、過去にこだわらないわけではない。創造上の不満とも呼ぶべ

上：クーパー捜査官（マクラクラン）は「ボブ」に憑依され、「赤い部屋」と呼ばれる中間の世界へ引きずり込まれる。ドラマ中に抽象的なアイデアが増えるにつれ、多くの視聴者はもどかしさを覚えた。

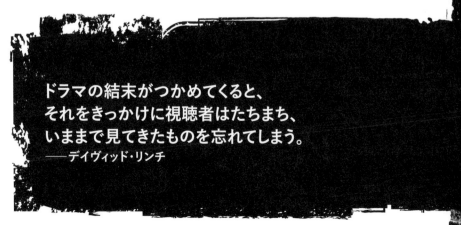

ドラマの結末がつかめてくると、
それをきっかけに視聴者はたちまち、
いままで見てきたものを忘れてしまう。
——デイヴィッド・リンチ

上：なじみのある場所へ帰ってきたシェリル・リー、リンチ、モイラ・ケリーが、『ツイン・ピークス ローラ・パーマー最期の7日間』の撮影現場でポーズをとっている。前日譚をつくることにより、リンチは、ローラ・パーマーを生き返らせる機会を得た。

前ページ見開き：前日譚『ツイン・ピークス ローラ・パーマー最期の7日間』では、難聴のFBI地域支局長ゴードン・コール（デイヴィッド・リンチ）と特別捜査官チェスター・デズモンド（クリス・アイザック）が、以前の犯罪を捜査する。シーズン2が不十分だったと感じるリンチにとって、この映画は物語を補うチャンスだった。

きものが、彼の頭を悩ませる。失われた可能性の傷。いまだ『デューン／砂の惑星』の失敗が忘れられない。「『ツイン・ピークス』の世界に戻りたかった」と彼は言う。「シリーズの終了時、とても後味が悪かった」。取材陣に向かって、いまもこの世界や登場人物たちを愛して止まないのだと語り、「あの木々や車、小さな町には、なぜか、まだ本当にわくわくさせられる」と笑った。

彼がとくに惹かれたのは、時間を遡ってローラ・パーマーの人生最期の1週間を描くというアイデアだった。隠された真実を典型的な「リンチアン」スタイルで撮るわけだ。彼はそれを詩的な言葉で表現した。「私はローラ・パーマーという人物と、彼女が抱える矛盾に恋していた。表面は輝いているのに、心の内側は死にかけている。私は彼女が生きている姿を見たかった。動いて、話す姿を」。すなわち、二重の意味での復活だ。殺されたホームカミング・クイーンのローラが生き返るとともに、打ち切りの憂き目に遭った『ツイン・ピークス』そのものがよみがえる。

しかし、前日譚には本質的なリスクがあった。受け手の想像に任せていた謎を明らかにしてしまうことで、シリーズ全体のミステリー性が薄らぎかねない。また、物語が展開するなかで加わった人物や場所は使えない。げんに、リンチとフロストは、物語の方向性について意見が分かれ（フロストは時間を先へ進めたがった）、結局、フロストは製作総指揮に名を連ねるだけにとどまった。脚本は、テレビシリーズの常連だったロバート・エンゲルスとリンチが共同執筆した。「とにかく、独立した1本の長編映画であるべきだ」とリンチは確信していた。『ツイン・ピークス』とは逆に、結末があらかじめ決まっている物語だ。父親が娘ローラを惨殺するという真相は、もはや明かされてしまっている。

すでにリンチは、シーズン2の最終回を監督し、物語を原点に戻すべく、創作上の制御権を取り戻し始めていた。いつもの脚本チーム──フロスト、エンゲルス、ハーリー・ペイトン──が書いた台本は、もはや当初のドラマの風刺のように感じられたため、破棄した。リンチは、全体をほとんど即興で進め、出来事の大半を「ブラック・ロッジ」という境界領域に置いて、いつにも「リンチアン」の奔放さを解き放った。ストロボライトの明滅、ギターの歪んだ音色、亡霊の叫び。果ては、「ボブ」に憑依された（らしい）クーパー捜査官が「赤い部屋」の地獄の迷路をさまよい続ける。

新作に向けて、リンチはフランスの製作会社シビー2000と契約を結んだ。同社を支える建設業界の大物フランシス・ブイグが、アメリカの優れた独立系映画作家たちと手を結ぶように働きかけたからだった。フランスでは、その筆頭としてデイヴィッド・リンチが選ばれた。リンチは、4本の映画を撮る契約を提示された。製作費の総額を1000万ドル以内に収めさえすれば、芸術上の自由は完全に保証されるという。すぐにゴーサインが灯った。契約締結から完成まで1年足らずと、テレビの速いペースが乗り移ったかのようだった。原題サブタイトルの「Fire Walk With Me（火よ、ともに歩め）」とは、「片腕の男」アル・ストロベルがつぶやく奇妙な詩句の一節だ。劇場版『ツイン・ピークス』は3部作の予定であり、これがその第1作に当たる。おもに過去が描かれているものの、未来からの夢も侵入してきて、クーパー捜査官の最終的な運命がときおり予告され、町は時間的にも物理的にも拡張されている。「いろんなストーリーの可能性が好きだった」とリンチは語る。

ところが、公開直後の反応は必ずしも芳しくなかった。過ぎ去った瞬間を取り戻そうとする、品のない陰鬱な映画、との酷評もあった。序盤だけで落胆す

上：不幸な一家──パーマー家の幸せそうな素振りに騙される視聴者はいない。左から、サラ（ザブリスキー）、ローラ（リー）、リーランド（ワイズ）。

る観客も多かった。プロローグの部分では、1988年にワシントン州ディア・メドウで遺体が発見された、テレサ・バンクス（パム・ギドリー）の未解決殺人事件の一端が描かれる。捜査に当たるのは、チェスター・デズモンド（クリス・アイザック）と妙に時代遅れのサム・スタンリー（キーファー・サザーランド）というFBI捜査官コンビだ。当初の構想では、クーパー捜査官（カイル・マクラクラン）がローラの死に直結する古い事件に取り組む、というものだったが、マクラクランは、クーパー役にイメージが固定されるのを嫌って、出演を拒んだ。また、主要キャストのなかには、リンチとフロストがシーズン2を見殺しにしたと不満をくすぶらせている者たちもいた。「だから、『ツイン・ピークス ローラ・パーマー最期の7日間』の話が来たとき、かなり腹が立っていた」とマクラクランは言う。代役を探すために撮影が遅れた。役割を大幅に削ったうえで、5日間だけ来てほしいとマクラクランを口説き落とした。

　あらたに追加されたテレサ・バンクスのサブプロットは、悪の循環の象徴だ。フィラデルフィアのFBI本部（「リンチアン」的トラウマの震源地）で、クーパー捜査官と上司のゴードン・コール（リンチ）の前に、長らく行方不明だったフィリップ・ジェフリーズ捜査官（なんとデイヴィッド・ボウイが演じている）が急に姿を現わすくだりで終息する。ジェフリーズ捜査官は、つじつまの合わない超自然的な話をまくしたてる。不安定な南部訛りは、意図的な演出なのかもしれない。

　この映画は、テーマ音楽と同じくらい、柔らかく悲しげな雰囲気をめざしていた。撮影は4週間。1991年9月4日から始まった。当初のパイロット版に倣って、スノコルミー、ノースベンド、ワシントン州の森でロケ撮影したが、季節が合わず、パイロット版の険しい冬とは対照的に、こんどは柔らかな陽射しが降りそそいだ。

　何よりもリンチにとって重要だったのは、シェリル・リーに出番を与えることだった。ローラのトラウマの核心部へ観客を導き、運命に抗おうとする彼女の姿を描く。かつて1989年には、彼女はシアトルの無名の女優で、もっぱら死体を演じるために呼ばれた（灰色のボディペイントを塗られた）。ほかには、フラッシュバックで踊ったり、のちに、ローラの運命に翻弄された従姉妹マディを演じたりした程度にすぎなかった。にもかかわらず、彼女の顔はブームの象徴だった。前日譚の中心にあるローラの日記は、ある種の「メタ・マクガフィン」を成しており、『ツイン・ピークス ローラの日記』としてアメリカでは1990年に出版された。象徴的にも、リンチの娘であるジェニファー・リンチが執筆した。そこには、金髪美女の堕落した二重生活、ハードドラッグと売春、死へ向かう日々、「ボブ」の出現を恐れる思いなどがつづられていた。

　観客は、彼女の町とのつながりを昼夜にわたって追う。中流階級のアメリカが、本質をあらわにする。リーは、運命を──観客がすでに知る運命を──ほぼ受け入れているかのような少女、という難役に挑む。ロッセリーニの『ブルーベルベット』での演技に匹敵するほどの極限を旅する。「この女優は、ローラの悪魔めいた、セックスシンボルとしてのうわべと、抑圧された内面の苦悶とのあいだをみごとに揺れ動く」。この映画は、後になって見ると、シリーズにより高い感情的な危機感を与えてくれます」と批評サイト「A・V・クラブ」でエリック・サームは述べている。リンチは臆することなく、孤独なヒロインを性的に描く。

　雰囲気はテレビシリーズとはまったく異なる。はるかに凝縮されていた。クーパーがほとんど登場しないせいもあり、オフビートなユーモアは意図的に省かれた。「しばらくすると、話が重くなってくる」とリンチも認めている。堕落や、夢の連続、不気味

上：うわべの下の真実——前日譚では、ローラ（シェリル・リー）の堕落した二重生活が明かされる。彼女は、友人のロネット・ポラスキー（フィービー・オーガスティン）とともに売春宿で働いていた……。

なホラーといった領域へ深く没入していく。加えて、「ボブ」とリーランドが共存する「赤い部屋」は、訪れるたびに難解さを増す。過去の要素にはこだわらず、リンチはテレビシリーズの神話を解体することに意欲を燃やした。物語に導かれるままに身を任せ、パイロット版をはるかに超える膨大な量の映像を撮影した。戻ってきた俳優たちの多くは、編集後の完成版には登場すらしていない。この前日譚は、リンチが将来の作品でより暗い、深いテーマへ向かっていく可能性を示唆している。

初上映はカンヌ映画祭だった。わずか2年前にリンチが『ワイルド・アット・ハート』でパルム・ドールを受賞した場だ。

当然、大きな期待が寄せられたものの、批評家たちは首を振りながら会場をあとにした。多少の拍手が起きたかもしれないが、ブーイングにかき消された。要は、さすがに「リンチすぎる」ということだった。ファンを自認していた著名人たちも、失望の色を隠せなかった。クエンティン・タランティーノはこうコメントした。「カンヌで『ツイン・ピークス ローラ・パーマー最期の7日間』を観たけど、リンチは遠い自分の世界に閉じこもってしまった。もう、ほかのリンチ映画を観る意欲が湧かないよ。何か違う評判を聞くまでは。でも、僕はずっとリンチが大好きだった。本当に大好きだったんだ」

一般公開されるまでに、評価はいっそう下がった。

上：この映画は「赤い部屋」の神話性を広げ、クーパー捜査官（マクラクラン）が、転生したローラとともに部屋に閉じ込められているという未来が描かれる。

右：FBIの面々──アルバート・ローゼンフィールド（ミゲル・フェラー）、デイル・クーパー（カイル・マクラクラン）、ゴードン・コール（デイヴィッド・リンチ）、失踪から戻ってきて謎めいた話をするフィリップ・ジェフリーズ（デイヴィッド・ボウイ）の4人が、アイゼンハワーの肖像画の前でポーズをとっている。リンチ作品では、アメリカの歴代大統領が頻繁に指標として使われる。

上：父と娘──テレビシリーズと比較すると、前日譚には、興味深い違いが1つある。われわれ観客が、まるで全知の神のごとく、レランド・パーマー（ワイズ）がいずれ娘（リー）を殺すと知ったうえで成り行きを見守っていることだ。

> カンヌで『ツイン・ピークス ローラ・パーマー最期の7日間』を
> 観たけど……もう、ほかのリンチ映画を観る意欲が湧かないよ。
> 何か違う評判を聞くまでは。でも、僕はずっとリンチが大好きだった。
> 本当に大好きだったんだ。
> ──クエンティン・タランティーノ

「物語と幻想が区別なしにごちゃ混ぜ」と「ニューヨーク・タイムズ」紙は嘆いた。興行収入は惨憺たるものだった（全世界で420万ドル）。『ツイン・ピークス』の時代だけでなく、デイヴィッド・リンチの時代も終わったのではないか、ともささやかれた。彼の先行きがきわめて不透明になったのは間違いなかった。

しかし、「リンチアン」の宇宙では、下が上になることも多い。彼が得意とする時間のループのように、時がめぐり、人々はこの映画をあらためて観て、心変わりした。『ツイン・ピークス ローラ・パーマー最期の7日間』は再評価され、誤解されていた傑作と呼ばれるようになった。その暗さと混乱こそが重要だったのだ。「スラント・マガジン」のチャック・ボウエンは、「アイデンティティと芸術の奥底まで掘り下げた、リンチ映画の最高峰の1つ」と評価する。現在ではこの作品は『ツイン・ピークス』にふさわしい墓標、と見直された。いや、墓標なのかどうか。シーズン2の最終回で、ローラは「赤い部屋」のお決まりの異様な口調で、瞳目するクーパーに言う。「25年後にまた会いましょう」。いつでも、可能性は数多く存在する。

IN A TOWN LIKE TWIN PEAKS
NO ONE IS INNOCENT.

TWIN PEAKS
FIRE WALK WITH ME

上：『ツイン・ピークス ローラ・パーマー最期の7日間』は、公開当初、商業的にも批評的にも失敗だった。近年になって「誤解されていた傑作」と再評価されたものの、リンチの映画のなかではおそらく最も軽視されている。

大衆向けのマグリット　175

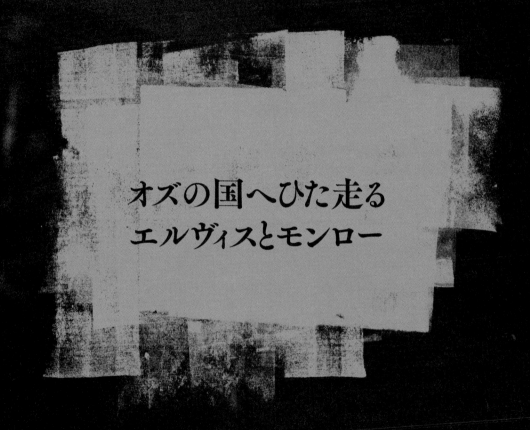

オズの国へひた走る
エルヴィスとモンロー

『ワイルド・アット・ハート』の 逃避行

前ページ見開き：ニコラス・ケイジとローラ・ダーンが、逃避行中の恋人たちセイラーとルーラを演じた。リンチ作品のなかでおそらく最も楽観的に恋愛が描かれる。

右ページ：この映画にとって重要なのは、主演ふたりのあいだの完璧な化学反応を観客に感じさせることだった。リンチは、撮影に取りかかる前、ダーンとケイジがいっしょにラスヴェガスで週末を過ごすように取りはからい、キャラクターに生命を吹き込んだ。

下：スタイリッシュな『ワイルド・アット・ハート』のポスター。カンヌでの思いがけないパルム・ドール受賞を祝う特別デザイン。

話は1989年まで遡る。デイヴィッド・リンチの5作目の長編映画をめぐるいきさつは、1本の電話から始まった。受話器の向こうから友人のモンティ・モンゴメリーが、いま映画化を検討している本があるのだが読む時間はあるか、と尋ねてきた。リンチが製作者として名を連ねてくれれば、箔が付いて出資を募りやすくなると思う、と。リンチは読んでみるとこたえ、ふと、思いついた。「もし私が監督したいと言いだしたら、どうする？」。モンゴメリーは賢明にも、もしそうなったら監督の座は譲るとこたえた。本当は、最初からそれが狙いだったのかもしれない。

　モンゴメリーもまた、リンチのために尽くす用意のあるクリエイティブな仲間だった。80年代、彼はおもに製作者の立場でハリウッドの片隅にいた。1981年には、50年代を舞台にしたスタイリッシュなバイカー映画『ラブレス』（主演：ウィレム・デフォー）をキャスリン・ビグローと共同監督した。80年代の終わりには、影響力のあるニューウェーヴの映像製作会社プロパガンダ・フィルムズの設立に携わった（この会社はデイヴィッド・フィンチャーやスパイク・ジョーンズなどを育て、最先端の主流作品を生み出した）。『ツイン・ピークス』では製作補を務め、『マルホランド・ドライブ』ではカウボーイ役を演じた（ラファイエット・モンゴメリー名義）。

上：撮影中、デイヴィッド・リンチと主演のローラ・ダーンは、「煙草」や「風船ガム」など、ふたりのあいだだけで通じる用語をつくり、各シーンで
ルーラのどの側面が表われるべきかを確かめ合った。撮影全体を通して、リンチはつねに彼女をルーラと呼んだ。

　彼がリンチに持ちかけた本のタイトルは『ワイルド・アット・ハート』で、作者はバリー・ギフォード。シカゴ出身のギフォードは、父親がマフィア関係者だった。サンフランシスコへ逃れて、自分の過去を小説や詩に変えた。ノワール映画のような緊張感と詩情に満ちた短い文で書かれ、アメリカの風景を熱っぽく描写した作品だった。彼はリンチふうの逸話を明かしている。1988年の夏、漁船で働いている最中、ノースカロライナ州サウスポートを出航したあと、頭のなかで、セイラー・リプリーとルーラ・ペイス・フォーチュンというふたりの恋人同士の声が聞こえたという。「すぐさま腰かけて、ふたりの会話を書き留め始めた」。まるで宇宙から届い

た信号を書き取っているかのようだった。こうして、逃避行ロマンスの物語が生まれた。モンゴメリーは、『ツイン・ピークス』のワシントン州の撮影現場へ向かう飛行機のなかで、まだゲラ刷りだったこのギフォードの小説を読み、翌日には映画化オプションの権利を買い取った。

　成功が、リンチにある程度の贅沢をもたらしていた。余裕のある金で、自分の偏愛をかたちにした。フランク・ロイド・ライトの息子、エリック・ロイド・ライトが設計したミッドセンチュリー・モダンの新居を購入した。ハリウッドヒルズのマルホランド・ドライブ沿いにある。目にも鮮やかな紫色のス

タッコ壁が目立つその家は、「ピンク・ハウス」の呼び名で知られるようになった。ハリウッドの奇人のための、ハリウッドの奇妙な家。リンチは家具をほとんど置かず、料理をすることも禁じた（匂いが作品に影響するからだという）。リンチは現在もそこに住んでいる（場所を見つくろって、自作の椅子やテーブルを置いた）。隣接する不動産も買い入れて、自宅であり、アトリエでもあり、生きた芸術作品でもあるという複合施設を形成している。フィラデルフィアにいたころとは、ずいぶん違う暮らしぶりだ。

ディノ・デ・ラウレンティスが破産したのに伴い、『ロニー・ロケット』『ワン・サライヴァ・バブル』『アップ・アット・ザ・レイク』（ラファエッラ・デ・ラウレンティスに持ちかけた、『ピークス』以前の北西部の森、湖、住宅街といった風景が描かれたミステリーらしいが、詳細は不明）など、リンチが多大な時間と愛情を注いできたプロジェクトの数々は、瀕死の会社の資産として没収され、彼の手には届かないものとなった。

かといって、リンチが暇を持て余していたわけではなかった。彼はそういう性格ではない。絵画を多作し、ニューヨークのいくつもの著名な画廊で展示会を開いた。また、カルバン・クラインの香水「オブセッション」のコマーシャルなどを監督し、高額の報酬を得た。さらに、「ジ・アングリエスト・ドッグ・イン・ザ・ワールド（世界で一番怒っている犬）」と題した漫画を「ロサンゼルス・リーダー」紙に毎週連載していた。もともとは『イレイザーヘッド』制作中の1973年に、突発的な怒りのはけ口として描いたもので（当時、まだ瞑想には取り組んでいなかった）、いつも同一の4コマからなるジョーク漫画だった。主人公は庭で怒る黒い犬で、最初の3コマは昼間、最後の1コマだけ夜。週刊連載された1983年から1992年まで、唯一異なるのは、吹き出し内の格言めいたせりふだけだった。「なぜ怒って

いるのか、私にもわからなかった」とリンチは言う。ほかには、ティナ・ラスボーン監督『ゼリーと私』（1988）で、当時恋人だったイザベラ・ロッセリーニの相手役を務めた。そしてもちろん、『ツイン・ピークス』という作品に没頭した。

次の映画に関しては、「映画化してくれ！」と言わんばかりにリンチに向かって飛びかかってくるような作品を探していた。結局、それが『ワイルド・アット・ハート』だった。

つまり、彼は読んですぐに、監督したいと思い立った。セイラーとルーラが互いを平等に扱うようすから、希望を与えられた。「とにかく、ふたりに惚れ込んでしまった」と彼は言う。逆に、物語の背景になっている堕落したアメリカ南部は、暴力的で無責任な魂の表われであり、現実社会の出来事に対するリンチ自身の絶望とつながるものがあった。「世界は最近、別次元の狂気へ突入した」と彼は語る。この映画はやがて、彼として初のロードムービーになる。すなわち、アメリカ映画の偉大なる伝統に則った形式だが、と同時に、歪んだおとぎ話であり、家族ドラマであり、人間ドラマであり、真っ黒なコメディであり、そして何より、社会的なコメントを斜めから試みた作品だった。

リンチはこの新作を「地獄へ突進する世界のなかでの、現代のロマンス」と表現した。

そこで彼はモンゴメリーに電話をかけ、良い知らせと悪い知らせを伝えた。

リンチはこのロマンスに心を奪われ、6日もしないうちに脚本の初稿を書き上げた。

『デューン』と比べれば、ギフォードの小説はすっきりと明るく、直線的だった。短い章の積み重ねでプロットが組み立てられている点が、リンチは気に入った。彼によれば、それぞれの章は種子のようなもので（彼がよく使う比喩）、心に多くのものを呼

び起こす。非常に速いペースで制作したことが、この映画の語り口の激しさにつながっている。「おのずから爆発して、存在に至った」と彼は表現する。スクリーン上に展開するドラマは、炎のモチーフで句読点が打たれている。マッチ棒の火の極端なクローズアップから、逆巻く激しい炎へ変化するオープニングショットは、本来は『ロニー・ロケット』のために考え出したシーンだった。しかしそれは同時に、リンチの創造性の炎を表わしているようでもある。

相談役として参加したギフォードは、『デューン』のフランク・ハーバートと同様、原作にリンチが大胆な変更を加えようとする際も、寛容な姿勢を示した。それぞれのバージョンの『ワイルド・アット・ハート』でいいだろう、と彼はリンチに伝えた。必要なものを自由に取り入れてかまわない、と。それに、原作はまだ知名度が低かった。前々からSFファンの聖書だった『デューン』とは状況が違う。1990年に刊行された小説『ワイルド・アット・ハート』は、映画版よりもはるかに構成が緩く、主人公ふたりが出会う脇役たちは、互いに関係がなく、本筋にもほとんど影響を与えない。ギフォードの原作は、スリラーというより型破りのバラードに近い。一方のリンチは、逃避行を続ける男女を軸糸にしつつ、陰謀や親子の結びつきをタペストリーのように縫い合わせた。ルーラの口やかましい母親マリエッタ・フォーチュン（ダイアン・ラッド）が企む罠や、ルーラの父親が死亡した謎の火事（幕間に炎のショットが繰り返し挟まれる直接的な理由）とセイラーを結ぶ過去へのフラッシュバック。マリエッタは、『ブルーベルベット』のフランク・ブースに匹敵するほど気分の波が激しく（幼児的な父親像と対をなす幼児的な母親像）、娘の家出を食い止めるため、あらゆる種類の厄介な連中と関係を持つ。さらにリンチは、過度に（リンチ映画の基準に照らしてすら）ショッキングなシーンをいくつも入れる一方で、それを中

和するだけの、軽快なユーモアや情熱的なロマンスの要素を組み入れた。しかも、ハッピーエンドまで追加した（これについては後述）。

脚色の過程を尋ねられたリンチは、「明るいものはもう少し明るく、暗いものはもう少し暗く」したと、いつもどおり捉えどころのない率直さでこたえた。

制作は急ピッチで行なわれた。プロパガンダ・フィルムズが950万ドルの製作費を出し、サミュエル・ゴールドウィン・カンパニーがアメリカ国内の配給を担うことになった。リンチにとっては『イレイザーヘッド』以来の完全なインディペンデント作品だ。1989年8月9日までにはニューオーリンズのフレンチ・クォーターで撮影を開始。そのあとカリフォルニア、ルイジアナ、テキサスの砂漠や失われたハイウェイなどで、5カ月間かけて撮影した。『ツイン・ピークス』の秋の色合いに比べ、うだるような暑さの夏の映画になった。

ここで、『ツイン・ピークス』と絡めつつ、時系列を整理しておこう。『ワイルド・アット・ハート』は、『ツイン・ピークス』パイロット版の完成から数カ月後に制作に入り、『ツイン・ピークス』シーズン1の放映中に、撮影後の編集が進められていた。つまり、両者の編集は並行して行なわれた。

本を読んですぐ、リンチはギフォードと同じように、ルーラとセイラーの顔を思い浮かべ、声を聞くことができた。どちらも演じるのが難しい人物だ。リンチはルーラ役にローラ・ダーンを起用しようと考えたものの、製作サイドは不賛成だった。ダーンは、『ブルーベルベット』のサンディ役では、多少なりとも健全な助け船の役割だったし、『マスク』や『スムース・トーク』における優しい演技からは、非現実的なまでに誇張されたルーラの官能性はまったく感じられなかったからだ。しかし、ダーンには別の側面があることをリンチは知っていた。うって

上：リンチは、この小説がもたらす可能性に心を動かされ、わずか6日で脚本の初稿を書き上げた。この前向きな勢いが、映画全体に浸透した。

つけのセクシュアリティを備えている。

　とはいえ、ルーラが「扱いにくい」キャラクターであることはリンチも認めていた。瞬時にして興奮状態に陥り、砂地を這う蛇のように身悶える一方、奇妙な温かさと、この世の苦悩に対する哲学的な絶望感を保っている。リンチはひらめいた——彼女に必要なのは、風船ガムだ。小道具がキャラクターの核になる。撮影現場で、リンチとダーンは「風船ガム」「煙草」といったふたりだけがわかるキーワードをいろいろと取り決め、それぞれの場面でルーラ

のどの側面をおもてに出すべきかを確認しあった。「私たちは4カ月間、デイヴィッドの世界のなかで正気を失っていた」とダーンは回想する。しかし、この映画を通じて演技者としての勇気を培ったという。

　ニコラス・ケイジは、リンチが思い描くセイラー
にぴったりだった。ケイジのなかに、恐れを知らな
い役者魂と、自分に相通じる精神を見た。なにしろ
ケイジは、異色の選択をする変わり者という評判を
とっていた。かのフランシス・フォード・コッポラ
の甥である彼は、みずからの道を切り開き、独自の
スタイルを確立しようと努力していたのだ。『バー

ディ』(1984)『赤ちゃん泥棒』(1987)『月の輝く
夜に』(1987) など、さまざまなタイプの出演作に
おいて、超現実的なエネルギーを突然炸裂させ、過
剰なまでのボディランゲージを使い、この世のもの
とは思えない存在感を示してきた。リンチを鏡に映
したかのような類似性があった。ケイジはいわばロッ
クンロール版のジャック・ナンスだった。

私たちは4カ月間、デイヴィッドの世界のなかで正気を失っていた。
——ローラ・ダーン

ふたりとも天使のような人物ではないが、異常な出来事が相次ぐ『ワイルド・アット・ハート』のなかでは、ふたりは野生の世界に放たれた無邪気な存在だ。リンチは、ふたりをつなぐ熱い性愛をためらいもなく描く。『ブルーベルベット』で倒錯愛がほとばしるシーンとは違い、観客はごく素直に、ふたりの愛の自然な発展として眺める。事が終わると、ふたりは長く長く語らい、原作から漂い出たようなとりとめのないせりふを並べる。リンチの全作品のなかで最もロマンチックな映画だ（それをどう思うかは、あなた次第だが）。映画批評家スコット・トビアスは、『ディゾルヴ』誌に載せた記事のなかで、この映画のエロティックな魅力のみなもとは「逃亡中のふたりの恋人が、世界と対峙するわれわれの姿と重なり合う点にもあるし、主演者同士の荒々しくも優しい化学反応にもある」と指摘する。

リンチが主演のふたりを引き合わせたのは、ロサンゼルスのビヴァリー大通りにあるレストラン「ミューズ」だった。すると、その向かいにあるパン・

この愛し合う男女を、リンチはなんと誠実に描写していることか。ふたりは、『俺たちに明日はない』(1967)のボニー＆クライドとは対極にいる。熱に浮かされたかのようなタランティーノ映画『ナチュラル・ボーン・キラーズ』(1994)の錯乱した恋人たち、ミッキー＆マロリーとも真逆だ。セイラーの過去には犯罪があり、現在にも犯罪が漂っていて、

パシフィック・パーク映画館で、火事が起こった。「まるでお告げのようだった」とリンチは笑う。その後、彼はふたりをオープンカーに乗せ、ラスヴェガスへ送り出した。本番前に絆を深め、ともに世界を相手に戦ってほしかったのだ。完璧な事前準備だった。「撮影時にセイラーとルーラがいっしょになったとたん、本当に生き生きと輝きを放ち始めた」。

リンチが理解していたのは、ふたりのキャラクターが子供のように無邪気で、それでいて野性的だということだった。昔ながらの純愛と、スリルを求める現代ふうの性愛。この対照的なテーマほど「リンチアン」なものがあるだろうか?

これまでの作品では、インスピレーション、歌、散りばめられたポップカルチャーの小物などが、ポ

上：セイラーのトレードマークでもある蛇皮のジャケットは、彼の自由の象徴だ。じつはケイジの私物で、撮影の終了時、ローラ・ダーンにプレゼントした。

左：荒削りではあるものの、セイラー（ケイジ）とルーラ（ダーン）は、自分たちが逃れたい腐敗した利己主義の世界とは対照的な無垢さを持っている。

ストモダンの雰囲気を演出していた。ところが『ワイルド・アット・ハート』は、タランティーノがまだ表舞台に出ていなかったにもかかわらず（初監督作『レザボア・ドッグス』の公開は1992年）、全面的にタランティーノふうだった。この映画のルーツは、蛇皮のジャケットが示している。薄幸の恋人たちルーラとセイラーは、マリリン・モンローとエル

ヴィス・プレスリーにいわば魂を導かれており、リンチ特有の50年代ノスタルジアの生きた象徴だ。これはたんなる象徴ではなく、ある種のテーマの発信といえる。クルーニング（ささやくような甘い歌声）、シミー（腰や肩を揺する踊り）、ドロール（間延びした南部訛り）を駆使しながら、ケイジは全身の演技を通じて、愛するエルヴィス・プレスリーを模倣する（ケイジのキャリア全体を通じて、かもしれない）。リンチが成長期にエルヴィスの映画を観て、天使のような無垢さに触発されたのと通じるものがある。ルーラは、肉体まで死んでしまったローラ・パーマーに比べれば、まだましな被害者だろうが、ともに、モンローの宇宙的な輝きを有している。

上：サントス（J・E・フリーマン）と、ルーラの異常な母親マリエッタ（ダイアン・ラッド）は、セイラーとの恋を引き裂き、娘を取り戻そうと企む。映画にフロイト的な要素を付加するため、ダーンの実母であるラッドを起用した。

　複数の批評家が、シドニー・ルメット監督の『蛇皮の服を着た男』(1959) との共通性を指摘した。この映画も、悲恋のカップル（マーロン・ブランドとアンナ・マニャーニ）や、炎が燃え上がるモチーフが登場し、主人公は、セイラーのお気に入りと同じ、蛇皮のジャケットを着ている。ケイジは、ジャケットに込められた意味について、こう明かしている。「個人の選択や自由に対する、僕の信念の象徴だ」。ケイジのジャケットは、じつは彼自身の私物であり、マーロン・ブランドやエルヴィスへのオマージュとして着用し、ルーラの風船ガムと同じくらい重要な小道具になった。映画の撮影が終わったあと、ケイジはこの服をダーンにプレゼントした。

　リンチの脚本第2稿にもとづくこの映画は、セイラーが過剰な正当防衛で男を殴り殺したのち、刑務所を出るところから始まる。いきなりの血みどろの格闘は、幕開いたのが穏やかならぬ物語であることを観客に思い知らせる。タイトルクレジットの時点では、いまや知れわたった「リンチアン」ふうのゆっくり燃え上がるムードだが、その後いきなり、『ワイルド・アット・ハート』は本性を露わにする。刑務所前まで迎えに行ったルーラは、肌にぴったりとした黒いドレスを着て、1965年型のオープンカー「フォード・サンダーバード」に乗っている。セイラーの仮釈放の規則を破り、ふたりいっしょに旅立つ気でいる。母親の魔の手から遠く離れた、カリフォルニアへ。ふたりは愛し合いながらも、混沌のなかに飛び込んでいく。リンチはこのカップルを、現実を

誇張した「B級映画の登場人物」と捉えた。

みごとなイマジネーションによって生み出された奇妙な登場人物たちが交錯し、もはや強烈なスケッチのオンパレードに近い。作家デイヴィッド・フォスター・ウォレスの言葉を借りるなら、「邪悪な笑みと歌舞伎なみの過剰さの集合体」だ。それぞれの俳優は自己流に演じる権利を与えられており、リンチは、必要なコントラストを際立たせることに力を入れ、物語のテンションが落ちないようにした。そこで、ベテラン探偵ジョニー・ファラガット役のハリー・ディーン・スタントンは、控えめにしみじみと演技した。ルーラの母親マリエッタと不安定な愛人関係にあり、彼女に言われるがままに、若いふたりの行方を追う。しかし彼は、グレース・ザブリスキー（『ツイン・ピークス』でセーラ・パーマー役）が演じる足の不自由なフランス系人の殺し屋ファナに捕まり、のちに編集でカットせざるを得なくなるほどの残虐な殺されかたをする。一方、J・E・フリーマンは、マリエッタの旧友にしてマフィアという役柄で、薄笑いを浮かべ、みずからの言葉の味が好きでないかのように、せりふを吐き出す。誰もが、独特の話しかたをする。

ロッセリーニをカメオ出演させるゆとりまであった。彼女が演じたペルディータ・デュランゴは、髪をブロンドに染めたメキシコ系の悪女（もはや『ブルーベルベット』のドロシーではない）。メキシコの画家フリーダ・カーロへのオマージュだ。のちに、このキャラクターを主人公にしたスピンオフ映画『ペルディータ』（1997）もつくられた。メキシコ国境の町から始まる荒っぽい物語だ。ギフォードの小説を多少の下敷きにしており、アレックス・デ・ラ・イグレシア監督で1997年に公開された。ロッセリーニの代わりにロージー・ペレスが主演。『ツイン・ピークス』を別にすると、リンチ作品の唯一の続編と呼べなくもない。

ハイウェイのようにまっすぐな伝統的なロードムービーとは異なり、『ワイルド・アット・ハート』は、サブプロット、フラッシュバック、関連エピソードなどに分岐している。ルーラの頭の変な従兄ジングル・デルをめぐる、本筋に関係のない、じつに「リンチアン」なストーリーも出てくる（年じゅうサンタクロースの格好をしていて、パンツのなかにゴキブリを入れるのが好き。クリスピン・グローヴァーが役になりきって演じている）。こうした幕間は、主人公たちを取り巻く世界の狂気を浮き彫りにしているだけで、意味不明のままだ。

『ワイルド・アット・ハート』がいくぶんとも踏襲しようとしているロードムービーというジャンルは、ラオール・ウォルシュの『夜までドライブ』（1940）、デニス・ホッパーの『イージー・ライダー』（1969）、モンテ・ヘルマンの『断絶』（1971）によって確立され、『赤ちゃん泥棒』（1987）、『マイ・プライベート・アイダホ』（1991）、『テルマ＆ルイーズ』（1991）ではヒップな手法で蘇った。そもそもが、自由と果てしない道にあこがれる、反逆精神あふれるジャンルだ。誰の目にも明らかなとおり、リンチは『ワイルド・アット・ハート』を、きわめて異色のロードムービー『オズの魔法使』（1939）の黄色いれんが道と重ね合わせている。映画のキャッチコピーからして、それを堂々と謳っている──「オズの国へひた走るエルヴィスとモンロー」。当初は、セイラーとルーラがオズのおとぎ話のような夢を見るだけで楽しい、とリンチは感じていた。しかしやがて、「あらゆるところで、ほころびが生じ始めた」と彼は言う。撮影を進めながら、即興で自分の直感を活かすようになった。ミーティングの最中、あえて台本をごみ箱に捨ててみせることもあった。撮影のフレデリック・エルムズの自然主義あふれる映像のうえに、ファンタジーのヴェールがかかっている。

上：意表を突くキャスティングとして、イザベラ・ロッセリーニが、髪をブロンドに染めた悪女パディータ・デュランゴを演じた。このキャラクターは、原作者バリー・ギフォードのほかの小説や、ロージー・ペレス主演のスピンオフ映画にも登場した。

右：撮影現場で銃を持ち、意欲満々のリンチ──『ワイルド・アット・ハート』は、映画で描かれる暴力について議論を引き起こした。しかしリンチ作品の場合、暴力はつねに何かを象徴している。たとえばここでは、狂気に走った世界を。

　いうまでもなく、リンチは映画『オズの魔法使』に大きな影響を受けている。幼いころに、からだの奥まで浸透した。あの映画には「ある程度の恐ろしさ」が含まれており、それが真実味を生んでいる、と彼は言う。いくつものジャンルを融合したそのシュールなアメリカ像は、『イレイザーヘッド』『デューン／砂の惑星』『ブルーベルベット』にも影を落として

いる。たとえば『ブルーベルベット』でロッセリーニが演じた「ドロシー」は、『オズの魔法使』のけなげな主人公（ジュディ・ガーランド）の名前にちなむ。アレクサンドル・O・フィリップのエッセイ映画『Lynch/Oz』（未／2022）は、オズの物語がリンチの全作品に息づいていると指摘する。たとえば、さまざまな作品にカーテンが現われ、心の痛みを抱え

上：ダイアン・ラッドが演じる狂気のマリエッタは、『ワイルド・アット・ハート』と『オズの魔法使』を結ぶ核心だ。彼女はたびたび「西の悪い魔女」と呼ばれる。

る歌手がいて、カラーと白黒の対比があり、夢と現実の交錯がある。心のレンズを通して、アメリカの象徴的な文化や社会が描かれる。『マルホランド・ドライブ』では、ガーランドがハリウッドの夢工場で受けたひどい扱いが間接的に掘り下げられている。

『ワイルド・アット・ハート』では、オズとの関連の軸がマリエッタにある。神経症の魔女は、水晶玉を見つめ、顔に化粧を塗り、先のとがった黒いスリッパを履き、（映画が現実の枠を超えていくうち）幻想のなかで箒に乗って飛ぶ。ダイアン・ラッドは嬉々としてマリエッタを演じている。騒がしいコミカルな演技であり、批評家のあいだで評価が割れた。「ニューヨーク・タイムズ」紙のヴィンセント・キャ

ンビーは「素晴らしく、かつ下品な情熱」と称賛した。一方、「シカゴ・サンタイムズ」紙のロジャー・イーバートは、道徳から逸脱している作品だと糾弾し、ラッドのひどい演技は「見ていて苦痛」だったと述べた。

しかも、この型破りな映画には、フロイト的な電気ショックが走っている。ラッド（『アリスの恋』［1974］や『チャイナタウン』［1974］で知られる有名女優）はじつは、ダーンの実の母親なのだ。実の母娘が母娘の役を演じるというアイデアを、当然、リンチは楽しんだ。ダーンは、ラッドとの最初のシーンの撮影をよく覚えている。実家にいたころルーラが母親に反抗するフラッシュバックの場面だった。

上：さらに悪しきものの到来──ウィレム・デフォーが演じるボビー・ペルー（右）は、脂じみたどす黒い存在の最たるもので、セイラー（ケイジ）を犯罪に引き戻す。

カメラが回りだす寸前、リンチがダーンの耳元に口を寄せ、周囲のみんなに聞こえる声でこうささやいたという。「あれは、きみの本当のお母さんだよ」。旅路の果てはビッグ・ツナという忘れられた町だ。ランバートンやツイン・ピークスの真逆で、邪悪さが露骨におもてに出ている。住民は、危ない変人だらけ（リンチ作品に欠かせないジャック・ナンスもカメオ出演）。ルーラは「エメラルドシティとはいえないわね」と嘆息し、もっと旅を続けられたらいいのにと願っている。しかし、それには金が必要で、セイラーはボビー・ペルーの術中にはまってしまう。ボビーはこの映画のなかでもとくに記憶に残る悪党

だ（同じような悪の化身として、過去の作品ではハルコネン男爵、フランク・ブース、リーランド・パーマーがいて、本作中でもすでにマリエッタが登場ずみ）。ウィレム・デフォーが脂ぎったいやらしさを好演している。

デフォーとリンチは『ブルーベルベット』のオーディションで出会った。これほどまでに演技に長けたニューヨーク出身の俳優をなぜリンチがもっと使わないのか、不思議なほどだ。ほかの多くの人々と同様、デフォーは、リンチのポジティブな情熱に驚いた。『ワイルド・アット・ハート』の撮影中も、

上：この映画で最も論議を呼んだ、めくるめく官能シーン。デフォー演じるペルーが、語気強くルーラを追い詰め、「言葉によるレイプ」を行なう。

情熱が衰えることはなかった。道徳から逸脱した物語であるにもかかわらず、撮影現場のムードは明るかった。リンチは、密度の濃い過去の映画から解放され、リラックスしていた。「ジングル・デル」の奇妙なエピソードを撮影する際には、笑いをこらえるために口にバンダナを巻いたほどだ。「いままででいちばんストレスのかからない映画だった」とデフォーは振り返る。キャラクター向けの汚らしい入れ歯をはめたとたん、デフォーはやすやすと完璧に役に入り込んだ、とリンチは語る。ルーラの風船ガムやセイラーの蛇皮ジャケットと同じく、デフォー演じるペルーの腐った歯は、口元に浮かび続けるい

やらしい笑みを強調し、キャラクターを際立たせるのに役立った。

　ペルーは、黒い過去を持つベトナム帰還兵だ（これもまた、世界の歪みをほのめかしている）。脂ぎった髪、体内に毒蛇のエキスが流れているかのような殺気。いまや、小さな町の薄汚れた犯罪者になっている。モーテルの部屋でルーラを追い詰め、「言葉によるレイプ」として物議を醸すシーンを繰り広げる。朝、吐いた跡がカーペットに染みをつくっている。ペルーは徐々ににじり寄りながら、「『犯して』って言え」と迫る。性的興奮を煽られたルーラがついにその言葉を口にすると、彼女を取り残して去って

上：ルーラ（ダーン）は、出所したセイラー（ケイジ）を車で迎えに行く。そこからふたりは、伝統的なロードムービーの象徴や激情をすべて抱えて、旅に出る。

右ページ：きわめて暗い物語であったかにもかかわらず、デイヴィッド・リンチは『ワイルド・アット・ハート』を非常にリラックスして撮影できた映画の1つに挙げている。映画全体が「流れるよう」に感じられたという。

現実味がかけらもない！
……くそっ、変えるとも！
── デイヴィッド・リンチ

いく。生々しい、忘れがたいシーンだ。言葉による性的な暴行。『ブルーベルベット』でフランク・ブースが上げる幼児の叫びにも似て、本能がさらけ出されている。「デフォーはとても抑えが効いていて、正確で、無駄な感情がひとかけらもない」とリンチは称賛する。「ワイルド」というコンセプトに触発されたリンチは、カーラジオから流れる扇情的な番組のように、下劣さと面白さと残酷さが入り交じったシーンを観客に向けて次々と差し出す。車が横転した壮絶な事故現場を、シェリリン・フェンが頭から血を流しつつよろめき歩く。野良犬が、銃撃でちぎれた人間の手をくわえて走り去る。強盗をしくじっ

たペルーは、誤って自分の頭をライフルで吹き飛ばしてしまう。地面に落ちた頭部のかけらをカメラが冷静に映し出す。

　突如として、リンチと暴力との関係が大きな話題になった。観客を挑発しているのか？　それとも、滑稽さを演出しているつもりなのか？　相変わらず、リンチは時代の一歩先を行っていた。本作品のあと間もなく、タランティーノが登場し、取り澄ましたアメリカ人たちに挑戦状を叩きつけることになる。ただし、両者には決定的な違いがある。暴力描写を通じて、タランティーノは、観客から瞬時の反応や感情を引き出そうとしているのに対し、リンチは耳

に興味を持ち、奥深い意味を響かせようとする。リンチ映画における暴力について、作家のデイヴィッド・フォスター・ウォレスはこう評している。「グロテスクかつ冷酷に様式化され、象徴的に重いかもしれないが、ハリウッドやアンチハリウッドのヒップな漫画ふう暴力とは質的に異なる。リンチの暴力は、つねに何かを意味しようとしている」。もっとも、リンチのファンを自認する彼でさえ、『ワイルド・アット・ハート』は少し様式化されすぎていると指摘した。リンチふうに表現するなら、「狂気から髪の毛一本ぶん離れた世界」だった。

原作を読んだ直後から、ルーラとセイラーが引き裂かれるという悲しい結末に、リンチは沈んだ気分になった。「現実味がかけらもない！」。最後の別れには文学的なクールさがあると理解して、最初の草稿ではそれに従った。しかし、業界の重鎮である配給会社のサミュエル・ゴールドウィンから、私もこの結末は気に入らない、と言われ、やはり変更すべ

きだと心を決めた。いままでの作品と違う、と人々に非難されようが構わなかった。これが映画の理想の姿なのだ。「くそっ、変えるとも！」と彼はゴールドウィンに吐き捨てた。

リンチは、新しい結末を考え出し、オズへのオマージュを（多少とも）具体的なかたちにした。依然ふたりはいったん別れるのだが、するとセイラーの前に、巨大な泡のなかに入った善良な魔女グリンダ（演じるのはシェリル・リー、すなわち、ほかならぬローラ・パーマー）が現われ、戻ってルーラを抱き締めなさいと促す。ふたたび「リンチアン」の原則に立ち返ったわけだ。つまり、現実世界は外部の力に操られており、創造者の手は、われわれ人間を（かりそめであれ）幸福に戻そうとする。こうした幻影が登場人物の想像力という歪んだレンズによるものなのかどうかの判断は、観る者に委ねられている。『ブルーベルベット』と同様に、見せかけとしてはハッピーエンディングだ。

『ツイン・ピークス』が、悪の脅威や、しだいにおかしくなってきた
世界を遠回しに描いているのだとすれば、
『ワイルド・アット・ハート』はそういう指摘を正面切って押しつけてくる。
——「ワシントン・ポスト」紙

　リンチの絶頂期のまさに頂点といえるタイミング
で、この映画はカンヌ映画祭で初公開された。芸術
的な衝動と商業的な成功をみごとに結びつける大い
なる希望として、リンチの名前は、この一時期ほと
んどブランドネームになっていた。
　『デューン／砂の惑星』を終えたあと高まった創造
性の勢いは、『ブルーベルベット』から『ツイン・ピー
クス』シリーズ1にかけて絶賛され、『ワイルド・アッ

ト・ハート』がカンヌ映画祭の最高賞であるパルム・
ドールを授与されるにいたって完結した。とはいえ、
じつのところ、『ワイルド・アット・ハート』の批
評家向け試写会では相当なブーイングが起きた。イ
タリアのベルナルド・ベルトルッチ監督が率いる審
査員たちは魅了されたにせよ、評価全体は明らかに
賛否両論だった。
　『ツイン・ピークス』が小さな画面で愛された一方、

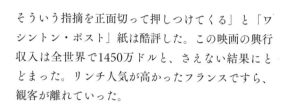

『ワイルド・アット・ハート』は各地の映画館までたどり着くのに苦労した。試写会における反応は芳しくなく、あるシーンで125人が退場したほどだった。スタントン演じるファラガットが惨殺されるシーンだ。彼が頭を吹き飛ばされたあと、殺人者のうちふたりが、頭部を失った首の断面に顔を突っ込み、続いて激しいキスを交わす。製作者側は、もっと「リンチ好き」と思われる観客を集め、改めて試写会を開いたが、同じシーンでやはり100人以上が席を立った。「みんな、まるで災害から避難するみたいに、走って試写会をあとにしたよ」とモンゴメリーは振り返る。リンチ本人は自伝『夢みる部屋』で「ワンシーンだけ、ほんのわずか、やりすぎだった」とごく控えめに回想している。彼はしぶしぶその不快な場面を少しカットしたものの、この調子だと一般公開時には猛反発を食らうだろうと予感した。

アメリカの批評家たちが槍玉に挙げたのは、むしろ、『ブルーベルベット』と比べて概念的な要素が多すぎる点だった。ここに出てくる登場人物たちはポストモダンな手法で何かを伝えたがっているのだろうか？　それともたんに、リンチが少しばかり好き放題にやりすぎた——リンチがリンチすぎた——のか？　『ツイン・ピークス』が、悪の脅威や、しだいにおかしくなってきた世界を遠回しに描いているのだとすれば、『ワイルド・アット・ハート』は

そういう指摘を正面切って押しつけてくる」と「ワシントン・ポスト」紙は酷評した。この映画の興行収入は全世界で1450万ドルと、さえない結果にとどまった。リンチ人気が高かったフランスですら、観客が離れていった。

『ツイン・ピークス ローラ・パーマー最期の7日間』や『デューン／砂の惑星』が再評価されるなか、『ワイルド・アット・ハート』はいまだ、熱心なファンのあいだですら評価が割れている。リンチの研究家であるミシェル・シオンによると、『ツイン・ピークス ローラ・パーマー最期の7日間』とともに中期の失敗作とされるこの作品は「注意深くよく見れば、リンチの初期のバロック様式に回帰したもの」だという。リンチは、さらに予測不可能な映画をつくろうとしていた。

「デイヴィッドは人々に向けて新しいフロンティアを切り開く」とモンゴメリーは言い、この映画がどれだけ大きな影響力をもたらしたかを指摘する。もしこの映画がなかったら、『ナチュラル・ボーン・キラーズ』（1994）や『トゥルー・ロマンス』（1993）は存在しただろうか？　タランティーノはきわめて「リンチアン」な映画を撮ることができる。

原作者のギフォードは、映画の出来栄えに興奮した。「大がかりでダークなミュージカル・コメディのようだ」と感想を漏らしている。的を射た指摘だ。

上：カンヌ映画祭でのデイヴィッド・リンチと俳優たち——熱狂的なファンのあいだですら、『ワイルド・アット・ハート』はいまだ、かなり賛否の割れる映画だ。

熱気を帯びつつも、しだいに音調がずれ、過剰なまでに感傷的になるが、『ワイルド・アット・ハート』はリンチの作品のうちでもきわめて楽天的だ。愛の物語から詩のような響きが流れており、『ブルーベルベット』や『ツイン・ピークス』の若者たちから引き継いだ純真さがある。人生でぶつかる困難にすべて打ち勝つ、若者の力。だからハッピーエンドが必要だったのだ。アンジェロ・バダラメンティによる壮大な音楽に加え、リンチはいくつかの歌を巧みに挿入しており（なかでもクリス・アイザックの「ウィキッド・ゲーム」はヒットし、リンチがミュージックビデオを監督した）、映画全体に魅力的な抒情性をもたらしている。

しかし、ふと気づくと、リンチはがんじがらめになっていた。独自のスタイルがマンネリ化してしまう恐れがあった。「リンチアン」という言葉にしろ、映画制作の用語として地位を確立したものの、使わ

れすぎて薄っぺらになりつつあった。批評家たちは、映画のなかで特異なものや意味不明なものに出合うと、「リンチアン」という表現で片付けるようになった。予測不能なストーリーを指す万能カードになってしまったのだ。しかも、広まる一方だった。小説、ファッション、哲学など、どんな分野でも、奇妙な雰囲気が漂っていれば「リンチアン」と分類された。『ツイン・ピークス ローラ・パーマー最期の7日間』の撮影最終日の夜、ロサンゼルス北部のどこかで車内に座っていたリンチは、1つのアイデアを思いついた。ロサンゼルスに住むある夫婦の家に匿名の小包が届けられる。中身は、彼らの家の内部で撮影されたビデオテープだった……。映画のなかに潜む映画、現実の二重性を扱った独創的なアイデア、家庭の神聖さを侵す、背筋が凍るような恐怖。これぞ、本物の「リンチアン」だった。

イン・ザ・ループ

前ページ見開き：ビル・プルマンが、従来のイメージとは大きく異なるジャズ・ミュージシャンの役柄を与えられ、妻を殺害した疑いのある男を演じた。間違いなく、リンチ作品のなかでも屈指の難解な映画だ。

右ページ：一人二役の謎──パトリシア・アークエットが、この映画における第2の姿に変身。ブルネットからブロンドに変わっているが、はたして同一人物なのか？

下：言うなれば、『ロスト・ハイウェイ』はリンチを『イレイザーヘッド』の思考領域に戻した。妄想と現実が渾然一体となっている。

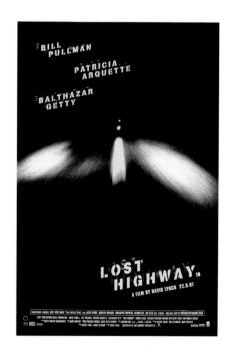

『ロスト・ハイウェイ』を解き明かす

前作から5年後。ジャズ・サックス奏者のフレッド・マディソン（従来の穏やかな性格の役柄から一変したビル・プルマン）は、玄関先に届けられた3本目のビデオテープを見る。前のビデオテープと同じく、彼の自宅内で撮影されている。妻と思われる女性の惨殺体が映っており、そのかたわらにいるのは、彼自身だった。急に場面が切り替わり、彼は死刑判決を下される。独房で悄然としているさなか、彼の脳内でビーチハウスが爆発するさまが逆再生され、黒い服を着た不気味な男が現われたかと思うと、夜闇のなかのハイウェイを疾走するイメージ（秒速6フレームの超高速）が浮かぶ。破裂寸前のボイラーの音のような「リンチアン」なノイズが湧き上がる。囚人の身である彼は痙攣し、頭を抱え、顔を歪める。明かりがちらつき、現実がぼやけていく。

翌朝、目覚めたフレッドは別の人物になっている。演じる俳優が代わり、名前も違う。しかし、われわれ観客は、ふたりが同じ人物だと知っている。ピート・デイトン（バルタザール・ゲティ）は釈放され、観客は第2の映画に連れ込まれる。生活空間といい、人物関係といい、B級映画のありふれた要素といい、何もかも異なる。なのに、どこかで最初の映画とつながっている。やがて亀裂が入る。前の世界への心理的な亀裂が。

上：リンチは、その日に何を撮影するかだけを伝え、全体がどんな組み立てになるかは説明しなかった。ビル・プルマンはそんなスタイルに慣れる必要があった。キャストが困惑すればするほど、リンチとしては思うつぼだった。

　この時点で、われわれは『ロスト・ハイウェイ』が始まって45分のところにいる。デイヴィッド・リンチのキャリアの第2期として最初の作品だ。妥協のない時期へ突入していく。

　『ブルーベルベット』と『ツイン・ピークス』が探偵ものの展開となるのに対し、『ロスト・ハイウェイ』はフィルム・ノワールの様相を呈する。「フィルム・ノワールには、誰もが感じとれる雰囲気がある」とリンチは彼なりの詩的表現で言う。「それはつまり、トラブルに巻き込まれる人物たちと、夜と、わずかな風と、ふさわしい音楽だ。じつに美しい」。『ワイルド・アット・ハート』が外へ広がり、『ツイン・ピークス ローラ・パーマー最期の7日間』が過去へ戻るのに対し、『ロスト・ハイウェイ』は内側を掘り下

げる。『イレイザーヘッド』の脳内領域に近づいていく。これは不安という電流で動く映画だ。このジャンルの定型的な要素——ファム・ファタール、アンチヒーロー、死体、オープントップの40年代型キャデラック——が、さらに不確かな心理的基盤の上に築かれている。

　リンチの映画が最終的になぜこれほど観客の心を不安定にするかといえば、観客が無意識のうちにスクリーンと結んでいる取り決めを解消してしまうからだ。取り決めとはつまり、ゲームにはルールがあるということや、映画が観客に何を求めているか、ある程度わかっているということ。リンチの映画では、謎がわれわれの脳内まで入り込む。ただ、『ロスト・ハイウェイ』の場合、何を意味するかという単純な謎ではなく、いったい何が起こっているのかがそもそも謎に包まれている。いかにもリンチ映画だ。非直線的な構造、説明不能なねじれ、バダラメンティが奏でるシンセサイザー——しかし、従来とはどこか違う。リンチはより抽象的に、より奇妙に、これまで以上に深く「リンチアン」になっている……。

　まず、5年間もの長きにわたって長編映画をつくらなかったことについて説明しなければならない。きっかけは些細な災難だった。1992年6月からABCで放映された『オン・ジ・エアー』は、一見、期待できそうな番組だった。『ツイン・ピークス』の名コンビ、リンチとマーク・フロストが手がけた新しいテレビ番組。リンチがパイロット版を監督し、ついに純粋なコメディに徹した。低俗なおかしさが狙いで、メル・ブルックスの映画とそう大きくは違わない。物語はゾブロトニック・テレビジョン・ネットワーク（略称ZBC——明らかにABCのもじり）の看板番組『レスター・ガイ・ショー』の舞台裏のどたばたを描いており、同番組の初回生放送は次々

と思いがけないハプニングに見舞われる。年は1957年、リンチのノスタルジックな心の故郷だ。おつむの弱いブロンドのベティ・ハドソン（マーラ・ルビノフ）——外見はローラ・パーマーふうだが、笑気ガスを吸ったかのような甲高い声——のおかげで、番組はどうにか事なきを得る。その一方、落ちぶれた映画スターのレスター・ガイ（イアン・ブキャナン）も、世の脚光を取り戻そうと張り切る。

　7話まで撮影されたものの、アメリカでは3話までしか放映されなかった。4話以降は日本で発売されたレーザーディスクくらいしか残っていないものの、この番組は「リンチアン」の産物として評価を得ている。実態は、自己風刺と何でもありの不条理のごた混ぜだ。『ツイン・ピークス』の人気が低迷し始めたころ、リンチがアイデアを思いついた。基本的には、『ツイン・ピークス』ふうの風変わりなキャラクターの数々が登場する、いつも崩壊すれすれのテレビ番組という設定だ。しかし、この『オン・ジ・エアー』じたいが崩壊すれすれだった。ABCは、リンチのシュールな馬鹿騒ぎに失望し、シーズン途中打ち切りを決めて、4話から先はお蔵入りにした。「プライムタイムの時間帯に放映されなかったせいで、運に恵まれなかった」とリンチは言う。しかし、「コメディは本当に難しい」と認めている。『ツイン・ピークス』の座礁、『ワイルド・アット・ハート』『ツイン・ピークス ローラ・パーマー最期の7日間』、さらには『オン・ジ・エア』の不評と続いて、「暗雲が立ちこめてきた」と彼は振り返る。瞑想を除けば、唯一の療法は仕事だった。彼はカイコのように忙しく働き続けた。コメディの長編映画の企画も立てた。撮影監督のピート・デミングによると、この『ドリーム・オブ・ザ・ボヴァイン（ウシ属の夢）』は「実存主義的なマルクス兄弟」をめざしていたという。ロバート・エンゲルズとの共同脚本だった。バンナイズという町に住む3人の老人の話だ。彼らは以

前はウシだった。人間社会に同化しようと懸命だが、つい、ウシの習性が出てしまう。リンチは、ハリー・ディーン・スタントンとその隣人のマーロン・ブランドをウシ人間のうちふたりに割り当てて、低予算で粗っぽく仕上げたいと考えていた。だが、書き直している途中で何かが「道から外れた」らしい。残念ながら、ブランドも「もったいぶった駄作」と低評価した。

リンチは、ヴィム・ヴェンダース、スパイク・リー、アーサー・ペン、ジョン・ブアマンらとともに、映画誕生100周年を祝うために52秒のショートフィルムをつくった。リュミエール兄弟が使った手回し式のアンティークカメラ（リール1巻あたり52秒）で撮影。企画製作したのはリヨンにあるミニチュアシネマ博物館で、監督それぞれに個性の縮図を表現してもらうという意図だった。リンチが手がけた作品は、『プレモニション・フォローイング・アン・イーブル・アクト（悪行のあとの嫌な予感）』という「リンチアン」ふうタイトルが付けられており、彼の初期のショートフィルムの抽象的な要素が復活している。おもに水平移動でつなげられた5つのシーンからなる。野外で少年の死体を見つける警官たち、エプロンと白い服を着た女性たち、裸の女性がタンクに閉じ込められている実験室、燃え上がる炎、警官たちの訪問を受ける少年の両親。時間や場所、さらには現実までも断片化されており、『ロスト・ハイウェイ』につながる序曲といえる。

テレビドラマにもほんの少し手を出した。思い切った番組編成を行なうテーブルテレビ局「HBO」が製作の『デビッド・リンチのホテル・ルーム』は、同一の部屋——ニューヨークのレイルロード・ホテル603号室（「赤い部屋」にやや似ている）——を舞台にした短編3部作だった。舞台と年だけがあらかじめ決められていた。『トワイライトゾーン』のひねりと『ツイン・ピークス』の謎めいた雰囲気を融合したようなドラマだ。モンティ・モンゴメリーがプロデューサーを務め、リンチは3つのエピソードのうち2つ（1969年「トリックス」と1936年「停電」）を監督し、不気味な声のナレーションも担当した。彼は簡潔を好み、脚本は8〜10ページ、撮影は「さあ、やるぞ」とばかりわずか3日間だった。ハリー・ディーン・スタントン、フレディ・ジョーンズ、クリスピン・グローヴァー、アリシア・ウィットなど、「リンチアン」の過去作品から戻ってきた俳優も参加した。しかし、批評家たちは手厳しかった（やや不当だろう。物語は興味をそそるものだった）。視聴率も『オン・ジ・エアー』を下回った。

リンチの『ホテル・ルーム』のエピソードは、『ワイルド・アット・ハート』の原作者バリー・ギフォードが執筆した。そしてこのギフォードこそが『ロスト・ハイウェイ』への道を切り開いた人物だった。ふたりは気が合った。「おたがい、好きなものが似ている」とリンチは話す。ギフォードの小説『ナイト・ピープル』（アメリカをさまようレズビアンの連続殺人犯たちを描いた短編連作集）のある1文を読んで、リンチは、電流入りの牛追い棒で突かれたような衝撃を受けた。「うちらはただのアパッチ族のカップルで、失われたハイウェイを駆け抜けてるだけ」という文だった。失われたハイウェイ、すなわちロスト・ハイウェイという表現（ギフォードがハンク・ウィリアムズの歌から借用したもの）が、リンチの想像力をかき立てた。

この小説を脚色しようと何度か試みたもののあきらめ、リンチは代わりに、『ロスト・ハイウェイ』と題するオリジナルの脚本を共同執筆しないか、とギフォードに持ちかけた。『ツイン・ピークス ローラ・パーマー最期の7日間』の最中に思いついたまま寝かせていた、「主人公の家の内部が撮影されている謎のビデオ」というアイデアを思い出し、一気

上：リンチは、バルサザール・ゲティを主人公の第2の姿としてキャスティングし、自動車
整備工という設定にした。映画全体が、不確かな心理的基盤の上に築かれている。

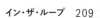

に歯車が回り出した。こうして、2種類の現実を鮮やかに切り分けたフィルム・ノワールが誕生することになる。映画が進むにつれ、「リンチアン」らしい不吉な雰囲気が高まるなか、プルマンが演じる主人公の偏執的なサックス奏者は、どうやら、不貞を疑って妻レネエ（パトリシア・アークエット）を殺

したらしい。ところが、収監されていた彼は突然、ピート・デイトン（バルサザール・ゲティ）という若い整備士に変身してしまう。さらに、ピートは金庫破りの恋人アリスと浮気を始める。なにしろアリスは、レネエに瓜二つなのだ（アークエットが髪をブロンドに変えて一人二役）。

「ひとりで座っていると、ときどき、自分のなかにいろんな部分があると感じるだろう」とリンチは語る。簡単に言えば、この映画では、男性の主人公は別の俳優が演じる2つのアイデンティティに分裂する。女性の主人公は同じ女優が演じる2つのアイデンティティに分裂する。不当な評価ではあるものの、

上：レネエ（アークエット）とフレッド（プルマン）の夫婦は、自分たちの家の内部で録画された謎のビデオテープを見る。覗き見のテーマがふたたびリンチの作品に浮かび上がる。

左ページ：ビル・プルマンは、トラブルに巻き込まれるジャズ・サックス奏者フレッド・マディソンを演じ、崩れゆく心を表現した。リンチによれば、「ジャズは、音楽を限りなく狂気に近づけたもの」だという。

『ロスト・ハイウェイ』は『マルホランド・ドライブ』
の試走とみなされることも多い。どちらの映画も、
物語の幾何学は最終的にメビウスの輪を完成させて、
もとに戻る。つまり、冒頭のせりふが幕切れのせり
ふにもなる。「ディック・ロラントは死んだ」。この
ひとことは、実生活の不条理さをそのまま引用した
ものだ。ある朝、リンチの家のインターホンが鳴り、
応対に出ると、聞き慣れない声がしたという。
「デイヴィッド!」
「はい?」

「ディック・ロラントは死んだ」

　リンチが窓から玄関先を見たときには、すでに誰
もいなかった。ディック・ロラントが何者かわから
ないが、その人物が死んでいることだけはわかった。
　リンチのキャリアの第2期で注目すべきは、アメ
リカの小さな町を離れて大都会へ向かっている点だ。
ロサンゼルスが彼の新しいカンヴァスになる。「リ
ンチアン」に入り交じる要素には、前々から都会の
テクスチャーが含まれていた。『イレイザーヘッド』

の画面のすぐ外では汚れた都会が空を遮っているのが感じられる。『デューン／砂の惑星』のギエディ・プライムは、惑星全体が1つの大都市だ。『ロニー・ロケット』では、安いアパートメントや工場が建ち並ぶ煤けた風景が予定されていた。いずれも、リンチの心のなかのフィラデルフィアだ。ところがロサンゼルスは違う。シュールなものと陳腐なものが入り組んだこの街は、多くの要素が共存している。美しさと醜さが手を取り合い、荒野もまだ存在を失っていない。ロサンゼルスがノワールの都であることを、リンチもギフォードもじゅうぶん知っていた。

40年代や50年代のハリウッド・ノワールが現在にも影を落としている。アークエットの髪型は昔ながらのファム・ファタールだ。ゲティの黒い革ジャケット、バイク、憂いのある表情は、(『ツイン・ピー

クス』のジェームズを経由して)『乱暴者』(1953)のマーロン・ブランドを想起させる。何もかも、どこか従来の型をなぞっている。夢想と映画が渾然となる先例としては、『サイコ』(1960)『恐怖のまわり道』(1945)『夜の人々』(1948)『過去を逃れて』(1947)などのハイウェイのシーンが思い浮かぶ。『キッスで殺せ!』(1955)には、灼熱の夜にビーチハウスが炎上する場面がある。フレッドの分裂していくアイデンティティとマディソン家の長い廊下は、『イレイザーヘッド』にも影響を与えたキューブリックの『シャイニング』(1980)に似ている。

左ページ+上:パトリシア・アークエットはかなりの難役に挑んだ——ルネーとアリスという、ブルネットとブロンドの二重性を巧みに演じ分けつつ、双方のキャラクターを微妙に繋げ、かつ、それぞれをノワール映画の伝統に沿ったものにしている。

リンチはフィラデルフィア時代に市立の死体安置所を訪れたことがある。有益な経験だった。「死んだら人のからだからどれだけ多くのものが失われてしまうか、驚くほどだ」と彼は言う。死体には独特の質感があった。イメージが彼の脳にこびりついた。身体のいろいろな部位、遺体袋……。そうしたイメージが、切断された耳や手、ビニールシートにくるまれたローラ・パーマー、『ロスト・ハイウェイ』ではレネエの惨殺体といったかたちで、画面上に再現されることになる。何年もあとになって、彼はロサンゼルス市警のベテラン刑事たちと知り合い、古い事件の写真を見せてもらった。「ある被害者、別の被害者……どれも本物だった」。未解決事件の冷たい死体が台の上に横たわっていた。ある夜、ハリウッド大通りにある「ムッソ＆フランクス」——ハリウッド黄金時代にスーパースターたちが集った店——で年配の刑事と夕食をとっていたとき、かの有名な「ブラック・ダリア」の遺体の写真を見せられた。発見当時、腰のあたりで完全に切断されて草むらに横たわり、血液をすべて抜かれていた。彼女の本名はエリザベス・ショート。死後に有名になり、ハリウッドでたびたび題材にされたひとりだ。彼女の写真を見たことが、『マルホランド・ドライブ』のインスピレーションになり、もっと直接的には『ロスト・ハイウェイ』につながった。彼女の物語をもとに、レイモンド・チャンドラーが脚本を書いた1946年のノワール映画『青い戦慄』が生まれた。トラブルに陥った女性のミステリーで、タイトルが『ブルーベルベット』に通じている。しかし、現実の「ブラック・ダリア」の事件は未解決のままだ。リンチの目から見れば、完璧なプロットだった。

左：建築上のわずかな調整を加えただけで、リンチ自身のモダニスト様式のハリウッドの邸宅が、マディソン夫妻の家としてロケ撮影に使われた。

上：ピート・ドレイトンを演じるバル
サザール・ゲティ。分裂した第2の人
格として、映画の途中から鍵を握るキ
ャラクターになる。

私が思うに、この男はふたりの人間を殺した。
なのに、生き続けることができる……。
——デイヴィッド・リンチ

　一部の批評家は、さんざん使われてきた素材の組み合わせであるうえ、過去のリンチ作品のアイデアを再利用してばかりだ、と非難した。たとえば『タイム』誌は「新しい衝撃が欠けている」と評した。古いタイプの衝撃なのだ。「ニューヨーク・タイムズ」紙のジャネット・マスリンも「『ブルーベルベット』ほどの真の斬新さや不穏さは、もはやリンチ映画に

期待できそうない」と断じた。
　確かにそうかもしれないが、映画づくりは以前よりも豊かで官能的になっている。撮影監督を務めたピーター・デミングは、『ツイン・ピークス』にも参加したベテランで、リンチが求めているものを知っていた。息が詰まるような影と、鮮やかな色の爆発だ。『ロスト・ハイウェイ』はリンチ映画で最も見

栄えがする。ロサンゼルスを舞台にしつつ、『イレイザーヘッド』と同じくらいスタイリッシュに感じられる。現実がじつは定かではないというリンチ作品でおなじみの雰囲気が、2倍の濃厚さで立ちこめている。

「私は、自分なりの方法で物事を記憶するのが好きなんです」。家を訪ねてきた『パルプ・フィクション』(1994)ふうの刑事たちに、主人公の第1の人格であるフレッドが言う。「自分なりの覚えかたで。必ずしも実際に起こったとおりではありません」

　ロサンゼルスに舞台を設定しただけでも、リンチの自宅に近づいたわけだが、じつはそれどころか、マディソン夫妻のしゃれたモダンな家の内部は、リンチの自宅で撮影された。正確に言えば、彼の自宅敷地内にある3つの家のうちの1つだ。3つのどの家も、飾り気がなく角張った外観で、古いノワール映画の悪党のアジトを思わせる。彼は、多少のリフォームを施して、長い廊下をつくった。奥が暗闇に溶け込むほど長く、映画中、第1の主人公フレッドはここを通るたび不穏な気配に包まれる。撮影監督のデミングは、リンチと議論を重ね、いろいろな段階の暗さを工夫したという。「まっ暗、まっ暗の1つ手前、といったふうのグラデーションだ」。美術装飾は、リンチと長らくタッグを組んできたパトリシア・ノリスが担当した。「デイヴィッドの好みに合わせて、50年代ふうのモダンなスタイル、いわゆるアトミックデザインの家具を揃えた」。まさにリンチの思考領域だった。

　撮影に入る数年前、アメリカでは、映画の神話と現実の神話が交錯した。リンチを含む何百万もの人々がテレビ画面を見つめるなか、有名なアメリカンフットボール選手から映画俳優に転身したO・J・シンプソンが、警察車両とカーチェイスを繰り広げ、やがて裁判にかけられたのだ。彼は、元妻とその恋

人を殺害した容疑で指名手配中だった。どう見ても有罪と思われたが、弁護士団の法廷テクニックにより無罪を勝ち取った。現実を否定して抗い続けるシンプソンの心理を、リンチは『ロスト・ハイウェイ』に投影したのだ。『ワイルド・アット・ハート』と同様、現実世界の狂気を違うかたちでスクリーンに映し出す試みだった。

「私が思うに、この男はふたりの人間を殺した。なのに、生き続けることができる……」。リンチは信じられないというようすで言った。「心はどうやってみずからを騙すことができるのだろう？　本人はどうやって自分の心を遠ざけ、その恐ろしい力を逃れて生きていけるのか？」

　プルマンは意表を突くキャスティングだった。彼はカイル・マクラクラン（やリンチ）よりもあっさりとした顔立ちで、人好きのする四角い顎を持ち、善良な男や相棒にぴったりの俳優だ。『めぐり逢えたら』(1993)のようなロマンティック・コメディの助演や、『インデペンデンス・デイ』(1996)の正義感の強い大統領（映画ならではの架空）などの役柄が多かった。フレッドはリンチ映画でこれまでにない主人公だ。思い悩み、嫉妬深く、取り乱している。『ブルーベルベット』でいえばジェフリー・ボーモントよりもフランク・ブースに近く、湧き上がる本能に身を委ねる。ノワールのアンチヒーローを極端化している。プルマンは従来のイメージから大きく変貌を遂げ、監督の期待にこたえた。

　リンチとは「音叉みたいに共鳴し合っていた」とプルマンは言う。リンチには、その日その日のストーリーを語る才能があった。いまこの瞬間に何が必要なのかを正確に把握できた。それは、ときには、みずからの存在に対して抱く絶望であり、ときには、ナイトクラブ「ルナ・ラウンジ」（ここもまた「リンチアン」な不吉な場所）における何かに取り憑かれたかのようなサックス・ソロだった。実際にサッ

上：リンチは意図的にフィルム・ノワールの古典的な設定をもてあそんでいる。愚かなピート（ゲティ）は誘惑に乗り、ギャングであるアリスの夫を殺してしまう。

アークエットは、リンチ本人と同じく
感情をあまり大げさに表わさず、
非常に記憶に残る強烈な演技をしている。
——「SFゲイト」

クスを演奏したのはミュージシャンのボブ・シェパードだ。リンチは、野蛮な荒々しさを表現するよう指示した。

バルサザール・ゲティの演じるピートは、古典的なフィルム・ノワールに出てくるだまされやすい人物だ。街の砂漠のふちに住む頭の弱い整備士で、ブロンドの女性の策略にまんまと乗せられてしまう。映画『深夜の告白』（1944）ふうだ。ギャングを殺して罪を被せようとするファム・ファタールに誘惑される。ゲティは石油王ジョン・ポール・ゲティのひ孫で、『蠅の王』のリメイク版（1990）で主演したあと、キャリアが停滞していた。ただ、『ナチュラル・ボーン・キラーズ』や『陽のあたる教室』（1995）などで小さな役を演じ、ハンサムな若者の効果的な無表情さを得意としていた。

アークエットは、当時ニコラス・ケイジの妻で、かなりの有名人だった。今回の出演には不安ぎみで、ことに、必要とされたヌードシーンには及び腰だった（当然ながら、リンチは主役の女性に無理を押しつけたという非難の声がふたたび上がった）。しかしこれは、『トゥルー・ロマンス』（1993）のあと伸び悩んでいたキャリアを再浮上させるチャンスだった。結果的には彼女は2つの役を巧みに演じ、つなげてみせた。第1の人格であるブルネットのレネエは、不貞をちらつかせる女。もう一方のブロンドのアリスは、しだいに信用ならなくなるピートの恋人だ。ブロンドとブルネットの二重性は『ブルーベルベット』にもあり、サンディとドロシーが二律背反の誘惑になっていた（同じ二重性が『マルホランド・ドライブ』にも出てくる）。「SFゲイト」のエドワード・ガスマンはこう評価した。「アークエットは、リンチ本人と同じく感情をあまり大げさに表わさず、非常に記憶に残る強烈な演技をしている。『めまい』（1958）でキム・ノヴァクが似たような二重の役割を果たしたことを想起させる」

『女と男の名誉』（1985）『スカーフェイス』（1983）『ビッグ』（1988）などで実績のある脇役俳優、ロバート・ロッジアには、こんなエピソードがある。『ブルーベルベット』のフランク・ブース役のオーディションに参加したものの、リンチがほかのことに気を取られていたせいで何時間も待たされたあげく、帰ってくれと告げられた。彼は激怒し、リンチの部屋に押し入って、大声で罵倒し、とんでもなく騒ぎたてた。このようすがリンチの印象に残り、数年後、ピート側の物語に登場するギャング、ミスター・エディにぴったりだとして起用された。ミスター・エディもまた、古いハリウッド映画によく出てくる、典型的な悪党だ。煽り運転に激怒し、相手を拳銃で殴りつける。フランク・ブースから性的倒錯の傾向だけ抜いたような男といってもいい。「リンチアン」な物語構造のなかでは、ステレオタイプが重要な役割を果たす。アイデンティティは必然的に変化する。ミスター・エディの正体は、結局、ポルノ業者のディック・ローレントであり、どうやらレネエは彼に雇われてポルノビデオに出演したらしいと判明する。ある時点で観客は気づく——この男がディック・ローレントなら、冒頭のインターホンのメッセージどおり、やがて死ぬだろう、と。

ぷっくりとした唇、歌舞伎ふうに白塗りした顔、黒一色の服装——「ミステリー・マン」は、リンチ作品のファンならどこか馴染みを覚える奇怪な人物だ。「キラー・ボブ」の紳士版のようでもあり、『ブルーベルベット』でディーン・ストックウェルが演じた吸血鬼じみた輝きと共通する面もあって、そうした怖さの要素が入り交じっている。不可思議にも、同時に2カ所に存在できる。彼は何かの——フレッドの良心か、真実か、はたまた純粋な悪かの——具現化だ。悪魔のような愉悦を噛みしめつつ、謎めいた事柄を告げる。「あなたが私を招いたのです」と

上：ピート（ゲティ）は、狡猾で危
険な夫であるミスター・エディ（ロ
バート・ロッジア）の恐ろしさを思
い知る……

右：たとえば、ミスター・エディは
煽り屋（グレッグ・トラビス）に拳
銃を突きつけるくらい平気なのだ。

フレッドに笑いかける。「私は、歓迎されない場所には行かない主義でして」。やはり、悪魔なのかもしれない。演じたロバート・ブレイクは、嫌みたらしい、悪臭を放つ陰湿な魅力をみごとに表現した。

ブレイクには、今回の役を与えられるにふさわしい過去があった。かつては子役スターで、子供たちが主役の短編映画シリーズ『アワー・ギャング』（もちろん、リンチのお気に入りの50年代の作品）に出演していた。おとなになってからも、じゅうぶんに活躍し、70年代にはおもにテレビに出ていた。また、トルーマン・カポーティ原作の映画『冷血』（1967）で殺人者のひとりを演じ、人殺しの心理に分け入った。とはいえ、こんどの役を演じるにあたり、ブレイクは当惑した。「脚本を9回も読んだけれど、たったの1語も理解できなかった」。リンチは、サブテキストも心理的な土台も、「ミステリー・マン」がおそらく何なのかの定義さえ与えてくれず、その場面をどう演じるかをやんわりと指示するだけだった。演技がリンチの心にある要件を満たせば「素晴らしい！」となるのだった。

2001年に、人生、芸術、悪意が完全な輪を描いた。ブレイクは妻の殺害容疑で逮捕されたのだ。スタジオシティの裏通りに停めておいた車のなかで、妻が射殺された。夫婦でディナーに出かけた帰りであり、ブレイクは、うっかりレストランに銃を置き忘れ、取りに戻っているあいだに事件が起きたと主張した（この銃が凶器ではなかったとのちに判明）。アリバイに疑わしい点があったものの、証拠不十分で無罪になり、マスメディアはO・J・シンプソンの事件と比較した。

3作品を撮る契約を製作会社シビー2000と結んでいたため、リンチは1995年11月に1500万ドルの予算で『ロスト・ハイウェイ』の撮影を開始できた。みずからの自宅のほか、ラ・ブリーのタイヤ店、デス・ヴァレー、モハーヴェ砂漠、人口52人の孤立した町ショショーネまで、さまざまな場所でロケ撮影した。

『デューン／砂の惑星』以来、メディア関係者はリンチの撮影セットにめったに入れない。映画のためには秘密のヴェールを維持する必要がある、とリンチは考えている。メイキング映画の撮影スタッフも、リンチによって選ばれ、注意深く監視された。さらにあとの作品では、DVDのドキュメンタリーは印象主義的でインタビューのないモンタージュ、つまり「リンチアン」なメイキングに進化している。撮影現場でリンチにインタビューすることは、本来、いかなる場合も許されない。にもかかわらず、『ロスト・ハイウェイ』は5年ぶりの復帰作であるため、小説家で文化哲学者（自称「非ジャーナリスト」）のデイヴィッド・フォスター・ウォレスは特例を認められ、グリフィス公園での撮影に立ち合うことができた。グリフィス公園はマルホランド・ドライブ——1、2日を費やしてカーチェイスのシーンを撮影した道路——のすぐそばにある。取材の成果は、詳細なエッセイ分析「リンチ・キープス・ヒズ・ヘッド（リンチはつねに冷静）」としてまとめられ、1996年に映画雑誌『プレミア』に発表された。リンチの謎について論じる際、よく引用される文献だ。

その文中、フォスター・ウォレスは、現場におけるゲティの言動（煙草をせびる、携帯電話を借りる、本人に聞こえないところでリンチの下手な物真似をするなど）には否定的な意見を述べる一方で、甘い性格の独裁者であるリンチの監督ぶりを活写している。映画ではさかんにアイデンティティの変化を扱っているにもかかわらず、「デイヴィッド・リンチは映画製作のあいだじゅう驚くほど自己を保っている」。首元まできちんとボタンを留め、柔らかい表情のまま、セットを念入りに眺め、警戒心と冷静さを両立させている。明らかに、自分の仕事を愛しているの

上：匿名のビデオテープをマディソン夫妻の玄関先に置いているのは「ミステリー・マン」なのか？　もしかするとリンチは、映画監督はいつも悪巧みを仕組んでいると示唆しているのかもしれない。

右：ロバート・ブレイクは、悪魔のような白塗りの「ミステリー・マン」として登場する。『ツイン・ピークス』の「キラー・ボブ」と同じく、このキャラクターは、悪の概念を抽象的でなかば超自然的な存在として表現しており、と同時に、心の苦悶の具現化でもある。

だ。「上出来！」と彼は皮肉を込めずに繰り返す。「よしよし」。新作の撮影にあたって、あらたなお気に入りのアイテムを着用し始めた。目元の陽射しを遮るつばの長い釣り帽子だ。流行遅れと知りつつも、1ケースまとめ買いした。彼は急に小走りで木陰へ行き、小用を足すことが多い。コーヒーをよく飲むせいだ。かたわらには彼専用のスチール缶を置き、煙草の吸い殻入れとして使っている。

　フォスター・ウォレスが見学した撮影現場のようすは、いたってふつうだった。監督の要求を満たすべく、熱心なクルーがてきぱきと動く。カーチェイスの撮影だったから、フロントガラスにカメラを取り付けた車が埃っぽい道路を爆走した。大手映画会社の大作映画で当たり前の光景だ。慌ただしい制作環境のなかで、リンチがきわめて個人的なヴィジョンをどうやって刻み込むのかは、謎のままだった。参加者全員がどうやって素材に波長を合わせるのか？　正解に言うと『ロスト・ハイウェイ』はどんな作品なのか、と何人ものクルーに質問してみたところ、「リンチアン」な回答ばかりが返ってきた。全員が、いま自分はひとりの芸術家の手のなかにいるのだ、と強く信じていた。

「この映画はリンチ監督の世界の一部分です」とある人物はこたえた。「過去の作品の——何というか——主観性や精神状態によって切り開かれた宇宙のさらに奥深くへ、われわれは連れて行かれています」

「これはマニアックな観客向けの映画なんです」と別の人物は言った。「たとえば『ピアノ・レッスン』（1993）のような……」

リンチにとって、答えは細部にあるのかもしれない。『ロスト・ハイウェイ』の制作に伴ううれしい副産物は、ある昆虫専門家と知り合えたことだった。生きている虫にしろ死んだ虫にしろ、リンチは、クモを始めさまざまな不気味な昆虫を必要としていた。

たとえば、レネエの裏の一面を象徴するため、毒を持つクロゴケグモをクローズアップにした。リンチもその専門家も、昆虫の勤勉さに見入っていた子供時代の心を失っておらず、何かと連絡を取り合った。以後、その専門家は定期的にリンチにハエの群れを郵送するようになった。

撮影終了後の作業が1年以上にわたって続いた。自宅である「ピンク・ハウス」に隣接する家屋は、

左：バルタザール・ゲティと撮影現場にて。リンチによれば、『ロスト・ハイウェイ』のコンセプトを説明してしまうと、神秘的な力が減じるという。彼が明かしたのは、この映画が「解離性遁走」を扱っている点だけだった。

ロケ撮影に使われたあと、編集室や録音スタジオに改装され、そこでリンチは何にも邪魔されず自分の作品を仕上げていった。その地下にオフィスをつくり、便利な環境を整えた。パートナーのメアリー・スウィーニーが製作者と編集者を兼任し、リンチは闇のなか、人間の善と悪の能力をあらためて探究し続けた。

フォスター・ウォレスは、リンチを研究した結論として、彼の映画は要するに「みずからのアイデアを最大限にきめ細かく描き、最大限に不穏な結末へ至ることができるように、1つの物語空間を構築している」のだと述べている。

いよいよ公開となった1997年には逆風もさすがに収まっており、リンチは好都合な立ち位置にいた。ふたたびアウトサイダーとみなされていたのだ。彼の新作は、娯楽ではなく芸術として受け止められた（本人はそんな区別を気に掛けていないにせよ）。『ロスト・ハイウェイ』をめぐり、相次いで考察記事や学術論文が出回った（リンチの熱狂的なファンであり文化理論家のスラヴォイ・ジジェクは「ジ・アート・オブ・リディキュラス・サブライム［荒唐無稽な崇高の芸術］」と題した論文を発表）。控えめな興行収入（380万ドル）は「マニア向け」という婉曲な表現で片付けられた。

批評家たちは、たんに当惑するにとどまらず、腹を立てた。リンチはわれわれのことをどう考えているのか、と。「ワシントン・ポスト」紙は「格好つけた不連続性」と批判した。一貫してリンチ映画を認めない有名批評家のロジャー・イーバートは、「シカゴ・サンタイムズ」紙で、この映画は観客を軽く馬鹿にしているのではないか、と指摘した。「ちっとも意味を成していない……」。しかし25年後のいま、この作品はおおいに称賛され、記念のリストア版や愛好家向けのクライテリオン・ブルーレイ版などが販売されている。「彼のほかの映画ほど注目を浴びていないものの、『マルホランド・ドライブ』を裏返しにした作品であり、2つでみごとな対になっている」と「スラント・マガジン」のジェレマイア・キップは評価する。

リンチは『ロスト・ハイウェイ』を「解離性遁走」というひとことで説明した。実在する精神疾患の1つであり、大きなショックを受けた人物が、自分の

> フレッド・マディソンはこの世と異なる世界をつくり出し、
> そこに入り込む。自分が犯した罪があまりにも恐ろしく、
> 直視できないからだ。
> ──バリー・ギフォード

アイデンティティを捨てて別のものに変わってしまう状態をさす。「解離性」とは心的外傷が原因であることを示し、「遁走（フーガ）」とは音楽用語で、1つの主題が別の主題と交互に現われる形式を意味する。「ジャズは音楽のなかで最も狂気に近いと思う」と彼は付け加えている。一方のギフォードは、『シネファンタスティック』誌の取材にこたえ、物語の謎を部分的に明らかにした。まるで「ブラック・ダリア」の惨殺体のように、物語は真っ二つに割れている。「フレッド・マディソンはこの世と異なる世界をつくり出し、そこに入り込む。自分が犯した罪があまりにも恐ろしく、直視できないからだ。そうした遁走状態により別世界が生まれたものの、その空想の世界のなかでも同じ問題が発生する」。さらにギフォードは、「ミステリー・マン」はフレッドの想像上の産物である、とも認めている。

　簡単にまとめるなら、『ロスト・ハイウェイ』は、脳にはまったく別の現実を完璧につくり出す力があることを描いている。そういう別世界の構築こそ、リンチがふだん行なっている創作にほかならない。

　1996年12月、映画がまだ完成する前に、悲しい知らせが舞い込んだ。これもまた「リンチアン」らしさが刻まれた出来事だった。1997年1月29日の午前5時、ジャック・ナンス──重力に反して髪を逆立てていた、リンチの創作意欲を触発する穏やかな「ミューズ」であり、『ロスト・ハイウェイ』では奇妙な整備士のひとりとして登場した、かけがえのない俳優──が、サウス・パサデナにある「ウィンチェルズ・ドーナツ・ハウス」の店外で、ふたりの若い男たちと乱闘になった。ナンスはふたりの喧嘩を仲裁しようとしたらしい。「まあ、自業自得だな」と彼は翌日、友人で女優のキャサリン・ケースに言った。片目の周りに青あざができていた。あくる日、彼が自宅の浴室の床に倒れているのが発見された。死因は、鈍器による頭部への外傷。少し前に脳卒中を2回起こしていたせいで、乱闘時の怪我が重篤化したのだった。リンチ映画の常連ではあったが、それ以外は俳優としてぱっとしなかった。おそらく、あまりにも特徴的すぎたのだろう。心を痛めたリンチは、ナンスの思い出話をよくする。まるでフェードアウトのように、しばらく話題に出さなくなったかと思うと、またどこかでフェードインして回想にふける。地味ながら、ナンスはリンチに最も大きな影響を及ぼす存在になっていたのかもしれない。「いっしょに仕事をしたのは『ロスト・ハイウェイ』が最後だった。でも彼は、映画の完成を待たずに逝ってしまった」とリンチはつぶやく。犯人は見つからなかった。謎は永遠に続いている。

右ページ：運命の女──パトリシア・アークエットが、二面性のある女性アリスを視線で表現している。いまのところ、『ロスト・ハイウェイ』はリンチ作品で最もダークな映画かもしれない。

芝刈り機の男

涙腺を刺激する
『ストレイト・ストーリー』

前ページ見開き：未開の地を抜けて――リチャード・ファーンズワースが演じるアルヴィン・ストレイトは、芝刈り機でアメリカを横断し、死期の近い兄を見舞う。デイヴィッド・リンチによる荒唐無稽な西部劇ともいえる作品だ。

右ページ：構成という側面では『ストレイト・ストーリー』は過去の作品よりもはるかにまっすぐだが、リンチの監督作であることは見まがうべくもない。

下：おそらく、『ストレイト・ストーリー』の何より奇妙な点は、ウォルト・ディズニーがリンチの映画を配給したということだ。

「**ウ**ォルト・ディズニー提供……デイヴィッド・リンチ監督作品」。

　見間違いではない。カルトの帝王が世に送り出した新作映画のクレジットには、信じがたい文字が躍っていた。前作は、一編まるまるが、人の壊れた心のなかで展開する映画だったというのに。タイトルじたい、ストレイトな物語など撮ったためしがなかったリンチをからかう冗談に思える。しかし今回、彼は行儀良く、まっすぐなストーリーを語る。悪だくみはいっさいなし。元気はつらつの79歳の主演男優が、73歳の男を演じる。

　よく言われることだが、『ストレイト・ストーリー』のいちばん奇妙な点は、奇妙さがまったくないことだ。ロサンゼルスを舞台にしたフィルム・ノワール3部作の途中に挟まっていながら、ふつうに起承転結がある。しかも、時系列どおり。誰もが、与えられた役柄を忠実に演じている。同じく実話ベースの『エレファント・マン』と比較しても、リンチのキャリアで最もあからさまに情緒的な映画だ。批評家たちは、どう考えればいいのか途方に暮れた。このシュールレアリストはフランツ・カフカからフランク・キャプラに変身したのか？　映画評の文章量が、リンチ作品のなかで最も少なかった。「リンチは丸くなった」という見出しに輪をかけるかのように、この映画の配給権をミッキーマウスの本家が手に入れた。「例外のないルールは

ない」という証明なのか？　アメリカ映画協会から、この映
画がＧ（全年齢対象）に分類されたと伝えられ、リンチは驚
きを隠せなかった。「もう1回言ってくれるかな？」と電話
口で笑った。彼はこの作品を「自分として最も実験的な映画」
と本気で言う。なにしろ、ジョンディア芝刈り機（最高時速
8キロ）で350キロ以上も旅する老人の物語だ。その人生は
非常にリンチらしい。ウェブサイト「Ａ・Ｖ・クラブ」のスコッ
ト・トビアスはこう評した。「『ストレイト・ストーリー』は
従来の作品群とは大きくかけ離れているものの、1分間たり
とも、ほかの監督の作品と見間違うことはないだろう」

　比較すべきは『ワイルド・アット・ハート』だ。リンチの
2つのロードムービーであり、陰と陽に分極している。一方は、
情熱的だが無謀な若いカップルを主人公にして、アメリカ南
部の堕落と暴力を誇張して描きつつ、自由を求めて疾走する。
もう一方は、自然豊かな（ただし風変わりな）中西部をのん
びりと芝刈り機の速さで旅する。善良な人々に出会い、秋の
哀愁が漂う。『ストレイト・ストーリー』の愛情物語は、健
康を害して疎遠になった70代の兄弟のあいだのものだ。オ
ハイオ州ローレンスに住むアルヴィン・ストレイト（リチャー
ド・ファーンズワース）と、ウィスコンシン州マウント・ザ
イオンに住むライル・ストレイト（ハリー・ディーン・スタ
ントン）。ライルは最近、脳卒中で倒れた。

　構想から公開まで、リンチの劇場映画としては最も迅速か
つ明快に制作が進んだ。まるで、前向きなジャンルの内容が
推進力になったかのようだった。1998年夏、フランスのステ
ィディオ・カナル・プリュスに企画を持ちかけ、9月には予算
700万ドルで制作が始まった。特殊効果で苦労したのは、せ
いぜい、主人公の帽子をどうすれば望みとおりの方向へ飛ば
せるかだった。製作、脚本、編集を担当したメアリー・スウィー
ニーは、「いつもなら、デイヴィッドのプロジェクトにみん
な怖気づくけれど、この映画では違った」と語る。

　じつは、すべての始まりはスウィーニーだった。彼女はリ
ンチの物語の重要な共同クリエイター──リンチの言葉を借
りれば、素晴らしい「コンボ」──のひとりであり、『ブルー

上：リチャード・ファーンズワース（右）および地元の俳優ワイリー・ハーカーとともに、主人公が第二次世界大戦時の回想にふける重要なシーンを準備中のリンチ。俳優たちには自由に演じさせ、一発オーケーで撮影した。

芝刈り機の男　233

ベルベット』から『マルホランド・ドライブ』まで
の長編映画すべてで編集の助手または主任を務めた。
リンチの創造性の秘密の炎にこれほど近づいた者は
ほとんどいない。メアリー・スウィーニーは編集を
担当しただけでなく、大切なパートナーだった。リ
ンチとほぼ15年間、生活をともにし、ついに2006年
5月に結婚したが、おそらく財政上の都合で翌月に
は離婚した。スウィーニーは、「ニューヨーク・タイ
ムズ」紙でアルヴィン・ストレイトの旅について読
んでおり、ウィスコンシン州の出身だけに心に残っ
ていた。「あの話を読んだ人は何百万といるが、彼女
のこだわりは並外れていた」とリンチは語る。アルヴィ
ンは体調が悪く、視力が低下しており、有効な運転
免許証も持っていなかったが、運転席つきの芝刈り
機にトレーラーを引っ掛け、死に瀕した兄との確執
を解消するため、ハイウェイをたどって兄の家へ向
かうことを決意した。1カ月半におよぶ長旅そのも
のが、贖罪の行為だった。

　スウィーニーは、各社との競争に勝ってストレイ
ト家から映画化権を購入し、幼なじみのジョン・E・
ローチと共同で脚本を執筆した。ふたりはアルヴィ
ンが実際に通った道をたどり、途中で出会った地元
の人々に取材して、直接聞いた証言を脚本に埋め込
んだ。スウィーニーはリンチに少なくとも製作を受
け持ってもらいたかったが、彼女の情熱的なプロジェ
クトにリンチは冷ややかだった。ところが、彼女に
説得されて脚本を読み、態度を一変させた。

　アルヴィンの物語のどこがリンチの心に響いたの
か？　「何か1つというわけではなく、全体が決め
手になった」と彼は言う。物語から湧き上がってく
る感情を捉えたかった。新しい周波数でアイデアが
湧いてきた。アイデアや小説や脚本に魅力を感じた
とき、リンチはいつも次に「空気を感じる」という
段階を踏む。映画化した場合にその時点の世界と「調
和」するかどうかを見きわめる。微妙な問題であり、

妥当性というよりタイミングだ。紀元2000年の節
目を前にして、当時の世界はゆったりとした映画を
必要としていた。

　アルヴィンは、物事をじっくりと考え、自分のペー
スで進む。物語全体に人間と自然のハーモニーが感
じられる。そのあたりにそこはかとなく、未制作に
終わったリンチのコメディ『ドリーム・オブ・ザ・
ボヴァイン』の優しさ、おかしさの痕跡を見てとれ
るのではないか？　リンチは、何十年ものあいだ、
アメリカの小さな町に潜む陰惨さを暴いてきたが、
その一方、若いころ慣れ親しんだ風景や、アメリカ
が誇る独特の不屈の精神に敬意を抱いていた。ジャッ
ク・ナンスの死が、哲学的な気分をもたらしたのか
もしれない。死が中心的なテーマだ。兄弟愛の絆を
ふたたび結ぶ最後のチャンスを描いていながら、メ
ロドラマに陥ることなく、多くの場面は言葉によら
ない表現に抑えている。心に秘めた思いは、言葉に
しない。また、アルヴィンの長旅は、暗にリンチが
たどってきたキャリアを表わしているのではないか、
と解釈したくもなる。頑固で、非凡で、独自性に揺
るぎがない。リンチもまた、芝刈り機の男なのだ。
「私は自分なりのやりかたでやりたい」とアルヴィ
ンは言う。車に乗せて送ってあげますよ、との申し
出を断わり、一途な思いを貫く。

　モデルとなったアルヴィン当人は1996年に亡く
なったが、リンチは、ファーンズワース以外にふさ
わしい俳優はいないと感じていた。アルヴィンと
ファーンズワースはともに、歳を取らないという特
質を持っていた。外見は皺だらけでも、内面は変わ
らない。リンチは今回の主役について「歳は取って
いるけれど、ジェームズ・ディーンに似ている」と
語る。

　撮影時のファーンズワースについては裏話がある。
もともとはロデオの騎手だったが、ハリウッド黄金

歳は取っているけれど、
ジェームズ・ディーンに似ている。
――デイヴィッド・リンチ

時代のスタントマンに転身し、『十戒』（1956）で古代の戦車を操り、『スパルタカス』（1960）ではカーク・ダグラスのスタントを務め、その後、テレビや映画の西部劇で俳優としても活躍するようになった。ニューメキシコの牧場暮らしで日焼けした肌と、氷河の核のような青く明るい瞳を持っていた。今回の役をいったん引き受けたものの、骨が癌に冒されているため動けなくなる恐れがあるとして、突如、降板した。しかし、体調についてあまり口に出さない彼は、闘病のなかでふたたび気持ちを奮い立たせ、リンチのもとに戻り、自分の代表作となる役に臨んだ。撮影中、しばしば激痛に見舞われたものの、い

ちども不満を言わなかった。その不屈の精神が、主人公の内面の強さを倍増させた。役柄と俳優の融合。片田舎で暮らしてきた男が、みずからの倫理観に従って生きる。夕焼けをバックに照らし出された姿は、西部劇の神話的な領域にまで踏み込んでいる。ハイウェイの側道を芝刈り機でぎこちなく走り、世界を行き過ぎながら、ファーンズワースは「進むにつれて若返っていった」とリンチは言う。

ハリー・ディーン・スタントンの登場シーンは、感動的で完璧なラストだけだ。しかし、リンチの撮影現場に戻れてうれしく思った。リンチのもとでは、どのスタッフも声を荒らげず、プロットに従ったアドリブはむしろ奨励される。相変わらず彼は、皺だらけの顔と映画界でいちばん悲しげ目が生まれつきであるかのように見える。

リンチは前々からシシー・スペイセクと仕事をし

芝刈り機の男　235

上：……疎遠になっていたものの、いまだ失われていない、兄のライル（ハリー・ディーン・スタントンが巧演）への愛情にも表われている。

たいと望んでいた。『イレイザーヘッド』のころから友人だったが、オスカー女優の彼女に合う役がこれまでなかった。彼女はテキサス州クイットマン出身で、柔らかい魅力的な田舎の雰囲気を持っていたが、かつてホームカミング・クイーンだった一面もあり、感情的に複雑なキャラクターに惹かれていた。『地獄の逃避行』（1973）『キャリー』（1976）『ミッシング』（1982）『歌え！ロレッタ愛のために』（1980）での鮮烈な演技で名を馳せ、オスカーも獲得した。そうした素晴らしいキャリアの彼女に似つかわしい役を、リンチはついに見つけたのだ。

「デイヴィッドから電話がかかってきて、『いい役がある。ひたすらに美しいんだ』と言われたのよ」とスペイセクは振り返る。彼女がスクリーンに映し出される時間はわりあい短いものの、アルヴィンの娘であるローズは、複雑で重要な役どころだ。彼女は何らかの精神的な障害を抱えており、そのせいで

言葉がつっかえる（これもまた、言語の至らなさに関する「リンチアン」的な考察の一例）。モデルとなったローズ本人が実際に撮影現場を訪れ、スペイセクに単語の間合いの感じをつかめませた。ローズには悲しい経験がある。小さな子供たちを当局によって引き離されてしまったのだ。彼女はアルヴィンにとって、いわば救いの神であり、彼の耳に賢明なアドバイスを吹き込む。まるで、恋しい我が子たちに教えさとす代わりであるかのように。リンチの表現を借りるなら「標準から外れた」人物であり、そのような役を演じるには繊細なバランスが必要だった。けれどもスペイセクは「踊りながら綱渡りをやってのけ、しかも、それをさも簡単そうに見せてしまう」ほどのバランス感覚を持っていた。さらに、布用のギザギザはさみで髪を切るのも平気だった。

リンチは、『エレファント・マン』の感情の流れと一致させたかったうえ、切ないながらも古典的な

壮大さを表現したいと思い、撮影監督としてふたたびフレディ・フランシスを起用した。フランシスは81歳だけに、物語にもファーンズワースにも共感するだろうと考えた。この作品は「カントリー・フォー・オールド・メン（老人たちの国）」だったのだ。

制作全体に、家族の再会のような雰囲気が漂っていた。リンチの親友でありスペイセクの夫であるジャック・フィスクが美術担当として参加した。彼はテレンス・マリックとの仕事を通じて、アメリカの広大な空のもとに点在する町を描く術を知っていた。アンジェロ・バダラメンティによる心温まる音楽は、『パリ、テキサス』（1984）――「リンチアン」の印象をたたえたロードムービーであり、ハリー・ディーン・スタントンの代表的な主演作――のサウンドトラックでライ・クーダーが奏でる不朽の名曲に似たギターの音色を響かせている。

『ストレイト・ストーリー』は、79歳の俳優が操縦するジョンディア芝刈り機ののんびりペースで進む物語だ。撮影用に3台の芝刈り機を改造し、リンチは笑顔を浮かべながら、よく現場付近を乗りまわしていた。撮影中、リンチはいろいろなものに直接、手を加えたがった。そこで美術担当のフィスクが監督向けのペンキ一式を用意し、リンチは満足げにそれを使ってセットに最後の仕上げを施した。手作業を通じて映画をさらに豊かにし、筆の力でアルヴィンの真の物語に近づけていった。

物思いを誘うゆっくりとした瞑想的なテンポが、まったく新しい世界を広げた。「彼は時速6キロで進んでいた。それだけ遅いと、路面の質感まで見える。驚くべきことだ」とリンチは話す。カメラがアスファルトから数十センチと離れていないときも多かった。映画のオープニングは俯瞰ショットで、アイオワの畑のたくさんの畝が空高くから撮られている

ものの、遠近感がわからない。まさに「リンチアン」な映像だ。リンチはこの映画に「浮遊感」を持たせたかったのだ。物語に合わせるため、ヘリコプターの操縦士に、もっと速度を落としてほしいとたびたび指示した。自然光を活かしたおかげで、聖書的なオーラが加わった。ファーンズワースの顔が風景のように浮かび上がり、傷だらけの勇気を啓示していた。

当然ながら、ファーンズワースはアカデミー最優秀男優賞にノミネートされた。当時、この部門では最年長記録だった。しかし6カ月後、癌の痛みが堪えがたいものになり、みずから銃で命を絶って、彼の物語は幕を閉じた。作品完成後のこの痛ましい出来事が、彼と物語をさらに深く結びつけた。

リンチの手法は非常に純粋であるうえ、秋が目前に迫っている（アイオワでは非常に寒くなる）点も考慮して、彼は時系列どおりに撮影を進めた。これにより、アルヴィンの足跡に沿って、同じリズムで出会いや試練に立ち向かうことができた。アイオワ州の平らな耕地からウィスコンシン州の森林に覆われた丘陵地帯へ移り変わる風景のなかにも、秋の訪れが感じられる。それは老いを匂わせる表現でもある。リンチは地元の俳優にこだわり、この地域の礼儀正しい言葉遣いを忠実に守った。脇役たちは「リンチアン」の優しさを帯びている。すなわち、地域社会に貢献する品行方正な人物ではあるが、清廉すぎて、ときにコミカルに感じられる。それぞれ奇妙な魅力を持っているが、『ツイン・ピークス』とは違い、風刺的な意味合いは込められていない。批評家のミシェル・シオンによれば、これは「バーレスクと悲劇のあいだを揺れ動く映画」だ。

この映画は、1999年のカンヌ映画祭で温かく迎えられたのを皮切りに、批評家筋から好評を博したが、「ある意味、リンチはひと休みしている」との意見が大勢を占めた。「リンチの描くアメリカ中西

> リンチの描くアメリカ中西部は、
> シンプルだが単純ではなく、
> 飾り気はないが
> ただの素朴ではない。
> ──『ヴァラエティ』誌

部は、シンプルだが単純ではなく、飾り気はないがただの素朴ではない」と『ヴァラエティ』誌は評した。『エンパイア』誌も「ジョン・フォードの最も哀愁を帯びた作品にも劣らない、不思議な甘美さが作用している」と称賛した。しかし『ニューヨーク』誌は、このジャンルには属さない監督だと指摘している。「リンチは観光客にすぎない──表敬訪問に来ただけだ」。興行収入は、非常に残念な失敗に終わっ

た（全世界で640万ドル）。リンチ本人がいくらストレイトに進もうとしても、世間の評価はもはや確立されてしまっていた。

　試写会の席で、ある女性がこう言った。「変ねえ。デイヴィッド・リンチって名前の映画監督がふたりもいるなんて」。基本情報を見落としていたにしろ、彼女にも一理ある。リンチの体内には少なくともふたりの監督が存在している。『エレファント・マン』や『ツイン・ピークス』の多くの場面で、彼は感情豊かな一面を見せた。編集中、俳優の演技にあらためて感動し、思わず涙することもあった。しかし、『ストレイト・ストーリー』の感情の揺れを正確に捉えるには、「抽象的なものと向き合う」必要があった。スクリーンに直接は表われない、さまざまな要素のバランスを取らなければいけなかった。あまりのめり込むと感傷的になりすぎ、抑えすぎるとドキュメンタリー・ドラマになってしまう。従来の彼がアメリカを見つめるうえで使っていた、皮肉なプリズ

左：79歳の主演俳優リチャード・ファーンズワースとなごむリンチ。リンチは知らなかったが、ファーンズワースは癌で余命を宣告されていた。彼のおおらかさと忍耐なしには、この映画は完成しなかっただろう。

左ページ：この映画で使うために3台のジョンディア芝刈り機を改造した。テイクの合間に、リンチはこの象徴的な乗り物で撮影現場を走りまわって楽しんだ。

ム、夢で歪んだレンズは、この映画では無用だった。ありのままの日常生活のなかで奇妙さを捉えることが課題だった。

『エレファント・マン』と同様、この映画は、フィクションの助けを借りながらも、基本的には実話だ。どの部分が脚色なのか、リンチは明らかにしていない。しかし注目すべきは、もとの台本にあった典型的なコメディ調のシーン——たとえば、アルヴィンが警察に止められる場面——が削除されている点だ。素材の本質に忠実であることが重要だ、とリンチは語る。「本質には、行動を指示する微粒子と、それを実行に移す原動力が含まれている」

旅が進むにつれて、1つ、また1つとアルヴィンの経歴が明らかになっていく。人生における大きな喪失、妻の死、ローズ以外の子供たちの不在、そしてさらに暗い告白。にもかかわらず、兄との10年に及ぶ確執の原因は、曖昧なままだ。聖書のカインとアベルになぞらえて、おざなりに把握するしかな

い。アルヴィンの旅と、ファーンズワースの演技、リンチ作品には珍しい一貫性のみごとな融合が、2つの重要なシーンによく表われている。どちらも会話であり、微妙ながらも奥深く、「リンチアン」ふうにコントラストを成す。一方は、発せられた言葉にすべてがあり、他方は、言葉を超えたところに意味がある。

1つめは、「リンチアン」ふうの小さな町のシーン。アルヴィンは第2次世界大戦の退役軍人ヴァーリン（ワイリー・ハーカー）に誘われてバーへ行き、牛乳を注文する。悪霊を遠ざけるために以前は酒を飲んでいた、と明かす。ふたりの会話が進むうち、アルヴィンが戦地で衝撃的な経験をしたことが判明する。うだるような暑さのある夜、彼は部下1名を誤って殺してしまったのだ。この瞬間まで誰にも言わずにいた出来事だった。「部隊の者たちは全員、ドイツの狙撃兵のしわざと思い込んでいた。この長い歳月、全員が……。私ひとりを除いて」。リンチはこのシーンを撮影する際、セット内を非常に静かに保っ

左：リチャード・ファーンズワースは、アカデミー主演男優賞にノミネートされた。1999年の時点では、歴代の最年長記録だった。

右ページ：撮影現場でドラマチックなポーズを取るリンチ。『ストレイト・ストーリー』は、もっと年輩の監督が手がけてもおかしくなかった映画だ。

> 祖父はカウボーイ・ブーツを履いて小麦農場を営む、私にとって最高に格好いい男だった。
> ──デイヴィッド・リンチ

た。バーの隅に腰かけたふたりの俳優に2台のカメラを向け、どちらもクローズアップで撮影した。リハーサルはせず、俳優たちにすべてを委ねた。物語のなかの物語。フラッシュバックは無く、ふたりの顔の大写しだけ。テイク一発で撮り終えた。

もう1つの心揺さぶられるシーンは、映画のラストで兄弟が再会する場面だ。出発から5週間後、アルヴィンは、兄ライルの家にたどり着く。ウィスコンシンの山々に囲まれた、荒れ果てた小屋。まるでおとぎ話か、典型的な古い西部劇か、あるいは『ツイン・ピークス』に出てくるような場所だ。ごく簡単な挨拶のあと、ふたりはポーチに並んで座る。どちらもひと言も発しない。じつは、アルヴィンとファー

ンズワース本人、そしてアイオワ州の農地に接しながら、リンチの心には、深くて個人的な、より意識的な共鳴があふれてきたのだった。アルヴィンと、父方の祖父がだぶって見えた。モンタナ州で小麦農家を営み、引退後にボイシへ移り住んだ祖父は、いつもカウボーイだった。息を引き取る前、最後に会ったのが、少年時代のリンチだった。会う約束の時間に遅れ、リンチは、地元のプールで顔なじみの子供から自転車を借りて、祖父の家まで行った。祖父は、前庭で車椅子に座っていた。少し話したあと、まるでアルヴィンとライルのように、ふたりのあいだに安らかな沈黙のひとときが流れた。帰宅する途中、リンチは救急車のサイレンを聞いた。

「祖父はカウボーイ・ブーツを履いて小麦農場を営む、私にとって最高に格好いい男だった」とリンチは回想する。お気に入りの車はビュイックで、薄い革の手袋をはめ、ゆっくりと走った。祖父と並んで座っていたとき、リンチは言葉にできない感情を覚えた。「そういう気持ちは、心の底の貯蔵庫にしまわれる。とても重みのある絆だけれど、あえて口に出して話しはしない」

気がつけば
謎のなか

『マルホランド・ドライブ』の果てしない誘惑

れわれ観客たちの頭と心が落ち着いたころ、デイヴィッド・リンチの9作目の長編映画は『ブルーベルベット』と双璧を成すものだという事実が明らかになった。同じくらい、理屈では説明できない衝撃を含む。ジャンルもトーンも似た流れであり、静寂に近い映像が横溢している。人間の欲望がもたらす無限の可能性が、つかめそうでつかめないところに浮かぶ。「私に言わせれば、間違いなく、あらたな傑作だ」と批評家デイヴィッド・トムソンはリンチ映画への愛を再燃させた。さらに、夢見ることと車を運転することの二重のプロセスや、「ハリウッドの文化的な破壊」をめぐる映画だと付け加えた。リンチは業界の暗黒部に踏み込み、かりそめにそこに身を置いたあと、ほぼ30年間にわたって故郷と呼んでいた街へ戻ったのだ。テールランプの光跡が曲がりくねりつつ闇に消えていく世界へ。

『ストレイト・ストーリー』でまっすぐな誠実さを描いたあと、リンチは、ロサンゼルスで最も曲がりくねり、陰に満ち、夢の残骸にまみれた道路に、あらたなストーリーを託した。と同時に、この道路の名称が、想像力を刺激するタイトルになった――『マルホランド・ドライブ』。

　プロットの詳細はもちろんのこと、この物語の描写は、過密な都市のように入り組みつつ広がっている。ねじ曲がった恋愛、ショービジネスの風刺、記憶喪失のスリラー、フィルム・ノワール、からくり箱、遺書……。夢が象徴ではなく「場」として扱われており、

前ページ見開き：『ロスト・ハイウェイ』から始まり『インランド・エンパイア』に至る、リンチのロサンゼルス3部作のうち、『マルホランド・ドライブ』は中核を成す作品だ。

右ページ：ナオミ・ワッツは、女優の卵ベティ・エルムスと、挫折した女優ダイアン・セルウィンの一人二役を演じる。またしても、リンチ映画ではアイデンティティが曖昧なのだ。

下：丘の上を曲がりくねる、ロサンゼルスの有名なこの道路は、映画の舞台であり、タイトルであると同時に、謎のメタファーとして機能している。

MULHOLLAND DR.

上：リンチは『マルホランド・ドライブ』をテレビドラマとして構想し、一部を撮影までしていた。
しかし計画は頓挫し、結局、この作品は劇場映画として生まれ変わった。

そこにおいて、名声を追い求める深い思いが超現実的に展開していく。それでいながら、この映画は、ロサンゼルスを描いたかつてなく新鮮かつ現実的な作品だ。

　この映画の制作にまつわる物語は苦悩に満ちており、リンチのキャリアでも最大の方向転換だった。運命によって暗く不確かな道へ導かれたリンチだったが、苦しみのなかで魔法を見つけた。あらゆる苦悩や疑念は必要悪だったと、のちに理解することになる。最初のきっかけは、マルホランド・ドライブから見下ろす夜景と、そこから立ちのぼる雰囲気だった。夜になると、光の絨毯が街の遠くまで広がり、熱で揺らめいて、まるで幻のようだった。「神秘と危険に満ちた道路だ」と彼は語る。「車で世界の頂上にのぼり、セントラルヴァレーとロサンゼルスを見下ろせる。眼前に信じられない眺めが広がっていて、神秘的であると同時に夢のように思える」。マルホランド・ドライブは、カフエンガ・パスから太平洋岸までサンタモニカ山脈の砂岩の尾根に沿って蛇行する道、という以上の意味を持つ。標高の高い位置にあるこのアスファルトのリボンは、神秘的で悲劇的で不変の街の精神の一部であり、自殺や殺人に付きまとわれている。道路の名称は、ウィリアム・マルホランドという土木技師の名にちなむ。彼が建設した水路が生命の血管となり、乾いた土地の上に築かれた街を支えたのだ（もっとも、1924年にできた水道管は、街を潤わせる代わりに農民たちの水源を奪い、その出来事が「リンチアン」ふうに社会悪を暴く映画『チャイナタウン』[1974]のプロットの土台になっている）。野生のコヨーテが棲むような荒野に挟まれた土地に、ハリウッドの富によって築かれた大邸宅が建ち並んだ。壁で囲まれた宮殿に、ジャック・ニコルソン（『チャイナタウン』で癖の強い探偵を演じた）、マーロン・ブランド、ハリー・

ディーン・スタントンらの有名人が、好奇心旺盛な大衆の目を逃れて暮らしていた。ニコルソンは「マルホランド・マン」というニックネームを付けられている。『マルホランド・ドライブ』のなかに、あるていどリンチ自身の投影らしいストレス過多の映画監督アダム・ケシャー（ジャスティン・セロウ）がゴルフクラブでリムジンを破壊するシーンがあるが、これは、かつてニコルソンが、赤信号で停車中、後続のベンツに激怒してゴルフクラブでフロントガラスを叩き壊した、という私生活のエピソードにもとづく。

　リンチは言う。「道は未知のほうへ向かって進んでいく。そこに私は惹かれる。映画も同じだ。照明が消え、カーテンが開き、物語が始まるものの、これからどこへ行くのかはわからない」。道路はリンチ映画で重要な役割を果たしている。マルホランド・ドライブはすでに『ロスト・ハイウェイ』でも出てきた。結果的には『ロスト・ハイウェイ』を皮切りにロサンゼルス3部作が生まれ、リンチはハリウッドの主流から遠ざかっていく。

　この道路は、1998年にリンチがABCテレビに提案した2ページの企画書にあらためて登場した。冒頭シーンでは、タイトルでもある名称が書かれた道路標識がヘッドライトで照らし出される。続いて、黒いリムジンの車内。エレガントだが悩みを抱えているらしいブルネットの女性（ローラ・ハリングが演じ、のちにリタという役名になる）が後部座席に乗っている。やがて車が停まり、前部にいるふたりの男の片方が振り返って、女性に拳銃を向ける。ところが意外にも、道路の後方のカーブから、10代が運転する改造車が猛スピードで走ってきて、リムジンに追突し、男たちを事故死させてしまう。血だらけで意識もうろうのリタは、丘をくだり、偶然見つけたアパートメントに忍び込む。事故前の自分が誰だったのか、記憶を失っている。

その続きをテレビドラマ・シリーズで描くつもり
だった。『ツイン・ピークス』が暗礁に乗り上げた
あとだけに、ABCの幹部たちは懐疑的だった。し
かしリンチは、この物語の方向性についてはアイデ
アがかなり固まっている、と請け合った。いろいろ
な懸念はあったものの、テレビがふたたびリンチの
前に可能性を広げていた。「私は、連続もののストー
リーが非常に好きなんだ」と彼は言う。事実、最初
は『マルホランド・ドライブ』を『ツイン・ピーク
ス』のスピンオフにするつもりだった。シェリリン・
フェン演じるオードリー・ホーンが女優としての成
功を夢見てハリウッドへ行くという設定だ。しかし、
架空の町ツイン・ピークスから遠ざかるにつれて、
そのアイデアは薄れていった。ところが1998年、
テレビに再挑戦しないかと代理人のトニー・クラン
ツに勧められ、リンチの意識は、アメリカツタウル
シやコヨーテブッシュが茂るなかにのびているマル
ホランド・ドライブと、夢を叶えようとハリウッド
にやってくる無邪気な女性というアイデアに立ち
返った。

『ロスト・ハイウェイ』よりも街に重点を置いた物
語だった。ロサンゼルスはアメリカ開拓時代の終着
地だ。アメリカには、人々を西へ西へと引き寄せる
力が永遠にある。『ワイルド・アット・ハート』の
セイラーとルーラも、トラブルに巻き込まれるまで、
西をめざし続けた。リンチ本人も、30年近く前、
西への道をたどり、アメリカ西部で刺激的な光と「創
造的な自由の感覚」に目覚めた。

ABCは、物語の設定やノワール的な展開に惹かれ、
予算700万ドルでパイロット版をつくることを承認
した（平均的なパイロット版の予算は200万ドル）。
それに、何しろやはりデイヴィッド・リンチだった
し、『ツイン・ピークス』は急速に尻つぼみになっ
たとはいえ、きわめて小説的なテレビドラマが大衆
受けする時代を切り開いた作品だけに、『ツイン・ピー

クスII』ならおおいにアピールできそうだった。

1999年初頭、何年ぶりかでひとりで脚本を執筆
していたリンチは、92ページの脚本を完成させた。
主人公は新人女優のベティ・エルムス（ナオミ・ワッ
ツ）。非常に明るく楽観的で、この時期のリンチの
気分を反映しているかのようだ。ベティはつい最近、
カナダのディープリヴァーから、女優としての成功
を夢見てハリウッドへやってきた。しかし、同じよ
うな無数の女優志願者と同じく、エメラルドシティ
の壁で希望が打ち砕かれる可能性も高い。ひとまず、
叔母の住まいである古風で香り高いアールデコ調の
アパートメントに到着したが、そこのシャワー室に
なぜか、記憶喪失の裸の女性がいた。

ふたりは恋愛関係に発展し、物語はこの女性たち
を軸に展開していく。ベティは、少女探偵ナンシー
よろしく、リタの身元を突き止めようと謎解きに挑
む。つまり、「リンチアン」につきものの探偵役だが、
『ブルーベルベット』のジェフリー・ボーモントに
似た立場ながらも、彼女は金髪のボブヘアだ。また、
「犯人は誰か」ではなく「私は何者か」がストーリー
の中心であり、そこへ一見すると無関係そうなサブ
プロットがいくつも絡んでくる。なかでも印象的な
サブプロットとして、きびきびとした監督アダム・
ケシャー（ジャスティン・セロウ）が、映画の出資
者であるマフィアから、特定の女優をキャスティン
グするよう圧力をかけられる。「この娘に決まりだ
……」というせりふがマントラのように繰り返される。

右ページ上：映画のなかの映画――女優リタ（またの名をカミーラ・ロー
ズ）役のローラ・ハリングと、不満を募らせる映画監督アダム・ケ
シャー役のジャスティン・セロウに直接指示を与えるリンチ。

右ページ下：アダムの母親ココ役のアン・ミラーとリンチ。ミラーは興味
深い経歴を持っており、ダンサーから転身してハリウッドでキャリアを積み、
『踊る大紐育』（1949）や『キス・ミー・ケイト』（1953）に出演した。
ハリウッド夢工場の暗い側面を知っている。

左：ブロンドの抑うつ――
暗い人格ダイアンとなったワ
ッツ。通説によれば、以前
の脳天気な人格ベティは、
破滅して罪悪感に苦しみ、
自殺寸前のダイアンがつくり
上げた幻想らしい。

リンチは、プロフィールの顔写真で俳優をキャスティングすることを好む。「彼の場合、俳優の写真を見て湧き上がってきた感情と、キャラクターに対する自分の感情が一致することが第一条件になる」と編集担当であり元妻のメアリー・スウィーニーは説明する。次に、面談でお互いを知るための会話を交わしながら、頭のなかで映像を流し、必要な要素すべてにその俳優がそぐわしいかどうかを考える。ワッツ本人がベティに近い境遇であることを、リンチはまったく知らなかった。イングランドのショアハムで生まれ、14歳でオーストラリアへ移住した彼女は、ニコール・キッドマンと同世代だ。全寮制学校を舞台にした青春テレビドラマ『フラーティング』で注目され、大きな期待を抱いてハリウッドにやってきたものの、コミックの映画化『タンク・ガール』（1995）が興行的に失敗したあと、さえないB級映画の世界をさまよっていた。13年間にわたる絶え間ないオーディション、視線すら合わせてくれない監督たち。30歳を迎え、彼女は行き詰まっていた。オーディション落第の理由として「あなたは強烈すぎる、と感想を言われた」と彼女は語る。ついにはアパートメントと医療保険を失って、ゲームオーバーだと思い、オーストラリアへ戻る覚悟を決めていた。そんなとき、リンチから会いたいとの連絡が入った。

彼女はすぐさまニューヨークから飛行機に乗り、化粧なしのジーンズ姿でリンチのオフィスへ駆けつけた。リンチは彼女をじっと見つめ、魅惑的なプロフィール写真とまるで違うことにとまどった。別人のように見えた（それがまたアイデアをかき立てた可能性もある）。翌日、美しく身なりを整え、髪をふわりとさせ、フルメイクでふたたび現われたとき、すべてのピースがはまった。

パイロット版の撮影中、彼女は不安になった。リンチから、おおげさな演技を指示されたからだ。ベティが空港に到着するシーンでは、高校生のように目を輝かせる。こんな演技で大丈夫だろうか？　あまりにも嘘っぽくないか？　「あの女の子って、1952年のシリアル食品のパッケージに描かれているイラストみたい」と彼女はインタビューで語っている。自分にはわからない何かを監督が知っていると信じるしかなかった。「いまのは、アイスクリームより素敵なくらいだ」とリンチは撮影現場でワッツの演技を褒めた。彼女はうすうす理解し始めた。このベティという子は、仮面をかぶった偽物で、芝居じみた、あるいは夢みたいな印象を与える存在でなければいけないらしい、と。

完成した映画でワッツが見せる演技は素晴らしいものだ。2種類の人物を演じ分けている。ひとりでありながら違う人物という、「リンチアン」が得意とするトリックを十二分にこなしてみせた。「驚くべき主演デビュー」と『ヴァラエティ』誌は絶賛した。「これでワッツは、ハリウッドをはじめ各国の映画界にその名を轟かせるだろう」。皮肉なことに、ハリウッドで挫折する新人女優の物語が、現実にはワッツのキャリアを築いたわけだ。

この先、何か悪いことが起こるんだろう？
──ピーター・デミング

上『シルヴィア・ノース・ストーリー』の撮影セットにいるダイアン（ナオミ・ワッツ）。この作品は、夢のなかの現実のなかの映画（らしい）。

「リンチアン」のマジックをよく知る主要なクルー——美術担当のジャック・フィスク、多才な撮影監督ピーター・デミング、編集担当のスウィーニー——は、ベティの誇張された甘さが、何らかのどんでん返しの伏線なのではないかと察した。「この先、何か悪いことが起こるんだろう？」とデミングはリンチに尋ねたが、謎めいた微笑が返ってきただけだった。パイロット版は放映すらされず、結局、映画として構成し直すことになるのだが、テレビドラマを予定していた時点ですでに、リンチは「クラブ・シレンシオ」（2つの現実の境界にある「赤い部屋」のような場所）を登場させるつもりだったという。

彼の常套手段どおり、複数の世界が明らかにされ、現実世界のネジを巻く神秘的な力が姿を現わす展開になっていく。

プロジェクトに参加した誰もが、はなからパイロット版とは考えていなかった。「私たちはデイヴィッド・リンチの映画をつくっていた」とデミングは言う。フィスクはABCの財布のひもの固さに辟易しつつも、限られたなかで小さな奇跡を起こし、リンチの想像力を燃え立たせるロケ地をいくつか見つけた。クルーは、リンチがロサンゼルスの「異なるムード」と呼ぶものを追い求め、『ロスト・ハイウェイ』と

は大きく違う表情を捉えた。ハリウッドヒルズ、スタジオシティ、ダウンタウン、エルセグンド、ハンコック公園、国際空港……。

こうしてできた『マルホランド・ドライブ』のパイロット版は、『ツイン・ピークス』に似た雰囲気を持っていた（撮影ずみのシーンは映画版にも組み入れられた）。高揚感、メロドラマ、意図的な真面目さ、多くの滑稽さ、不穏なムード——それはテレビにもとづく現実だった。現代の設定だが、「リンチアン」らしく50年代の感性に傾いている。

リタ役のハリングも、ほとんど無名の女優だった。リンチは本能的に、馴染みのない名前に惹かれやすい。出演料が安くつくのはもちろんだが、スターの地位を維持するための駆け引きと無縁で、リンチが導きたい方向へ快く進んでくれる。いずれにせよ、長期かつ終了未定のテレビドラマのスケジュールについてきてくれる出演者が必要だった。

ワッツと同様、ハミングはすでに自分の役柄そのものだった。メキシコのシナロア州で、メキシコ人の母親とオーストリア・ドイツ系の父親のもとに生まれた。かつてミスUSAであり、オットー・フォン・ビスマルクのひ孫と離婚したが、伯爵夫人の称号を保っていた。ハリウッドに移り住んだあと、経済的には困っていなかったものの、妖艶な色気と黒い髪を活かして、ハリウッドのソープオペラに出演していた。イザベラ・ロッセリーニを彷彿とさせるファム・ファタールふうで、リンチは彼女の写真を見た時点で夢中になった。ほかの候補には目もくれなかった。映画内の世界に合わせるかのように、ハリングは、リンチに会うのを楽しみにするあまり、オーディションへ向かう途中で追突事故に遭ってしまい、延期の電話をしなければならなかった。ワッツとは違って、彼女はリンチの比喩的な指示——たとえば、「子猫みたいに歩いて！」——をすぐに理解した。

マルホランド・ドライブでの衝突事故の撮影では、巨大な重りの付いたカタパルトにリムジンがセットされた。映画制作の実用的な装置に、リンチはいつも嬉々とする。彼はハリングに、『ワイルド・アット・ハート』で車の残骸のまわりを歩くフェンに与えたのと同じ指示を与えた——自分を壊れた磁器の人形だと想像してほしい。

一方、セロウが演じるヒップスター映画監督は、奇妙なビーバップ映画にマフィアが推す女優を起用するのを拒んだあと、人生が悪夢のような転落を始める。ハリウッドヒルズのしゃれた自宅に居られなくなり、銀行口座を凍結され、芸術家として妥協せざるを得なくなる。物語の行き着く先を知らずに演技したセロウは、なかば目隠しをして仕事する気分だった、と漏らしている。

49日間にわたる撮影が進むにつれて、ABCが邪魔を始めた。些細なことに文句を言い、間接的に干渉した。あたかも、リンチに撮らせると「リンチアン」な作品が出来上がるという事実に突如、愕然としたかのようだった。日々、撮り終えた映像素材に難色を示した。女優たちが歳を取りすぎてはいないか？　監督役が煙草を吸いすぎなのはいかがなものか？　犬の糞のクローズアップは本当に必要なのか？　幹部たちを無視するのはお手のもので、リンチは自分の仕事に集中した。しかし、2時間を超えるラフカット（パイロット版はプライムタイムの放送枠に合わせて90分と決められている）を幹部たちに見せたところ、効果音や音楽がまだ不完全な状態であるにもかかわらず、30項目の変更リストを突きつけられた。まるで身代金の要求のようだった。

リンチはそんな要求メモを読んだことはないと言うが、スウィーニーによる編集作業のすえ、パイロット版は88分に短縮された。仕上がりを見たリンチは、『デューン／砂の惑星』に近い「ゴミ圧縮機にかけたみたいな代物」と切り捨てた。

彼は、『ストレイト・ストーリー』を初披露するため、カンヌへ向かう準備をしていた。まさにバスルームで荷物を詰めている最中、悪い知らせが届いた。ABCが『マルホランド・ドライブ』のオプション権を買い取らないと言いだしたのだ。パイロット版はお蔵入りになった。リビエラでの記者会見時、ハリウッドで秘密裡に進められているプロジェクトはどんな具合かと尋ねられたリンチは、沈痛な面持ちで「死んだ」とこたえた。後日、ABCが2000年初頭に短縮版をテレビ映画として放送する計画を発表したものの、彼はクレジットから自分の名前を外してくれと言った。一連の経緯にすっかり嫌気が差していたのだ。

救いはフランスから訪れた。『ストレイト・ストーリー』(『マルホランド・ドライブ』のパイロット版より前に撮影)に出資したステュディオ・カナル・プリュスのピエール・エデルマンが、ロサンゼルスにいたリンチをたまたま訪ねてきた。そこでリンチがパイロット版を見せると、エデルマンはすぐさま、優れた要素があると見抜いた。1年にわたって粘り強く交渉したすえ、ステュディオ・カナル・プリュスはABCから『マルホランド・ドライブ』の権利を買い取り、テレビパイロット版を単独の映画に変えるための追加撮影に700万ドル出資した。実質的には、テレビドラマと映画が融合したことになる。

ところがここで、リンチはパニックに陥った。契

左ページ＋上＋下：ブルネットの物語──ローラ・ハリングは、記憶喪失のリタと、冷酷なカミーラを演じる。被害者であり加害者でもあり、2つのキャラクターをひとりで合わせ持つ難しい役柄だ。

約を結んだはいいが、素材をどう展開すべきか、「アイデアが皆無」だった。しかも、多くの小道具や衣装が、ハリウッド用語で言えば「スタジオ制作のサイクルに戻されていた」。保管状態が悪く、傷みが目立った。何もかも絶望的に思えた。リンチは心を落ち着かせるために1時間瞑想し、自身を宇宙に解き放った。すると、幾多のアイデアが「真珠のネックレス」のように舞い降りてきた。

「リンチアン」流の構築テクニックを駆使して、物語を完結させずに次へつなげるテレビドラマの形式から、結末を持つ映画に変える必要があった。『ロスト・ハイウェイ』と同様、物語の時間的な不連続性がカギを握った。全体のプロットは放棄されるか、あるいは、理解不能な不条理の断片に集約された（ロバート・フォースター演じる刑事が、ひとことだけ

発して、以後、二度と現われないなど）。結果としてこの映画は、無邪気さの喪失、壊れたアイデンティティ、殺人、夢と現実の螺旋状の絡み合い、というかたちで結晶化した。「いやあ、まったくの新境地だ」とリンチは感慨深げだった。彼によれば、新しいアイデアが最高だったという。劇場公開20周年を迎えたとき、「ガーディアン」紙のスコット・トバイアスは、この映画は依然として堪らなく挑発的であり、「最初の3分の2くらいのすべてに、あらたな評価や解釈の余地がある」と書いている。

なんという二面性だろう。2つの異なるメディア、2つの異なるスポンサーによる別々の撮影。曲がりくねった道という隠喩どおり、『マルホランド・ドライブ』は急カーブを切って、新しいドラマとテー

数々のアイデンティティの変化、夢の状態、リンチが仕掛けるトリックを別にすれば、『マルホランド・ドライブ』は本質的にはベティ（ワッツ）とリタ（ハリング）──またはダイアンとカミーラ──をめぐるラヴ・ストーリーだ。

左ページ：冒頭で起こる車の事故現場から、リタは無傷で現われる。これは幻想が始まる瞬間なのか？

右：謎の若い女性カミーラ（ハリング）が、アダム（ジャスティン・セロウ）と口づけを交わす。これがやがてダイアン（ワッツ）の嫉妬の炎を燃え立たせる。

下：『マルホランド・ドライブ』は、ハリウッドの歴史と映画製作そのものの奇妙さを、デイヴィッド・リンチならではのダークなかたちで称えた作品でもある。

上：幸せな時期、あるいは幸せな夢——激しくエロティックな
見せ場のリタ（ハリング）とベティ（ナオミ）。

右ページ：映画についての映画だけに、当然、間接的または
直接的に数多くの作品が引用されている。変装が創造の行為と
なるヒッチコックの『めまい』もその1つ。ある面、デイヴィッド・
リンチは演技という概念を解体している。

マへ突入した。リンチは、映画中でこの映画の製作
過程そのものを皮肉って、映画会社の重役たちを頭
の固いお偉方として造形し（ABCに対するあてつ
けに違いない）、マフィアとの癒着を描き、リンチ
の多元宇宙に住む人物たちを登場させた（『ツイン・
ピークス』のマイケル・J・アンダーソンが、映画
会社の最高責任者であるミスター・ロックを演じて
いる）。ハリウッドの欺瞞がテーマの映画にとって、
ハリウッドの欺瞞ほど刺激を与えてくれるものはな
かっただろう。

　そんなわけで、1年後、リンチはまったくあらた
な18ページの脚本をもとに、18日間の追加撮影を
行なった。ワッツとハリングは新しいアイデンティ
ティを手に入れたが、必ずしも新しい人物というわ

けではなかった。ワッツは極端な変身を強いられた。あらたに演じる役柄ダイアン・セルウィンは夢破れた女優であり、薬物中毒で青白く、恋人カミラ・ローズの心が離れてしまったことに苦しみ、彼女を亡き者にしようと殺し屋を雇う（映画の冒頭で仕事をしくじった殺し屋と同じ男）。ローズはもちろん、前半でハリングが演じたリタの新しいアイデンティティだ。新進気鋭の女優であり、映画監督であるアダムと婚約し、彼の新作映画に抜擢された。「この娘に決まりだ……」という謎のせりふに出てきた「この娘」でもある。

さて、話を一気に未来へ進めよう。

2001年のカンヌ映画祭で、リヴ・ウルマン率いる審査員たちは、リンチに最優秀監督賞を授与した（リンチと同じく説明困難な映画をつくる監督、ジョエル・コーエンと同時受賞。コーエンの対象作は『バーバー』［2001］）。リンチは、出演した女優たちに、

カンヌでは何が起こるかわからない、とあらかじめ警告していた。ひどいブーイングが沸き起こる可能性もある、と。リンチの心は、以前、パルム・ドールを受賞しながらも非難の嵐にさらされたときの傷がまだ癒えていなかった。しかし今回、批評家たちの大半は、謎の多い物語に戸惑いつつも、非常に好意的な反応だった。10月になって映画が一般公開されると、絶賛の声が巻き起こった。『ヴィレッジ・ヴォイス』誌のJ・ホバーマンは、「間違いなくリンチの最高作の1つ。『ブルーベルベット』以来の傑作、いやもしかすると『イレイザーヘッド』にすら比肩するかもしれない」と評した。「ヒューストン・クロニクル」紙のエリック・ハリソンは、「ロサンゼルスはわれわれのあらゆる夢が詰まった街」だけに、リンチの悪夢は普遍的な意味を帯びている、と指摘した。当然ながら、異論もあった。長年のリンチ嫌いのレックス・リードは、「ニューヨーク・オブザー

ヴァー」紙上で、「つじつまの合わない馬鹿げたゴミの集積」と切り捨てた。

『ブルーベルベット』のときと同様、映画芸術科学アカデミーは当惑し、最優秀監督賞のノミネート1つだけにとどめた。まるでリンチの前頭葉からすべてが生じたかのようで、とくにワッツの素晴らしい演技が無視されたことに対し、強い非難の声が上がった。興行収入は全世界で2000万ドルと振るわなかった。リンチはもはや純粋に、芸術映画の作家とみなされていたのだ。しかし、この映画の評価は年々高まり、時代を超えた傑作と位置づけられた。フランスの知識層向け映画雑誌『カイエ・デュ・シネマ』は、かねてからリンチを高評価しており、「2000年代の最高の映画」に選出した。BBCによる2016年の批評家アンケートでも、「21世紀の映画」第1位に輝いた。

『マルホランド・ドライブ』の最終的な劇場版では、リンチは古き良きハリウッドに向けて、ほろ苦い恋の歌を歌っている。『ロスト・ハイウェイ』と同様、中心となる謎にはフィルム・ノワールの諸要素がある。記憶喪失の被害者、背後で事態を操るマフィア、殺し屋、犯罪の世界へ引きずり込まれる一般人。かりそめのアイデンティティ「リタ」は、ノワール映画『ギルダ』（1946）の額縁入りポスターから主演リタ・ヘイワースの名前を借りたのだと、観客は知っている。アイデンティティの二重性、とくにベティがリタに金髪のかつらをかぶせるシーンは、ヒッチコックの『めまい』と直結する。加えて、夢と現実のない交ぜに関しては、ふたたび『オズの魔法使』と類似点があり、この2つの映画を対比させて論じる文章が数多く書かれている。大都会へ続く道、黄と緑の色使い、ここで誰が「西の悪い魔女」なのかという問い。いずれにせよ、いつか幕が引かれることになる。

　最も明らかなつながり（タイトルが道路名である

上＋右ページ：複雑さに輪をかけて、別バージョンのカミーラ・ローズとしてメリッサ・ジョージが登場し、彼女もまたリタとキスを交わす。従来以上に、観客は態度の選択を迫られる。この映画の不可思議さをそのまま受け入れるか、それとも、謎を解明しようと試みるか？

点も含めて）は、ビリー・ワイルダーのハリウッド・ノワール『サンセット大通り』（1950）だ。この映画では、過去の名声が殺人を引き起こす。本書ですでに触れたとおり、この映画はリンチのキャリアに大きな影響を与えた作品の1つだ。『ツイン・ピークス』でリンチ自身が演じたFBI副長官ゴードン・コールの名前は、『サンセット大通り』の端役から取られた。オーディションに向かったベティは、明らかにパラマウント・スタジオの門に着く（ロゴの使用権は与えられなかった）。そこの駐車場には、

「クラブ・シレンシオ」で感じ、気づき、推定した事柄は何か？
――デイヴィッド・リンチ

1929年製のイゾッタ・フラスキーニが停まっている。『サンセット大通り』でウィリアム・ホールデンが運転するオープンカーだ。リンチはワイルダーに何度も会った。一度は有名なレストラン「スパゴ」で、ワイルダーから『ブルーベルベット』がとても気に入ったと伝えられた。その後、いっしょに朝食に行き、リンチは『サンセット大通り』のほか、もう1つのお気に入り映画『アパートの鍵貸します』(1960)について、とめどなく質問した。

また、リンチがマリリン・モンローに執着していたことも思い出される。恵まれない境遇で育ったモンローは、やがてスターダムをのし上がり（ワイルダーの『お熱いのがお好き』[1959]にも出演）、しかし名声のせいで身を滅ぼして自殺した（らしい）。マルホランド・ドライブ周辺で繰り広げられる悲劇、砕け散った夢、リンチ映画で定番の苦境に陥っている女性たちの上に、モンローの亡霊が漂っている。もっとも、ベティはドリス・デイのような金髪であり、無邪気で純潔な存在だ。モンローの伝説的な運命を背負ったのはリタ。麻薬、不倫関係、マフィアとのつながり、さらには神秘的な死まで、汚れた物語に包まれている。

批評サイト「ザ・リンガー」においてアダム・ネイマンはこの映画を徹底的に解剖し、ハリウッドとの愛憎なかばする関係や、みずからの芸術的欲求の衝動を題材にした、一種の自己オマージュである、と論じた。ヒッチコックふうの「金髪とブルネット

の対照」には『ブルーベルベット』の影があり、「人格が入れ替わるイメージ」は『ロスト・ハイウェイ』と直接結びついている。「リンチ監督は長期にわたって、感情や精神の不安定さについてテーマやアイデアを追究してきており、『マルホランド・ドライブ』は、その壮大なまとめのように感じられる」とネイマンは結論している。ベティの故郷は「ディープリヴァー」という名であり、これは『ブルーベルベット』でドロシーのアパートメントがある地区の名前と同じだ。

アンジェロ・バダラメンティの音楽は、いまやリンチ作品の雰囲気には欠かせない要素となっており、この作品のサウンドトラックも、現代的な脅威と古典的な憧れを混ぜ合わせた不気味な音楽に仕上がっている。さらに、バダラメンティは今回、寡黙な悪党ルイジ・カスティリアーニとして出演も果たしており、映画会社での会議時にエスプレッソを吐き出すシーンが印象的だ。リンチの旧友モンティ・モンゴメリーは、謎のカウボーイという役で登場する。赤いスカーフを首元に巻き、ジャケットと大きなカウボーイ帽を身に着けており、窮地に陥った映画監督（セロウ）に不可解なメッセージを告げる。気遣わしげな演技なのは、彼がせりふを1行も覚えられなかったせいでもある。やむなく、向かい側に立つセロウが、画面には映らないように、せりふが書かれた紙を持つはめになった。

批評家のデイヴィッド・トムソンはこう述べてい

上：夢の女性たち――興行的にヒットしたとは言いがたいものの、『マルホランド・ドライブ』はいまや、『ブルーベルベット』と並ぶ、デイヴィッド・リンチの傑作と見なされている。

る。「リンチが何らかの意図を持って作品をつくり上げているかぎり、われわれ観客は、一貫性や合理性を欠く流れになすすべなく翻弄されようとも、できるだけすべてをそのまま受け入れるべきなのだ」。しかし逆に、リンチ作品は、どうにか筋道だてて理解したいとの欲求を煽る。伝記作家のデニス・リムはその点を指摘する。リンチは「謎を解き明かしたいという、観客全体の渇望」をうまく利用しているのだ、と。

インターネット上には、『マルホランド・ドライブ』の謎を解明したとするウェブサイトが溢れている。しかし、フローチャートを添えてどんなに深い分析がなされていても、リンチはけっしていい顔をしない。眉をひそめ、溜め息をつき、話題を変えてしまう。自分の作品がトレンドを誘発して多方面に影響を及ぼしていることに無関心なのだ。ノワールふうに時系列を歪める手法は、90年代初頭の『パルプ・フィクション』（1994）や『ユージュアル・サスペクツ』（1995）をはじめ、世紀の節目を挟んで、『マ

トリックス』(1999)のシリーズや『メメント』(2000)、『ドニー・ダーコ』(2001)、リンチ自身の『ロスト・ハイウェイ』と人気が高まる一方だった。

『マルホランド・ドライブ』はじつにシンプルだ、とリンチはつねづね主張する。彼が好んで使う表現によれば「夢の都で繰り広げられるラヴ・ストーリー」であり、それ以上のあらすじ紹介は必要ないという。もう少し突っ込んだ質問に対しては、この映画は明確な三部構成になっていると語った。「第1部、ふと気づくと彼女は、まったくの謎のなかにいた。第2部、悲しい幻想。第3部、愛」。謎解き合戦が過熱し、称賛があらたなレベルに達するなか、リンチはいたずらっぽく、『マルホランド・ドライブ』を理解するための「10のヒント」を公開した。赤いランプシェード、バスローブ、灰皿、コーヒーカップ、鍵の出所、ルース叔母さんの居場所に注意せよ、などとなっていた。いわゆる「レッド・ヘリング」が巧妙にまとめられたリスト、と捉えるべきかもしれない。

ともあれ、いちおう納得のいく解釈が生まれた。それに従えば、「ゴルディオスの結び目」並みに手強い『マルホランド・ドライブ』の謎があていと緩むうえ、おそらく——あくまで、おそらくだが——リンチの意図を垣間見ることができそうだ。

明らかに、この映画は、アンバランスな2つの部分で成り立っている。冒頭から中盤を過ぎて3分の2までは、細かな省略や追加はあるものの当初のパイロット版どおりであり、ベティがリタの失われたアイデンティティを捜し求める物語だ。そのあと3分の1は、追加撮影によって生まれた第2部で、トーンが劇的に変わる。切れ切れのシーンのなかに、われわれ観客は、裏切られて絶望しているダイアンの姿を見る。ハリウッドに夢を膨らませていた「ビフォー」ではなく、夢破れた「アフター」の惨状。激情に突き動かされて犯罪に走り、罪悪感に苛まれて自殺する。

ベティの底抜けの陽気さを信用してはいけないと、じつは観客はさりげなく何度も警告を受けていた。随所できらめく「リンチアン」のかけら。撮影監督ピーター・デミングのカメラは、まるでみずから意思を持つかのように、ドキュメンタリー・タッチで街を動きまわる。幾多ある寂れた軽食堂の1つ「トゥインキーズ」の裏手のごみ捨て場には、浮浪者ふうの大男が住んでいる。忘れがたいキャラクターだ。脂じみた悪の化身「キラー・ボブ」に似て、街の片隅に潜み、不意に出没する。リンチ自身、あるレストランの裏手で浮浪者に出くわして肝を冷やした経験があるといい、それを踏まえているらしい。ベティが機内で親しくなった優しそうな老夫婦は、終盤、『オズ』に出てくるマンチキンよりも小さなこびとの姿で再登場する。

この解釈に従うなら、前半3分の2はダイアンが自殺直前に見た、理想化された幻覚。後半3分の1が冷酷な現実であり、彼女はみずから命を絶ち、映画は永遠のメビウスの輪となって始めに戻る。

幻覚と現実が切り替わろうとするとき、ストーリー進行上の合図として、2つの重要なシークエンスが用意されている。1つめは、ベティのオーディションのシーン。われわれ観客は、陳腐なメロドラマらしいと思い込む。リンチ自身が行なうオーディションとは大違いで、ねちねちとした性的な威迫の雰囲気が漂うなか、年配の男が若い金髪女性をもてあそぶ。しかしシーンの途中、ワッツは浮薄な女優志願者という仮面を脱ぎ捨てて、いかがわしいハリウッドの一場面を激変させ、安っぽい脚本をなぞりつつも破壊的な力を示す。ワッツのみごとな演技により、彼女のキャラクターに対するわれわれ観客の認識は完全に覆されるのだ。ハリウッド、またはその周辺を舞台にした物語のなかで、リンチは演技そのものの本質へ分け入っている。映画がどのようにして現実を装うのかについての探究。作家のジョン・パワー

ズはこう述べている。「『マルホランド・ドライブ』は、私たちの人生はそれぞれ1つのパフォーマンスであり、聞こえている声が本当は誰の声なのか、せりふを書いているのは誰か、けっして確信が持てないということを示唆している」

2つめの合図は「クラブ・シレンシオ」だ。ロサンゼルスの繁華街にあるタワー・シアターという古い建物で撮影された。かつては映画館であり、いかにも「リンチアン」なナイトスポットだが、かつてなく厳然たる趣だ。『ツイン・ピークス』の「赤い部屋」の象徴に溢れている。真紅の厚いカーテンに青い光が明滅。司会者のマジシャン（リチャード・グリーン）は、楽曲がまやかしであることを明かす。そういうまやかしが場内へじかに流れ込みつつあるらしい。やがて歌手のレベッカ・デル・リオが登場し（本人が「リンチアン」ふうを演じている）、ロイ・オービソンの曲「クライング」——報われない恋の歌——の甘美なスペイン語バージョンを歌う。だが突然、舞台に倒れ込み、じつは『ブルーベルベット』のディーン・ストックウェルと同様、口パクだったことが判明する。ベティとギルダは客席で身を寄せ合うが、映画は異なる現実へ忍び寄っていく。

「「クラブ・シレンシオ」で感じ、気づき、推定した事柄は何か？」とリンチは「10のヒント」の1つで問いかけている。ひとことでこたえるなら、「すべては幻想である」

大半のリンチ作品と同じように、『マルホランド・ドライブ』の鑑賞体験は、いつまでも消えないが定かには思い出せない記憶に似ている。彼の作品の波長を表現するうえで、「夢」や「夢の論理」といった言葉がよく使われる。リンチ作品からもたらされる困惑を整理するのにも都合のいい言葉だ。『イレイザーヘッド』は悪夢であり、『デューン／砂の惑星』のスパイスは予知能力に火を付け、『ツイン・ピークス』のクーパー捜査官は異次元と交信し、『ロスト・

ハイウェイ』の不気味な展開は心の対処メカニズムを表わす。『マルホランド・ドライブ』によって、われわれはリンチ映画の全作品の真実に近づく。夢か映画か、そこに何の違いがあるだろう？

超現実の旅

『インランド・エンパイア』と踊り明かす

前ページ見開き：「トラブルに巻き込まれる女性」を描いた究極の物語『インランド・エンパイア』には、ふたたびローラ・ダーンが登場する。

右ページ：『インランド・エンパイア』は、全編にわたって女優ニッキー・グレース（ローラ・ダーン）を中心に展開し、このキャラクターがいくつもの現実やアイデンティティ、心の状態をさまよう。

下：意図的に素朴な画風のアニメーション・シリーズ『ダムランド』からの2コマ。インターネットの可能性を密かに探る試みの一環だ。

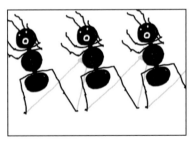

2001年末、デイヴィッド・リンチのアートライフは一巡して原点に戻った。制作プロジェクトを実現するためにもがき続けることに嫌気がさし、映画づくりから身を引いて、「ピンク・ハウス」の最上階にある屋根裏部屋のようなアトリエに閉じこもった。イーライ・ロスを監督補に起用して発明家ニコラ・テスラの伝記映画を模索したが、この企画には興味が薄れていった。結局、黒く塗られた古い私室で心ゆくまで絵を描く、閉鎖的な安らぎのなかへ戻ったわけだ。自分がすべてをコントロールできる世界。加えて、賢明な若いアシスタントの助言もあって、みずからの心の「ミューズ」に促され、インターネットの普及とともに広がり始めた芸術の自由を探ることにした。2001年12月19日の午前9時45分（太平洋標準時）、会員制サイト「DavidLynch.com」を立ち上げた。「みなさんに会えるのを楽しみにしている!!!!!」とリンチは告知のメールを熱っぽく締めくくった。さらに「ボブズ・ビッグ・ボーイ・ラッフルでのリンチとのランチ」への参加のチャンスも添えた。

　したがって、隠遁者になったわけではなかった。むしろ、一般の人々の日常生活にこれほど存在感を示したことはなかった。ただし、宣伝めあてのトークショー、ゴシップ欄、撮影セットといった場に登場する代わりに、リンチは、ネット上で毎日の天気を伝えた。たいがい、窓の外を眺めたあと、幸せそうな顔で、きょうもロサンゼ

ルスは晴れていると報告した。「一面の青空だ！」

　また、超越瞑想の広告塔になり、会議や講演ツアーに出席し、多額の寄付を行ない、「気づきにもとづく教育と世界平和のためのデイヴィッド・リンチ財団」を創設した。ファンたちはやや困惑した。リンチはいつも、日々の頭の整理のであるかのように瞑想に励んでおり、それはいわば魂のエクササイズに近かった。ハリウッドにありがちな奇癖の一例であり、不可解な宇宙観が絡んでいて、まるで「リンチアン」の謎のようだと受け取れば安心材料でもあった。ただ、どうもカルトの雰囲気を放っていた。荒唐無稽な冗談やパフォーマンスアートの前振りなのだろうかと、世間の人々は首をかしげた。リンチは

上：『インランド・エンパイア』は、リンチが街でローラ・ダーンに偶然（あるいは運命によって）会ったのがきっかけで生まれた。ふたたびいっしょに仕事をしようと約束し、リンチはすぐ家に帰って執筆を始めた。この物語は、進むにつれて進化していくことになる。

どこかへ浮遊していくのか？　けれども彼は、真剣そのものだった。ライフスタイルの1つとして提唱していた。しかし、次の映画の兆しもなく何年も過ぎ去っていたため、瞑想しすぎて先端性を失いつつあるのでは、という懸念が広がった。「瞑想者だからといって、編み物の映画をつくるわけではない」と彼は主張した。とはいえ、自然体のゆったりとし

たペースで、10年にたった1本しかつくらなかった。リンチはインターネットをミニスタジオ、あるいはテレビ局、音楽プラットフォーム、いやそれどころか別次元として捉え、完全なコントロールを維持できる手段として向き合っていた。当時はインターネット・バブルが膨らみつつある最中で、あらゆる可能性が満ちているように思われた。リンチは、際限な

く続く長尺の物語をつづりたがるだけに、制約のないデジタル世界はうってつけだった。これでまた、「リンチアン」の出力の手段はいっそう多様になったわけだ。物語がみずから広がっていくのを、自由に追っていける。テレビ局からの理不尽な命令に従う必要も、厄介な伝統の枠に囚われる必要もない。家を出る必要すらない。

　まず撮ったのは『アウト・ヨンダー（彼方遠く）』というシリーズ作品だ。リンチと彼の息子オースティンが古い椅子に座り、わけのわからない会話を続ける。ノイズの合間に、ときおり、かろうじて理解できそうなせりふが挟まるものの、脈絡がない。ふたりの声は奇妙に甲高く、リンチが『ブルーベルベット』でデニス・ホッパーにヘリウムを吸わせようとしたエピソードを想起させる。全体のトーンは、一見すると往年のコメディドラマ『じゃじゃ馬億万長者』、中身はサミュエル・ベケットふうの不条理劇で、映像は靄のかかったモノクロ。制作の実現に至らなかった『ドリーム・オブ・ザ・ボヴァイン』

の構想の一端がうかがえる。リンチの説明によれば、量子物理学の抽象性に入れ込んでいる家族の物語だという。その後、2002年には『ダムランド』といううアニメーション・シリーズを制作した。かつて新聞に連載していた4コマ漫画「ジ・アングリエスト・ドッグ・イン・ザ・ワールド」と同じ、平面的でラフな画風を用い、ひどく頭の古い家族の珍エピソードを描いている。ユーモアは幼稚で、放屁のシーンなどが多いものの、「リンチアン」的な感情の高まりも織り込まれている。

　リンチがインターネット上で行なった活動のうち最も意義深いのは——人気のオンラインショップ（商品はポスター、帽子、ピンバッジ、アラン・スプレットふうの着信音、そしてもちろんコーヒーカップなど）を別にすると——『ラビッツ（ウサギ）』だった。『イレイザーヘッド』に逆戻りしたかのような閉鎖的な空間内で、50年代のコメディ・ドラマを不気味にパロディ化した寸劇が展開する。室内装飾は、

左ページ：ローラ・ダーン演じる
ニッキーは劇中で「リンチアン」
の悪夢に陥るが、映画の制作そ
のものは、非常にリラックスした
雰囲気のなか、4年間にわたっ
て断続的に制作された。

下：思いつくまま自由に撮影を
進める手法の一環として、ソニー
の軽量デジタルカメラ「DSR-
PD150」を実験的に使用した。

典型的な中流階級の居間を模したものだ。それなり
の製作費をかけて高品質につくられており、不気味
な薄緑色の壁と茶色のカーペットがノワールふうの
影に覆われ、『ブルーベルベット』のドロシーのアパー
トメントの美的要素に近い。9話すべてにわたって、
カメラ1台の固定撮影だ。この部屋には、人型のウ
サギの家族が住んでいる。「赤い部屋」の住人と同
じく、理解しがたい短いせりふを交わす。コメディ・
ドラマふうに録音済みの笑い声や拍手が挟み込まれ
ており、ときおり、遠くから列車の警笛がかすかに
響いてくる。背景では、いかにも「リンチアン」の
サウンドトラックが不気味に強弱を繰り返す。

　ウサギの着ぐるみのなかにいるのは、『マルホラ
ンド・ドライブ』のナオミ・ワッツ、ローラ・ハリ
ング、スコット・コフィだ。リンチのどんな要求に

も、相変わらず果敢にこたえている。ウサギの頭を
かぶっていると、暑くて息苦しいうえ方向感覚がつ
かめず、リンチの指示の声だけが頼りだった。「そっ
ちじゃない、ナオミ。右に曲がって、右に行って
……」

　リンチは気軽に楽しんでいたのだが、インターネッ
ト上の視聴者の欲望にはきりがなかった。彼はほか
の方面へ気を散らし始めた。まず、2002年のカン
ヌ国際映画祭の審査員長の仕事を引き受けた（ロマ
ン・ポランスキーの『ピアニスト』がパルム・ドー
ルを受賞）。続いて、もっとゆったりとしたプロジェ
クトに取り組むようになった。今日にいたるまで、
彼は楽しげに天気を伝え、たまに自分の思いを発信
している（「きょうはエルヴィス・プレスリーと彼
の1961年の曲『好きにならずにいられない』につ

上：デジタル撮影だと自由が利くおかげで、ローラ・ダーンは、1つのキャラクターを貫きつつも、演技面でいろいろな実験ができた。

いて考えていた」など）。レイバンのサングラスをかけ、無造作な髪型だ。しかし、インターネットで挑んだきまざまな試みはどれも進展せず、現在、独自サイトは休眠状態にある。

　ファンにとっては、むしろ歓迎すべきことだった。いずれも非常に面白おかしく、奇妙で独創的な実験ではあったが、形式や技術の点ではごく初歩レベルだった。インターネット利用者の要求に縛られた仕事。ファンたちはリンチの素晴らしいスタイルの復

活を切望していた。『イレイザーヘッド』の迷宮を、『ブルーベルベット』の愛撫を、『ツイン・ピークス』の雰囲気を。

　リンチはある夜、まったく偶然に（いや、運命のなせるわざか）、少し前に引っ越して近所に戻ってきたローラ・ダーンに街でばったり出くわした。数年ぶりの再会だった。会うなりすぐ、ぜひまたいっしょに仕事をしようと意気投合した。リンチは家に帰り、黄色い用箋を出すと、ダーンのために14ページのモノローグを書き始めた。さっそく、彼のアー

トスタジオで撮影することになった。ダーンは驚くべき記憶力でせりふを覚え、70分間のテイクを演じきった。尋問を受けている南部ふうのファム・ファタール。暴力と復讐にまつわる粗暴な物語を淀みなく繰り出した。『ワイルド・アット・ハート』で彼女に怒りをぶつけた実の母親を彷彿とさせた（そのダイアン・ラッドは、のちに、公開間近の映画についてダーンが演じる女優にインタビューするトーク番組の司会者としてカメオ出演）。映像を見直したリンチは、新しい映画をつくるべきだと気づいた。『イレイザーヘッド』や『ロスト・ハイウェイ』、さらには『マルホランド・ドライブ』も上回って、『インランド・エンパイア』は最も混沌としているリンチ作品だ。上映時間は3時間に及ぶ。たんなる時間的、精神的な破綻——長年のリンチ愛好家にとっての大好物——のみならず、画面からはつねに大きな変化が漏れ続ける。ダーンはいくつもの現実、アイデンティティ、場所、感情の状態のあいだをさまよう。聴覚と視覚の絶え間ない変動の映画なのだ。

メリアム・ウェブスター辞典の定義によれば、シュールレアリスムとは「不自然または非合理な並べ替えや組み合わせによって、芸術、文学、映画、または芝居で幻想的または不調和なイメージや効果を生み出すルール、理念、または実践」だという。シュールレアリスム運動の重要な指導者であるアンドレ・ブルトンは、真のシュールレアリストは浮かんできた思考をすぐそのままのかたちで言葉にする、いわゆる「自動記述」を実践すべきだと考えた。シュールレアリスムという用語がリンチ作品の全体にわたって使われるが、なかでも『インランド・エンパイア』は彼が自動記述や精神的自動主義に最も近づいた作品であり、夢の風景として思考を自由にあふれ出させ、そこからおぼろげな物語を汲み取っている。ここでリンチは画家と映画監督のプロセスを真の意味で結びつけた。シーンごとに、イメージごとに、ひ

と筆ごとに、脚本を書いては撮影していった。
「ボストン・グローブ」紙のタイ・バーは、こう評した。「この新作映画じつはキュビズムであり、映画として評価するのは無意味である。カンヴァスに絵具を分厚く塗りたくるかのように、執拗なまでに映像にキュビズムを焼き付けている」
『ブルーベルベット』『ロスト・ハイウェイ』『マルホランド・ドライブ』といった作品を観る場合、何が起こっているのかを理解できるはずだという思いが観客の頭からつねに離れないが、『インランド・エンパイア』には、そのような悩ましさはあまり感じない。ストーリーテリングの伝統からかけ離れ、あまりに抽象化されているため、観客はごく早い段階で理解するのをあきらめて、自由につながった事象の奔流に身を任せるほかない。まさに「リンチアン」の本領発揮であり、映画は潜在意識のコラージュなのだ。それだけに、あらすじを書くとしたら、どこから始めればいいのか困ってしまう。盛り込まれている要素をリストアップするだけのほうが簡単で、げんにリンチ自身、共同製作者のジェレミー・オルターにそうやって内容を伝えることが多かった。脚本を何ページか渡すのではなく、揃えてほしい品物やキャストをリストに書いて渡したのだ。たとえば、黒人ダンサー6名（うち1名は歌唱ができる者）、肩にサルをのせたブロンドのユーラシア人、木こり、ナスターシャ・キンスキー、入れ墨のある者、『マルホランド・ドライブ』の衣装を着たローラ・ハリング、美しい一本足の少女……。特筆すべきことに、オルターが監督の要求に応えられなかったケースはいちどもない。

映画全編を通じて、相互に結びついた複数の現実が存在する、というリンチの信念が表われている。ほとんど説明不能なかたちで、場所が切り替わる。ハリウッド大通りから、みすぼらしい郊外の家、ホ

上：ハリウッド大通りでメモを眺めるリンチ。彼は、全体がどうつながる
かわからないまま、思いついたシーンを撮影していった。

この新作映画は
じつはキュビズムであり、
映画として評価するのは
無意味である。
──「ボストン・グローブ」紙

テルの一室、ポーランドの森、映画のセット、セラ
ピストのオフィス、はたまたサーカスの大テントへ。
「『インランド・エンパイア』は、病を引き起こす瘴
気のごとく、大陸や次元をまたにかけて広がってい
る」と伝記作家のデニス・リムは述べた。混沌の下
には、まるで森の地面の下に広がるキノコの菌糸の
ように、意味が大きく根を張っている。根のネット
ワークの核になっているのが、主人公である女優ニッ
キー・グレース（ダーン）だ。物語の幕開け早々、
強い訛りを持つ魔女めいた新しい隣人（『ツイン・ピー
クス』のグレース・ザブリスキー）が彼女の家にやっ
てきて、近いうちに映画出演の依頼があるだろうと

告げる。だが、短いマクベスふうの予言として、その仕事を引き受けると「酷たらしい殺人」が発生するかもしれない、と付け加える。事実、出演の依頼があり、その映画は『オン・ハイ・イン・ア・ブルー・トゥモロー（暗い明日の空の上で）』という作品であることが判明する。監督は、ひどく神経質なイギリス人、キングズリー・スチュワート（ジェレミー・アイアンズ）。グレースに与えられたのは、女たらしのデヴォン（ジャスティン・セロウ）に口説かれて不倫関係に陥りそうになる役どころだ。ただし問題は、脚本がいわくつきである点だった。『インランド・エンパイア』はリンチのロサンゼルス三部作の3作目と位置づけられており、またもやハリウッドの暗い寓話といえる。「ニューヨーク・タイムズ」紙のマノーラ・ダーギスはこの映画を「『マルホランド・ドライブ』の「邪悪な双子」」と表現した。あるシーンでは、重傷を負った主人公がウォーク・オブ・フェームの星形プレートに血を流す。映画中で撮影される映画は、もとはポーランドで制作が始まったものの「途中でちょっとした不都合が起きた」せいで中止されたことが明かされる。主役のふたり（実生活で恋人）が死亡したといい、ストーリーのもとになっているポーランドのジプシー民謡と同じ運命だった。

『インランド・エンパイア』はデジタル時代のホラー映画であり、デイヴィッド・リンチが画面に描き出す悪夢に満ちている。

撮影は2004年10月に始まったが、『イレイザーヘッド』当時のような断続的なリズムで進んだ。リンチは誰の指示も受けず、心のなかの「ミューズ」に命じられたときだけ撮影し、その時々のアイデアをかたちにした。

ダーンは、断片的な撮影を積み重ねていく手法がおおいに気に入った。何カ月も経ってから急にまた撮影の続きが始まり、これから撮るシーンといままでのシーンがどうつながるのか、彼女にはわからない。撮影の進行とともにキャラクターを徐々に成長させるという伝統的なやりかたとは完全に異なる。彼女は暗闇のなかで演技していた。「正直なところ、自分が誰を演じているのかわからなかった」。2006年9月、この映画が初披露されたヴェネツィア映画祭でのインタビューで、彼女はそう語った。「いまだにわからない」。しかし、撮影現場に到着して、スタートとなると、1回の演技だけでマスターショット、クローズアップショット、カバレッジショットが撮れてしまうのは驚きだった。

ステュディオ・カナルが、監督にいっさい要求を出さないという合意のもと、400万ドルの製作費を提供した。リンチが完成を宣言するまで映画は仕上がらない。結局、それは2年後だった。『イレイザーヘッド』以来、制作の作業が結果をここまで左右したことはなかった。完成した映画を観ていると、催眠にかかり、無感覚になり、迷子になり、まるで物語が目の前でいま組み立てられているような感覚をおぼえる。ストーリーは現在形で展開する。撮影の日ごとに、あらたに書き足された脚本が何ページか用意されていた。パズルの一部を進めるにはじゅうぶんだったが、全体のあらすじについてはリンチはくわしく語らなかった。リンチ自身、統一的なビジョンをまだ持っていなかったからだ。『イレイザーヘッド』のころの新鮮な気持ちにならい、リンチは、常連メンバーに代えて新顔の若いクルーを集めた。オルターのほか、美術担当にはコーエン兄弟やティム・バートンと仕事をしたことがあるクリスティーナ・ウィルソンを雇い、編集チームのひとりとしてリンチの商業映像を手がけたノリコ・ミヤカワを起用。ポーランドの作曲家マレク・ゼブロフスキに音楽を提供してもらい、撮影監督はリンチ自身が務めた。

彼の創造的な柔軟性に大きな意義をもたらしたの

『インランド・エンパイア』は、病を引き起こす瘴気のごとく、大陸や次元をまたにかけて広がっている。
——デニス・リム

は、セルロイドからデジタルカメラへの切り替えだった。インターネットの探究の延長線上で、彼は「リンチアン」の形式を未来に適応させ、すぐさまデジタル方式を採用した。「デジタルなら限界知らずだ」と、まるでコマーシャルに出演しているかのように彼は興奮気味に語った。ひねくれ者の本性を発揮して、あえて標準画質で撮影し、映像を不明瞭にしようとした。使用したカメラはソニーのDSR-PD150。わりあい低性能で、家庭用ビデオカメラの少し上という程度だった。彼はこのカメラを『ラビッツ』で試し、変更の必要を感じなかった。ざらついた映像を撮りたかったし、長時間の撮影を行ないたかった。観客が戸惑いを感じるほど、家庭用ビデオやポルノビデオのようにぼやけ、色あせた夢のような質感だった。「画質は良くない」とリンチは言う。「けれども、それが『インランド・エンパイア』にふさわしい画質なんだ」。リンチが強く推進したデジタル実験は、もとをたどると、デンマークの前衛的な映画作家ラース・フォン・トリアーが発表した斬新な映画運動「ドグマ95」のルールに端を発する。この運動は、シンプルで純粋な映画製作を推進し、デジタルカメラ

の活用を促した。デジタル撮影は、柔軟性の高さが認められ、ファウンドフッテージ・ホラー映画から『スター・ウォーズ』の新三部作まで、あらゆるスタイルに影響を与え、業界の標準になっていった。リンチは、セルロイドの美しさや有機性（『ブルーベルベット』や『ロスト・ハイウェイ』の真夜中の

質感）を失ったかもしれないが、代わりに、思いついた新しいアイデアをほとんどその場で撮影することができるようになった。「とても軽くて、機動性が高い。小さなライト、軽量のカメラ、長いテイク——この3つがすべてを変えた」と彼は言う。遅延がなく、ダーンはキャラクターに留まることができ

た。

　超軽量カメラのおかげで、撮影地はポーランドへ、その中心部の都市ウッチへ遠距離移動できた。ウッチという街は、カメラ・イメージ・フェスティバル・オブ・シネマトグラフィーという映画祭で頻繁に訪れていたから、よく知っていた。「あそこでいろん

上：物語やニッキーの心のさまざまな断片の1つ。
彼女は、いかにもカリフォルニアふうの女の子6人と
いっしょに住んでおり、この6人は暗に、ギリシャ悲
劇の合唱隊の役割を果たしている。

左：ジャスティン・セロウが、デヴォン・パークとい
う名前の女たらしの俳優としてふたたび登場し、『マ
ルホランド・ドライブ』とのテーマの連続性を生み
出している。

右ページ：架空の監督と現実の監督——撮影現場
で話し合うジェレミー・アイアンズとリンチ。

なアイデアが浮かび始めた」とリンチは明かす。か
つてポーランド映画産業の中心だったウッチには、
いまでもポランスキーやアンジェイ・ワイダが学ん
だ映画学校がある。リンチはとくに冬の季節、郊外
に廃工場が大聖堂のようにそびえるその街を愛した。

　現実と物語がさまざまなレベルで重なり始める。
ニッキーは彼女が演じるキャラクターと融合（そし
て二重化）する。彼女は、未完成のハリウッドの撮
影セットにある扉から多次元の不思議の国の穴へ導
かれ、自身と次元の変化を通じて、さまざまなエピ
ソードを経ていく。「リンチアン」全開だ。ニッキー
はさらに別のアイデンティティに変わり、尋問中の
もとの苦しい女性に戻ったり、さえない白人の主婦
や、いかにもカリフォルニア・ガールの6人組（リ

ンチの新しい恋人である女優エミリー・ストーフル
を含む）といっしょに暮らす冷ややかな女性になっ
たりする。この6人組は、指を鳴らすギリシャ悲劇
の合唱団のほか、売春婦や女優（あるいはその両方）
を演じる。過酷な状況に陥った女性の姿をさらに探
求している。キャッチフレーズはきわめて「リンチ
アン」な言葉だった。「トラブルに巻き込まれた女性」。
「ファントム」と呼ばれる殺人者が逃亡中。元サー
カスの催眠術師で、ニッキーのさまざまな化身に付
きまとう。出来事はときどき短縮されてテレビに映
し出され、ホテルの部屋にいる謎のブルネットに向
けて放送される。ほかのときは、彼女は『ラビッツ』
の続きを観ている。ゲストスターが現われたり消え
たりする。ダイアン・ラッド、ナスターシャ・キン
スキー、ハリー・ディーン・スタントン、ジュリア・

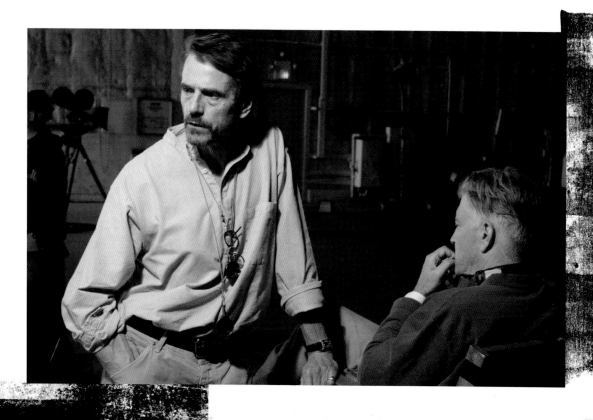

> 『インランド・エンパイア』は
> 「恐怖」を最もそのままの
> かたちで映画として捉えた
> 作品かもしれない。
> ──「フィルム・フリーク・セントラル」

右：リンチは、潜在意識から湧き上がる自由な連想だけで映画をつくりたいという思いを抱いており、『インランド・エンパイア』は多くの点でその夢を実現している。したがって、一貫した意味を組み立てようとしても無駄だ。

右ページ：ある面、ローラ・ダーンは共同監督に近い。ひとりの俳優がどこまで進むことができるかを探り、複数のアイデンティティを取り込む可能性を探究している。

オーモンド、メアリー・スティーンバージェンなど。

ある日、ダーンは偶然、夫であるミュージシャンのベン・ハーパーがロサンゼルスの奥地であるインランド・エンパイアという地域の出身であることを話した。そう聞いたリンチは、それこそ完璧なタイトルだと思った。運命が彼の直感を裏付けた。モンタナで両親の家を片付けていた彼の弟が、リンチが5歳のときのスクラップブックを見つけた。最初はワシントン州スポケーンの空撮写真で、キャプションに「インランド・エンパイア」と書かれていた。このタイトルはさまざまな意味を持ちうる。ロサンゼルスの壮大な広がりを暗示するだけでなく、ポーランドが属していた東欧の地域、さらには潜在意識そのものを指す。

最終的に完成した映画は、聖なる遺物のように受け入れられた。「リンチアン」の手法の精神的な頂点であり、彼がこれまで試みてきたことの真の表現だった。批評家たちは、映画が抽象化でつかみどころないと知りつつも、分析を試みた。「迷走した、散漫な映画だが、忍耐強く、積極的で、好奇心旺盛な人にとっては、「恐怖」を最もそのままのかたちで映画として捉えた作品かもしれない」と「フィルム・フリーク・セントラル」のウォルター・チャウは評した。メインストリームとは非常に対照的で異質だった。意味を直接的に解釈しようとする人々は嫌悪し、敬遠する。興行収入はごくわずかだった（430万ドル。ふたたびカルト映画の水準）。最初からそのつもりだったかのようだ。この映画は、リンチ作

品のなかでアート・インスタレーションのような位置づけといえる。幻覚的な叙事詩であり、「リンチアン」の翼を持つ映画がわれわれ観客をいかに遠いところまで運んでいけるかという長大な記録書のようでもある。

「理解しやすい映画がたくさんあって、それはそれで結構なことだ」とリンチは語る。「ただ、物事がほんの少しでも抽象的だと、観客はとたんに本当に深くのめり込める」

リンチは観客に「夢みる部屋」を用意したかったのだ。

最後に、面白い余談。リンチは、わが身のことはさて置いて、ダーンがオスカーを受賞してしかるべきだと世間に訴える運動を始めた。心からの叫びで

あると同時に、おそらく、オスカー選考をはじめハリウッドの愚行を茶化す意味もあったのだろう。リンチは、ハリウッド大通りとラ・ブレア大通りの交差点（『インランド・エンパイア』の撮影に使った場所の近く）に椅子を置き、座り込みを始めた。かたわらには、生きたウシが1頭と、大きな幕が2つ。1つはローラへの投票を促すもので、もう1つには「チーズがなければ『インランド・エンパイア』はなかった」と書かれていた。この映画の制作中、チーズを大量に食べたからだという。通りすがりの人々の多くが、彼が何者なのかすら知らないまま話しかけた。これはパフォーマンス・アートなのか？　それとも「ウシ属の夢」か？　説明を求められた彼は、笑顔でこたえた。「これはショービジネスだよ」

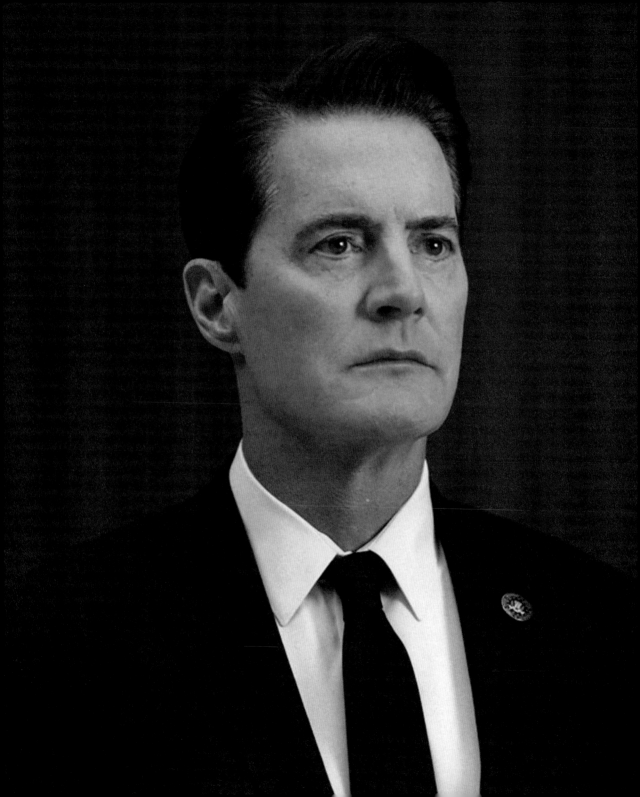

きみが好きな
あのチューインガム、
復活するってさ

『ツイン・ピークス』への
待望の帰還

前ページ見開き：カイル・マクラクランが、長らく待望まれていた『ツイン・ピークス』に復帰。おなじみのクーパー捜査官の役をふたたび演じた。

右ページ：さらに奇妙な出来事の数々──シリーズの再出発にあたり、リンチは、出来事をいっそう不可解なままにしておこうと決めた。

下：オリジナルシリーズの放映から25年後に新シリーズの制作に取りかかったリンチは、完全な創造的自由と推定4000万ドルの製作費を要求した。

デイヴィッド・リンチは微笑した。「もういちど『ツイン・ピークス』に戻って、すべての伏線を回収する可能性はどれくらいあるか、だって？」と繰り返すと、真剣に考えてから、こうこたえた。「ゼロだ」

　これは2009年のことだった。リンチは、映画やテレビといった重荷を背負う気を失ったようすだった。ただ、笑顔は謎めいていて、この返事には油断がならなかった。風の吹きすさぶあの町へ、自分の経歴にもアメリカの文化にも足跡を残したあの場所へ、帰還することを否定はしていなかった。否定したのは、伏線を回収することにすぎない。またも長く曲がりくねった製作の道のりのすえ、リンチは『ツイン・ピークス The Return』という、あらたな果てしない交響曲をつくり上げた。

　2007年の時点から始めよう。前年公開の『インランド・エンパイア』によって、リンチは、ハリウッドからできるだけ離れて仕事をしたいという意向を明示した。偉大なアメリカの芸術家として地位を築きつつあり、ミラノ、パリ、ニューヨーク、東京、ロンドンで大規模な展覧会を開き、2014年には母校であるフィラデルフィア美術アカデミーで「統一されたフィールド」と題して初期の作品を象徴的に展示した。回顧の空気が漂っていた。映画、テレビ、絵画、写真、コマーシャル、音楽と、積み上げてきたリンチ作品をすべて振り返る時期だった。物事は円を描いて戻ってくる。歴史は、ループする物語のように繰り返される。

ケーブルテレビの力を活かせば、
ある世界へ入り込んで、
際限なくそこに留まることも可能だ。
——デイヴィッド・リンチ

この時期にもまた、実現しなかった映画プロジェクトが1つある。リンチはすでにキャリアを築いていた——尊敬され、称賛され、誤解されていた——ものの、映画会社にとっては、いまだ予測不能な存在だった。企画された『アンテロープ・ドーント・ラン（アンテロープは走らない）』は、ロサンゼルス三部作に続くもので、これで四部作となるはずだった。もっとも、今回はコメディ。リンチがなかなか実現できずにいるジャンルだ。彼が単独で執筆した脚本には、『ロニー・ロケット』ふうの奇抜な要素が満載だった。しゃべる動物、地球を訪れた宇宙人、ピンキーという名前のミュージシャンの主人公などだ。しかし、制作は実現しなかった。予想される製作費2000万ドルは、マニアックな映画としては高すぎると敬遠されたのだ。

年を重ねて賢くなったリンチは、こうしたプロジェクト失敗にあまり動揺しなくなった。運命の導きを受け入れ、日々の瞑想に耽ったり、アート・インスタレーションをつくったり、コマーシャルを撮ったり、「ピンク・ハウス」地下の録音スタジオでさまざまな音楽のコラボレーションを試したりした。2010年11月には、初のソロアルバム『クレイジー・クラウン・タイム』をリリースした。このアルバムには「ピンキーズ・ドリーム（ピンキーの夢）」という曲が収録されている。リンチは、早朝はたいがい自宅の聖なるアトリエにいて、鳥のさえずりを聞

右：リンチは今回、おなじみの顔ぶれとあらたな出演者を組み合わせた。ここでは、新顔のジェイク・ワードル（フレディ・サイクス役）と、相変わらず古いバイカージャケットを着たジェームズ・マーシャル（ジェームズ・ハーリー役）が、尊敬する監督の指示を聞いている。

きながら、家々の屋根やブーゲンビリアの花を見下ろし、アイデアが湧いてくるのに身を任せていた。相も変わらず、SNSを通じて毎日の天気予報を伝え、相も変わらず、熱いコーヒーを楽しんだ。

2011年の後半には、最後の映画から5年が経過し、テレビドラマ版『ツイン・ピークス』の最終回でローラ・パーマーが「25年後にまた会いましょう」と謎の予言を残して以来、まさにその25年目を迎えようとしていた。リンチの体内の監督魂がふたたび息を吹き返しつつあった。そのうえ『ツイン・ピークス』は終わっていない」という思いが頭を離れなかった。ローラの予言どおり、リンチはついに、

みずからの代表作であるテレビドラマシリーズへ帰
還し、デイル・クーパー捜査官のその後を描くこと
になる。きっかけは、当然ながら、リンチとマーク・
フロストがハリウッド大通りにある「ムッソ＆フ
ランク」でランチをともにしたことだ。偶然か必然
か、禁煙に苦しんだリンチが、ふたたび煙草を吸う
と決めたすぐあとだった。

90年代初頭以来、業界は大きく変貌した。テレ
ビの存在感と信頼性が高まっていた。「だから、現
時点では、映画は厳しい時期を迎えていると思う」
とリンチは言い、小さな画面に取り組む意欲を取り
戻した。「ケーブルテレビの力を活かせば、ある世
界へ入り込んで、際限なくそこに留まることも可能
だ」と彼は熱っぽく語った。まるで視聴者を永遠に

きみが好きなあのチューインガム、復活するってさ・289

『ツイン・ピークス』のなかに閉じ込めたいかのようだった。ケーブルテレビは新しいアートシアターだ、と彼は歓迎した。長く続く物語の美しさと、映画に匹敵する質の音響や映像を両立できる。画質や音質をわざと落とした『インランド・エンパイア』の美学に代わり、より豊かで映画的なデジタルのブレンドをめざすことにした。

ロサンゼルスの晴れわたった空とは対照的な、秘密のヴェールのもと、リンチは自宅のアトリエでフロストと会い、昔のように話し合って執筆を進めた。直接会えない場合、以前なら電話で話しながら書いたものだが、今回はスカイプを介してつながった。べつに、ローラが予言した年に間に合わせようと焦る必要はなかった。ドラマのなかで「あれから25年後」と宣言すればいいだけだ。実際、資金調達のために動き出したのは2014年に入ってからだった。

分厚い提案書だった。脚本は384ページ。何話に分けるかは未定ながら、まるまる1シーズンぶんだった。言い換えれば、18時間に及ぶデイヴィッド・リンチ映画を計画しているも同然だった。というのも、最初から彼は、全話をみずから監督すると決めていたからだ。脚本・監督をひとりでこなすタイプの制作スタイルを「リンチアン」流に極端に推し進めたかたちだった。妥協なき『ツイン・ピークス』。ABCテレビとも無縁。6カ月にわたる交渉のすえ、ショウタイム（CBCの傘下）が『ツイン・ピークス The Return』の製作をバックアップすると発表した。リンチは、ごくシンプルに「きみが好きなあのチューインガム、復活するってさ」とだけツイートした。

しかし、やがて危機が訪れた。テレビ界にはよくある話だ。ショウタイムが計上した予算は、リンチの考えていた製作費とかけ離れていた。

フロストが前線から退き、リンチの単独プロジェクトへ進化するにつれて、契約上の対立が生じた。

ショウタイムが全面的な理解を示さないかぎり、リンチはプロジェクトから手を引こうと覚悟を固めた。そして実際、2015年4月、リンチはプロジェクトを離れる予定だとツイート。ファンから失望の声が上がった。追い詰められたショウタイムは、かなり譲歩して最終的なオファーを提示した。数字はおおやけにされていないが、その金額内ならリンチが望むだけのエピソード数を制作できるとの条件付きで、推定では4000万ドル程度とみられる。2015年5月、彼はプロジェクトに戻るとツイートした。いまやリンチは自分の世界を完全に制御する力を手に入れ、ショウタイムの幹部さえ脚本を見ることができないほどだった。

リンチにいくら評判や名声（または悪評）があるとはいえ、システム内でこれほどの自由と資金が与えられるのは異例だった。

旧シリーズは、曲がりなりにも「犯人は誰か」を軸に展開していたが、今回は「ツイン・ピークス」という概念、いわばメタテレビを中心にすえている。いや、瞑想状態がテーマとさえいえるかもしれない。ストーリーがわれわれの目の前を漂っていく。ソープオペラ的な状況、登場人物、場所が多様に組み合わされ、リンチらしい究極のかたちで表現される。せわしなく切り替わる多重構造のなか、宇宙的で不条理でおぞましく風変わりな「リンチアン」ワールドが炸裂し、夢のなかの夢のなかの夢……と無限に入れ子になっているかのように広がっていく。監督がやりたい放題しすぎなのでは、という密かな懸念が湧くほどだ。それとも、これがつまり「リンチアン」なりに統一の取れた場なのか？「リンチのヴィジョンは隅々まで徹底的。ほかでは受け入れられないことでも許される」とテレビ批評家のソニア・サライヤは『ヴァラエティ』誌で評している。

プロットの解読に入る前に、制作の規模について

上：実際、カイル・マクラクランはクーパー捜査官の3つの化身を演じたが、どれもが以前の姿とは異なっていた。
化身の1つは自堕落なダギーであり、その妻はジェイニー・E（『マルホランド・ドライブ』のナオミ・ワッツ）。

イメージをつかんでほしい。『デューン／砂の惑星』を思わせるほどの数字だ。撮影は140日間。237人の俳優が参加し、うち37人はオリジナルシリーズにも出演していた。冷静な副保安官ホークを演じたマイケル・ホースは、リンチから久しぶりに電話がかかってきたときのことを覚えている。「昔の連中を呼び集めているところだ」とリンチに告げられたという。

もちろん、復帰しなかったメンバーもいる。故人となったジャック・ナンス、ドン・S・デイヴィス、デイヴィッド・ボウイ、フランク・シルヴァ（「キラー・ボブ」は、いまや浮遊する黒い球体と化した）。ララ・フリン・ボイルは、映画版に続いて今回も出演を辞退した。「別の場所から来た男」ことマイケル・J・アンダーソンも戻ってこなかった（出演料をめぐってリンチと公然と対立。彼のキャラクターは、てっぺんに脳が付いた木という姿に進化した）。ただ、俳優を引退したマイケル・オントキーンは復帰しなかったが（トルーマン保安官の兄はロバート・フォスターに交代）、エヴェレット・マックギルは、17年ぶりに俳優業に戻り、ビッグ・エド・ハーリーを演じた。ほかにもさまざまな俳優が再登場して、小

上：「ダブル・R・カフェ」のカウンター
に立つシェリー（メッチェン・アミック）
とノーマ（ペギー・リプトン）。あまりに
もおなじみで興ざめかもしれないが、リ
ンチとしては、安っぽいノスタルジアの
表出にするつもりはなかった。

> リンチのヴィジョンは隅々まで徹底的。
> ほかでは受け入れられないことでも許される。
> ──『ヴァラエティ』誌

さな役を演じ、同窓会のような懐かしさを添えた。
ダブル・R・カフェやロードハウスといった店は
──店員たちが老け顔になり白髪が増えたことを除
けば──ほとんど変わっていなかった。ツイン・ピー
クスの町はまるでゴーストタウンのようだった。残
念な後日談として、「ログ・レディ」として愛され
たキャサリン・コールスンは、撮影終了の4日後に

癌で亡くなり、常連のミゲル・フェラーとウォーレ
ン・フロストも、番組が放映される前に世を去った。
　さらなる出演陣として、ナオミ・ワッツ、バルサ
ザール・ゲティ、アリシア・ウィットら、過去のリ
ンチ映画でおなじみの顔ぶれが加わり、リンチの「ベ
スト盤」というおもむきが強まった。しかも、なん
とローラ・ダーンが謎の秘書ダイアンとして姿を現

わし、クーパー捜査官がいままで録音機を介して話しかけていた相手がけっして彼の空想の産物ではなかったことを証明した（あえて解き明かす必要のない謎だったかもしれないが）。これまでダイアンは、瞼を縫いつけられた女性ナイド（裕木奈江）の体内に閉じ込められていた。このほかリンチは、視聴者（と自分）のお楽しみとして、有名俳優たちを次々にカメオ出演させた。ジェニファー・ジェイソン・リー、アシュレイ・ジャッド、ティム・ロス、マイケル・セラ、さらには、夢のなかで本人役を演じるモニカ・ベルッチ。カメラの背後では、ピーター・デミングが撮影監督、ドゥエイン・ダナムが編集、アンジェロ・バダラメンティが音楽と、頼りになる存在が作品を支えていた。

　すべてが合わさって、「かつて味わったあの混沌」がよみがえっている。

『ツイン・ピークス The Return』は18話に分けられた。脚本と監督を兼ねるリンチは、既成のジャンルの枠に縛らず、放送局のご機嫌を伺う必要も——打ち切りを迫られる恐れも——なかった。この番組——なんなら、数百万ドルかけたアート・インスタレーションとみてもいい——は、旧シリーズが及ぼした影響力を内包しつつ、2017年までに生まれた『マッドメン』『ブレイキング・バッド』『ファーゴ』などのジャンルにとらわれないテレビドラマの歴史を吸収し、それを超越した。なんらかの流行に便乗したなどとはいえず、リンチは新しい次元を築いていた。これは『ツイン・ピークス』の続編であり、リブートであり、独立した叙事詩でもあった。舞台は、1つの田舎町ところか全米規模に膨らみ、ワシントン州を出て、ニューヨーク、ラスヴェガス、ロサンゼルス、フィラデルフィア、ノースダコタ州バッドランズ、さらにはモハーヴェ砂漠まで広がった。

　疲れる制作だったが、リンチは4時間以上眠ることはめったになく、それでも生き生きとしていた。「ほかの連中ときたら、ろくでもない腰抜けで、安手のテントみたいにすぐ倒れる」と彼は自伝のなかで、珍しく率直に述べている。「私は止まることなとできない。何度か、ひどく体調を崩したときでも」。アイデアの数々が、彼を突き動かした。可能性はほぼ無限だ。毎朝、目を覚ますと、コーヒーを1杯飲み、瞑想したあと、活動を始める。巨大なカンヴァスへ、そしてスノコルミーの町へ戻る。かつてパイロット版と『ツイン・ピークス ローラ・パーマー最期の7日間』を撮影した町だ。『ツイン・ピークス』の本質はまだそこにあった。その空気の匂いのなかに。

　見た目こそ、白髪が増えて年老いてきたものの、リンチの内面は変わっていなかった。ほとんどつねに煙草をくわえ、陽射しや北東部の雨をしのぐために、まびさしの大きな帽子をかぶり、修道院長のように穏やかな威厳をたたえつつ、俳優たちにきわめて具体的な指示を出し、指を宙でくるくると回し、物語が展開していくのを心の目で見つめる。マクラクランとダーンが撮影現場でキスのリハーサルをしているのを見かけ、立ち止まって微笑んだ。「なんとも奇妙なものだ」とふたりに言った。「『ブルーベルベット』から、かれこれ四半世紀か」

　本格的な作品は10年ぶりだがスタイルは変わったかと尋ねられた彼は、いつもの慎重な態度でこたえた。「スタイルについてはあまり考えない。それは頭のなかの映画スクリーンのようなものだ。ものを見て、聞いて、雰囲気を感じとる。たんに、すべての要素をできるだけ良くしようと努力しているにすぎない」

　とはいうものの、新シリーズは、いままでとは違う周波数に合わされていた。プロットの束縛を離れて抽象化へ向かう作風がさらに度を増し、『ツイン・ピークス The Return』で頂点に達した。『インランド・エンパイア』で明らかになったとおり、まっ

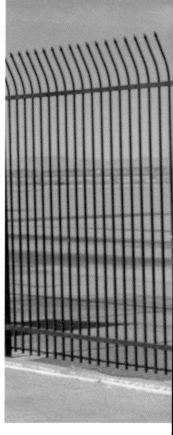

たく制約のないリンチ作品も魅力的ではあるにせよ、『ブルーベルベット』『ロスト・ハイウェイ』『マルホランド・ドライブ』のようにジャンルの伝統を踏まえた作品のほうが、リンチのシュールなイメージや夢に似た非直線的な展開が際立ち、観る者により強烈な印象を与える。そうでないと、過剰な独自性と受け止められかねない。

「デイヴィッド・リンチにテレビ画面で18時間、何でもやりたいことを自由にやらせたら、秀逸な結果が生まれる可能性もある半面、自己陶酔的すぎる、さらには、わざと解釈不能にしている、と批判され

るような作品が出来上がる恐れも覚悟しなければいけないだろう」と「ワシントン・ポスト」紙のハンク・スチューバーは指摘した。あるいは、両方の面を兼ね備えた作品なのかもしれない。自己表現のための権限をすべて与えられたリンチは、制約があってこそ生じるインスピレーションを放棄したことになる。すなわち、『イレイザーヘッド』や『ブルーベルベット』をきらめかせた即興の思いつきの火花を。

第1話の序盤で、われわれ視聴者はニューヨークの摩天楼の最上階へ連れて行かれ、実験室らしき部

屋に入る。そこでは、ひとりの学生（ベンジャミン・ローゼンフィールド）が、照明とカメラで囲まれた空っぽのガラス箱を監視する任務を与えられている。やがて、このガラス箱はブラック・ロッジからやってきたものを受け取る装置だとわかり、箱のなかに悪の力が出現する。リンチが描く抽象的な肖像画のような、うっすらとした灰色の幽霊めいた姿をしており、ジュディという名であることが判明する。またしても、ありきたりな名前の陰に潜む、邪悪な存在だ。哀れにも、監視役の学生は、コーヒーを差し入れに来た魅力的な恋人（マデリーン・ジーマ）に

気を取られているうち、ジュディに襲われ、恋人もろとも顔面をえぐられてしまう。野蛮な恐怖の不意打ちであると同時に、テレビという箱をそばで眺めているわれわれ視聴者へのブラックジョークでもある。リンチは、単調さと注意散漫のなかから悪が生まれることを示唆し、「刮目せよ！」と促している。『ツイン・ピークス The Return』を観るうえでの心構えを伝えつつ、現代人のお気楽な視聴習慣を皮肉っているのだ。キャッチコピーをもじるなら、「Netflix and chill（ネットフリックスで癒やし）」ならぬ「Netflix and kill（ネットフリックスで殺し）」。

上：新シリーズのカイル・マクラクランは、移ろいゆく複数のアイデンティティを体現しなければいけなかったが、
旧来の型をどこまで打ち破れるかにスリルを感じていた。アイデンティティは、デイヴィッド・リンチにとってつねに重要なテーマだ。

彼は、世間が期待しているような話を語らなければいけないとは、
つゆほども思っていないだろう。
——カイル・マクラクラン

大衆向け連続ドラマと推理劇の融合に代わって、こんどは現実と幻想が交錯するオデッセイ（かつ、大衆向け連続ドラマの要素を含む）が展開し、クーパー捜査官は、ブラック・ロッジ内の「赤い部屋」——異次元との境界——を脱出しようと懸命になる。一方、さらなる別宇宙には、パープル・シーやホワイト・ロッジがあり、かと思えば、フリッツ・ラングのSF映画に出てきそうな要塞がそびえ立っている。要塞に住む巨人は、「キラー・ボブ」などの悪霊が生まれるようすを映写機で確認すると、スチームパンクふうのメカニズムを使い、善なる「オーブ」を創出して地球へ送り込む。『イレイザーヘッド』で惑星の男がレバーを引く場面に通じるものがある。謎解きのカギを握るのは探偵役だ。

　こうしてふたたびカイル・マクラクランが物語の中心になるものの、彼のキャラクターは視聴者が慣れ親しんでいたクーパー捜査官とはずいぶん違う。リンチ作品ではつねづね高い演技力が求められるものだが、今回のマクラクランの役どころはとくに難しく、同じ人物の3つのバージョン（あるいは分身）を演じ分ける必要があった。しかも、どれ1つ、旧シリーズのブラックコーヒーとチェリーパイが好きな主人公とは一致しない。まず、彼の「本来の」自己は「赤い部屋」に閉じ込められ、朦朧としている。次に、彼のドッペルゲンガーであるミスター・C——ネット上のファンたちのあいだでは、ドッペルゲンガーとクーパーを組み合わせて「ドッペルクープ」と命名された——は、無愛想で長髪、革ジャケットを着ており、「キラー・ボブ」に憑依され、現実世界で非道な行為を繰り返す。第3のクーパーは通称ダギー。混乱した状態にあり、ラスヴェガスの一軒家の電気コンセントから現われる。リンチの想像力のなかには、未制作の『ロニー・ロケット』の電流がまだ流れているらしい。ダギーは人格を持っていない。意思疎通が不能なのをあらわす古典的な手法

として、しゃべることができない設定だ。『イレイザーヘッド』のヘンリー・スペンサーのように、この第3のクーパーはほとんど無言を貫く。

　マクラクランは、予測できない展開に胸を躍らせた。制作の準備当初は、自身の代表的な役柄だからと安心しつつ議論に積極的に加わっていたが、しだいに、3種類のクーパーを演じてみせる機会とわかり、おおいに張り合いを感じた。リンチからの信頼が伝わってきて、自信になった。「素晴らしいチャンスだと思った」と彼は言う。出演者のうちただひとり、ほぼすべての脚本に目を通すことを許された（緊張感を保つため、リンチは少しだけ秘密を貫いた）。

　旧シリーズを懐かしむようなストーリー展開とはまったく違った。リンチは、番組と主要キャストを取り戻したが、従来の流れを重んじるつもりなどなかった。マクラクランによれば、「彼は、世間が期待しているような話を語らなければいけないとは、つゆほども思っていないだろう」という。リンチの芸術的な信条に対するもっともな評価だ。

　従来以上にさまざまなトーンが入り交じっている。ホラー、コメディ、メロドラマ、幻覚的なSF——との要素もいままでになく強い。麻薬に酔ったかのような緩いペースになるにつれ、そうした傾向がさらに顕著になる。マクラクランはともかく、ほかの俳優の誰もがプロットを把握できず、自分のキャラクターがどこにどう収まるのか見当も付かない状態だった。彼らが持っていたのは自分の出演シーンのページだけ。リンチ作品の謎が波紋を広げるのは毎度のことだが、インターネットの普及に伴い、謎解き合戦はいっそう過熱した。しかしそれをよそに、リンチはかねてからの立場を保った。「誰もが探偵だ。めいめいが思いつくものはすべて、私としては正しいと思う」。『ツイン・ピークス The Return』のなかでもとくに素晴らしい場面には、本当に幻惑させられる。リンチの遊び心が全開。可能性は無限だった。

上：長髪で邪悪な、クーパー捜査官のドッペルゲンガーを演じるマクラクラン。「ミスター・C」と呼ばれ、悪の権化「キラー・ボブ」に憑依されている。

テーマの面では、世界のあらたな状況に合わせて進化している。「一部のアイデアは、その時代の世界によって生み出される」とリンチは言う。『ツイン・ピークス』は多様な側面を持つが、その1つは、松林に囲まれた理想的なアメリカの皮肉な描写であり、すなわち、リンチが育った社会や環境を独自の視点から誇張したものだ。旧シリーズからの空白期のあいだに9.11テロ事件が起こり、世界は変わった。『ツイン・ピークス The Return』は、2017年の病んだアメリカの問題点に光を当てたものとみなされた。クーパー捜査官のアイデンティティの分裂は、分断された国家の象徴である、と。悪のクーパーは、フ

ランク・ブースと同じく、むき出しの「イド」を表わすが、マクラクランのコミカルな才能に合わせて造形された。トランプ政権といううわべを持つ、不条理の悪として。小さな町の物語だったはずが、政治色を帯びてきた。しかし変わらないのは、ローラ・パーマーの死後、長い歳月が経ったにもかかわらず、作品中の女性たちがトラブルに巻き込まれ続ける点だ。「アメリカ社会の下には、淀んだ井戸のように、白人男性の憤懣がくすぶっており、『ツイン・ピークス The Return』はそれを揺さぶって、いわば除霊しようとしている」と「スラント・マガジン」のチャック・ボウエンは論じた。「芸術家リンチの指

があらゆる傷に触れているのを感じるはずだ」と映画配信サービス「MUBI」でキース・ウルリックは指摘した。

　間違いなく、「リンチアン」の魔力が生き生きとみなぎっている。リンチという創造者の豊かな発想を通じて、運命が導かれていく。意味は比喩に変容する。最終回の第18話に入る前後には、長い旅も終わりに近づき、物語は最終局面へ舵を切った。クーパー捜査官は、ローラ・パーマーが殺害された日に戻り、懐かしいあの神秘的な森の奥深くで、彼女を待ちかまえる。デジタル若返り術によって、シェリル・リー演じるローラはかつてのままで歳を取っていない。

「私たち、どこに行くの？」と彼女は尋ねる。

「家に帰るんだ」とクーパーはこたえる。

　物語があらためて始まる。シーズン1の冒頭シーンが再現されるものの、ビニール袋に包まれて発見されるはずの死体は、もはやなくなっている。過去が書き換えられたのだ。しかし、視聴者は胸をなで下ろすことができない。『ブルーベルベット』のラストで、コマドリが虫をくわえ、あらたな不吉を告げていたのと同じように。「キラー・ボブ」が完全に葬り去られるのを見届けたあと、クーパー捜査官はテキサス州オデッサに住む女性に会いに行く。女性はキャリー・ペイジと名乗る。演じているのはシェリル・リーだから、ローラの生まれ変わりかもしれない。ふたりは連れ立って、ツイン・ピークスの町へ向かう。ひと皮剥けば、古い現実がまだ潜んでいるであろう町へ。

『アトランティック』誌のデイヴィッド・シムズは、こう記している。「すべてはクーパーの夢なのか？　いや、リンチの夢？　視聴者の夢？　こたえが何であれ、われわれは皆、夢のなかで生き、その夢の主を永遠に捜し求める」

『ツイン・ピークス』がテレビによみがえった2017年5月21日の夜、リンチは、自宅の木工場で多目的テーブルをつくっていた。パルメザンチーズ・クラッカーを盛るためのスペース、箱型ティッシュの収納スペース、黄色いメモ用箋を置くスペースなどを備えたテーブルだ。「アイデアが浮かんだら……」とリンチは非の打ちどころのない論理で説明した。「黄色いメモ用箋を出してペンで書き留めることができる」

　彼はすでに動きだし、宇宙から降って湧く次のものを受け入れる準備をしていた。『ツイン・ピークス』はようやく完結した——いや、それも定かではない。簡単に縁を切れるアイデアではないだけに、続編の新しい映画か、スピンオフ・シリーズがつくられるのでは、という噂が絶えない。スピンオフの仮タイトルは『ウィステリア（藤の花）』または『アンレコーデッド・ナイト（記録されていない夜）』だとも囁かれている。確かに、『ツイン・ピークス The Return』は、あらたな可能性につながってもおかしくない終わりかただった。しかし、リンチはふたたび自身の「赤い部屋」、すなわちアトリエに引きこもり、他人からの期待とは無関係にアートライフを送り始めた。

　2022年4月に突如、カンヌ映画祭でデイヴィッド・リンチの新作映画が披露されるというニュースが流れ、ネット上は一時、騒然となった。コラムニストも批評家もゴシップ好きの人々も、いったん動きを止めて続報を待った。リンチはどうやって、誰にも嗅ぎつけられずに映画を1本撮影できたのだろう？　しかも、キーボードをちょっと叩けば情報を拡散できるこの時代に……。詳細はまだかと気がせく人が多いなか、その新作映画にはローラ・ダーンやナオミ・ワッツら、かねて親交のある俳優たちが出演するらしい、との噂が飛び交った（情報源がどこなのかは誰も知らない）。『ウィステリア』のパイロット版か？　リンチは『ツイン・ピークス』の精霊とふ

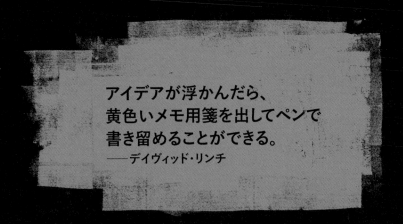

> アイデアが浮かんだら、
> 黄色いメモ用箋を出してペンで
> 書き留めることができる。
> ──デイヴィッド・リンチ

たたび交わるつもりなのか？

　戸惑ったようすで、しかし間違いなく面白がりながら、リンチはやむなく、新しい映画やテレビドラマのたぐいは製作していない、と公式に噂を否定した。ある意味で、この噂はまさに「リンチアン」なプロジェクトだった。われわれの想像のなかだけに存在し、どうとでも決められるプロジェクト。いやもしかすると、実際に何かがかすかに始動しつつあるのかもしれないが、現在のところ表沙汰にはなっていない。

　当分のあいだ、私たちは肩の力を抜いて深呼吸し、天気を報告するリンチの姿を見つめながら、その優しいまなざしの裏に何が進行中なのかと想像を巡らせていればいい。あるいは、すでに彼が与えてくれたものを振り返るのもいいだろう。

　世界におけるリンチの地位はいくら高く評価しても足りないほどであり、多大な尊敬を集めている。彼は、ジャクソン・ポロック、マーク・ロスコ、アンディ・ウォーホルと並ぶアメリカの芸術家だ。しかも、スコセッシ、コッポラ、さらにはキューブリックにさえ引けを取らない、かけがえのないアメリカ映画監督である。

　そんな彼の物語に、思いがけない出来事が1つ加わった。スティーヴン・スピルバーグの自伝的な映画『フェイブルマンズ』(2022)に、小さいながらも重要な役で出演することになったのだ。アメリカの小さな町で暮らす若者が、いつか映画監督になりたいと夢見る、心温まるストーリー。さて、スピルバーグがリンチに用意した役は？　よりによって、スピルバーグが10代のころ会った名監督、ジョン・フォードの役だった。なんともひねくれたキャスティングと思いきや、なぜかびったりだった。老境を迎えたアメリカの偉大なる映画監督が、別の偉大なる映画監督を演じたわけだ。ふたりそれぞれ、アメリカという大きな主題を独自の変奏曲に仕上げている。スピルバーグも、またしかり。3人とも、映像の世界に消えることのない足跡を残した。いずれも、人間の心の複雑さを示してくれた。

　とはいえ、並べられるのはそこまで。デイヴィッド・リンチは孤高の存在だ。彼ほど映像作品の世界を根底から覆した監督はいない。同じことを表現しようと試みる監督もほかにいない。人間の最も深いトラウマや最も暗い欲望を、動く絵画にする。こたえのない質問を投げかける。

　「リンチアン」の真の意味とは何か？　その謎は、永遠に続く。

Filmography

公開日の表記は特記のない限りアメリカでの日付を示す。

映画作品

イレイザーヘッド

製作：AFI Center for Advanced Studies, Libra Films（配給）
公開日：1977年3月19日
上映時間：89分
監督・脚本・編集・プロデューサー：デイヴィッド・リンチ
撮影：フレデリック・エルムス、ハーバート・カードウェル
キャスト：ジャック・ナンス、シャーロット・スチュワート、アレン・ジョセフ、ジーン・ベイツ、ジュディス・ロバーツ

エレファント・マン

製作：Brooksfilms, Paramount Pictures
公開日：1980年10月10日
上映時間：124分
監督：デイヴィッド・リンチ
脚本：デイヴィッド・リンチ、クリストファー・デ・ヴォア、エリック・バーグレン
原作：フレデリック・トリーヴス『エレファント・マンとその他の思い出』、アシュレー・モンタギュー『ザ・エレファント・マン：人間の尊厳を学ぶ』
撮影：フレディ・フランシス
プロデューサー：ジョナサン・サンガー
編集：アン・V・コーツ
キャスト：アンソニー・ホプキンス、ジョン・ハート、アン・バンクロフト、ジョン・ギールグッド、ウェンディ・ヒラー、フレディ・ジョーンズ、マイケル・エルフィック、デクスター・フレッチャー

デューン／砂の惑星

製作：Dino De Laurentiis Corporation, Universal Pictures
公開日：1984年12月14日
上映時間：137分
監督・脚本：デイヴィッド・リンチ
原作：フランク・ハーバート『デューン 砂の惑星』
撮影：フレディ・フランシス
プロデューサー：ラファエラ・デ・ラウレンティス
編集：アントニー・ギブス
キャスト：フランチェスカ・アニス、レオナルド・チミノ、ブラッド・ドゥーリフ、ホセ・フェレール、リンダ・ハント、フレディ・ジョーンズ、リチャード・ジョーンズ、カイル・マクラクラン、ヴァージニア・マドセン、シルヴァーナ・マンガーノ、エヴェレット・マッギル、ケネス・マクミラン、ジャック・ナンス、シアン・フィリップス、ユルゲン・プロホノフ、ポール・スミス、パトリック・スチュワート、スティング、ディーン・ストックウェル、マックス・フォン＝シドー、アリシア・ウィット、ショーン・ヤング

ブルーベルベット

製作：De Laurentiis Entertainment Group)
公開日：1986年9月19日
上映時間：120分
監督・脚本：デイヴィッド・リンチ
撮影：フレデリック・エルムス
編集：デュウェイン・ダンハム
キャスト：カイル・マクラクラン、イザベラ・ロッセリーニ、デニス・ホッパー、ローラ・ダーン、ホープ・ラング、ジョージ・ディッカーソン、ディーン・ストックウェル

ワイルド・アット・ハート

製作：PolyGram, Propaganda Films, The Samuel Goldwyn Company
公開日：1990年8月17日
上映時間：124分
監督・脚本：デイヴィッド・リンチ
原作：バリー・ギフォード『ワイルド・アット・ハート：セイラーとルーラの物語』
プロデューサー：モンティ・モンゴメリ、スティーブ・ゴリン、シガージョン・サイヴァットソン
撮影：フレデリック・エルムス
編集：デュウェイン・ダンハム
キャスト：ニコラス・ケイジ、ローラ・ダーン、ウィレム・デフォー、クリスピン・グローヴァー、ダイアン・ラッド、イザベラ・ロッセリーニ、ハリー・ディーン・スタントン

ツイン・ピークス
ローラ・パーマー最期の7日間

製作：CIBY Pictures, New Line Cinema
公開日：1992年8月28日
上映時間：134分
監督：デイヴィッド・リンチ
脚本：デイヴィッド・リンチ、ロバート・エンゲルス
原作：マーク・フロスト、デイヴィッド・リンチ『ツイン・ピークス』
プロデューサー：グレッグ・フィーンバーグ
撮影：ロン・ガルシア
編集：メアリー・スウィーニー
キャスト：シェリル・リー、モイラ・ケリー、デイヴィッド・ボウイ、クリス・アイザック、ハリー・ディーン・スタントン、レイ・ワイズ、カイル・マクラクラン

ロスト・ハイウェイ

製作：Ciby 2000, Asymmetrical Productions, October Films
公開日：1997年2月21日
上映時間：134分
監督：デイヴィッド・リンチ
脚本：デイヴィッド・リンチ、バリー・ギフォード
プロデューサー：ディーパク・ナヤール、トム・スターンバーグ、メアリー・スウィーニー
撮影：ピーター・デミング
編集：メアリー・スウィーニー
キャスト：ビル・プルマン、パトリシア・アークエット、バルサザール・ゲティ、ロバート・ブレイク、ナターシャ・グレグソン・ワグナー、リチャード・プライヤー、ゲイリー・ビジー、ロバート・ロッジア

ストレイト・ストーリー

製作：Walt Disney Pictures, Asymmetrical Productions, Canal+, FilmFour Productions, Ciby 2000, Le Studio Canal+
公開日：1999年10月15日
上映時間：112分
監督：デイヴィッド・リンチ
脚本：メアリー・スウィーニー、ジョン・ローチ
プロデューサー：メアリー・スウィーニー、ニール・エデルスタイン、アラン・サルド
撮影：フレディ・フランシス
編集：メアリー・スウィーニー
キャスト：リチャード・ファーンズワース、シシー・スペイセク、ハリー・ディーン・スタントン

マルホランド・ドライブ

製作：Les Films Alain Sarde, Asymmetrical Productions, Babbo Inc., Le Studio Canal+, The Picture Factor
公開日：2001年10月12日
上映時間：146分
監督・脚本：デイヴィッド・リンチ
プロデューサー：メアリー・スウィーニー、アラン・サルド、ニール・エデルスタイン、マイケル・ポレア、トニー・クランツ
撮影：ピーター・デミング
編集：メアリー・スウィーニー
キャスト：ナオミ・ワッツ、ジャスティン・セロー、ローラ・エレナ・ハリング、アン・ミラー、ロバート・フォスター

インランド・エンパイア

製作：Absurda, StudioCanal, Fundacja Kultury, Camerimage Festival
公開日：2006年12月6日
上映時間：180分
監督・脚本・撮影・編集：デイヴィッド・リンチ
プロデューサー：メアリー・スウィーニー、デイヴィッド・リンチ
キャスト：ローラ・ダーン、ジャスティン・セロー、ハリー・ディーン・スタントン、ピーター・J・ルーカス、クシシュトフ・マイヒルザク、ジュリア・オーモンド

テレビ作品

ツイン・ピークス

製作：Lynch/Frost Productions, Propaganda Films, Spelling Television, Twin Peaks Productions)
放送日：
シーズン1(8話)＆2(22話)：1990年4月8日–1991年(ABC Television)
シーズン3(18話)：2017年5月21日–9月3日(Showtime)
企画：マーク・フロスト、デイヴィッド・リンチ
エグゼクティヴ・プロデューサー：マーク・フロスト、デイヴィッド・リンチ、サブリナ・S・サザーランド(シーズン3)
キャスト：カイル・マクラクラン、マイケル・オントキーン、メッチェン・エイメック、ダナ・アシュブルック、リチャード・ベイマー、ララ・フリン・ボイル、シェリリン・フェン、ウォーレン・フロスト、ペギー・リプトン、ジェイムズ・マーシャル、エヴェレット・マッギル、ジャック・ナンス、レイ・ワイズ、ジョン・コーエン、パイパー・ローリー、キミー・ロバートソン、エリック・ダ・レ、ハリー・ゴーツ、マイケル・ホース、シェリル・リー、ラス・タンブリン

オン・ジ・エアー

製作：Lynch/Frost Productions
放送日：1992年6月20日–7月4日(全7話／ABC Television)
企画：マーク・フロスト、デイヴィッド・リンチ
エグゼクティヴ・プロデューサー：マーク・フロスト、デイヴィッド・リンチ、ロバート・エンゲルス
キャスト：イアン・ブキャナン、ナンシー・ファーガソン、ミゲル・フェレール、メル・ジョンソンJr.、マーヴィン・カプラン、デイヴィッド・L・ランダー、キム・マグワイア、マーラ・ルビノフ、トレイシー・ウォルター

デビッド・リンチのホテル・ルーム

製作：Asymmetrical Productions, Propaganda Films
放送日：1993年1月8日(全3話／HBO)
企画：モンティ・モンゴメリー、デイヴィッド・リンチ
エグゼクティヴ・プロデューサー：モンティ・モンゴメリー、デイヴィッド・リンチ
キャスト：グレン・ヘドリー、フレディ・ジョーンズ、ハリー・ディーン・スタントン、グリフィン・ダン、デボラ・カーラ・アンガー、マリシュカ・ハージティ、チェルシー・フィールド、クリスピン・グローヴァー、アリシア・ウィット

Sources
参考資料

*1 雑誌・新聞記事、ウェブ動画、記者会見等については、原語情報のみを記載した。
*2 ドキュメンタリーについて、邦題のあるものはその情報を末尾に加えた。
*3 書籍について、邦訳があるものはその情報を末尾に加えた。本文内での既訳の存在する引用については、基本的に訳者が新たに訳出している。

Web サイト
All box office figures come via Boxofficemojo.com
Variety.com
Twin Peaks recap, Keith Uhlich, Mubi.com

雑誌・新聞・オンライン記事
Andrew, Geoff, Naked Lynch, Time Out London, November 18, 1992
Anolie, Lili, Inside the Making of Mulholland Drive, David Lynch's Dark, Freudian Masterpiece, Vanity Fair, February 9, 2017
Bartholomew, Dave, Eraserhead review, Cinefantastique, Spring 1978
Benson, Shelia, Bliss, Boredom And Banality : Dark Sexuality Illuminated in Lynch's Blue Velvet, Los Angeles Times, September 19, 1986
Bowen, Chuck, Blu-ray Review: David Lynch's The Elephant Man on the Criterion Collection, Slant, October 7, 2020
Bowen Chuck, Review: David Lynch's Twin Peaks: Fire Walk With Me on Criterion Blu-ray, Slant, October 25, 2017
Bowen, Chuck, Blu-ray Review: Twin Peaks: A Limited Event Series on CBS Home Entertainment, Slant, December 8, 2017
Burr, Ty, Inland Empire review, The Boston Globe, December 6, 2006
Canby, Vincent, One Long Last Gasp For Laura Palmer, The New York Times, August 29, 1992
Chow, Walter, Eraserhead, Film Freak Central, June 29, 2006
Chute, David, Out to Lynch, Film Comment, September/October 1986
Ciment, Michel and Niorgret, Hubert, Interview with David Lynch, Postif, October 1990
Crawford, Travis, Blue Velvet 25th Anniversary Blu-Ray Edition, Filmmaker, November 15, 2011
Cumbow, Robert C, Summer of '90: David Lynch's Wild at Heart at 25, Slant, August 14, 2015
Dargis, Manohla, The Trippy Dream Factory of David Lynch, The New York Times, December 6, 2006
De Vries, Hilary, 'Diane, Let Me Tell You About Kyle MacLachlan' : 'Twin Peaks' is a Nice Place to Visit, but he Probably Wouldn't want to Live There, Lost Angeles Times, September 23, 1990
Dollin, Stuart, You Can Have Any Colour So Long as it's Black, MovieMaker, October 1985
Douridas, Chris, David Lynch Interview, Morning Becomes Eclectic, February 19, 1997
Ebert, Roger, Blue Velvet review, The Chicago Sun-Times, September 19, 1986
Ebert, Roger, Lost Highway review, The Chicago Sun-Times, February 27, 1997
Esther, John, David Lynch and Laura Dern: Inland Empire, Greencine.com, December 15, 2006
Ferry, Jeffrey, Blue Movie, The Face, February

1987
Fienberg, Daniel, David Lynch on Another 'Twin Peaks' Return: "I've Learned Never Say Never", The Hollywood Reporter, November 22, 2017
Fox, Killian, David Lynch, "It's Important to go Out and Feel the So-Called Reality", The Guardian, June 20, 2019
Grow, Kory, David Lynch Talks Blue Velvet, Heavy Metal and Why He Loves Dream Logic, Rolling Stone, May 23, 2018
Harrison, Eric, Mulholland Drive review, Houston Chronicle, May 16, 2001
Hemphill, Jim, David Lynch on Restoring Inland Empire and Laura Dern's Oscar Snub, IndieWire, April 13, 2022
Henry, Michael, David Lynch: A 180-Degree Turnaround, Postif, November 1999
Hewitt, Tim, Is There Life After Dune?, Cinefantastique, January 1986
Hoberman, J., Mulholland Drive review, The Village Voice, May 16, 2001
Howe, Desson, Lost Highway review, The Washington Post, February 28, 1997
Howe, Desson, Wild at Heart review, The Washington Post, August 17, 1990
Hughes, David, Hall of Fame – David Lynch, Empire, November 2001
Indiana, Gary, Good Eraserhead: Indiana, East Village Eye, February 1980
Jensen, Jeff, Twin Peaks: David Lynch Breaks Down the First Four Episodes, Entertainment Weekly, May 26, 2017
Kael, Pauline, Eraserhead review, The New Yorker, March 1977
Kael, Pauline, Out There and In Here, The New Yorker, September 22, 1986
Kip, Jeremiah, DVD Review: David Lynch's Lost Highway on Universal Home Entertainment, Slant, April 1, 2008
Lee, Nathan, David Lynch Made a Man Out of Me, The Village Voice, January 9, 2007
Lim, Dennis, "David Lynch should be shot": Looking Back on the Madness and Chaos of Blue Velvet and Ronald Reagan's '80s, Salon, March 26, 2016
Longacre, Sarah and Saban, Stephen, Eraserhead: Is There Life After Birth?, Soho Weekly News, October 20, 1977
Macaulay, Scott, "Blue Velvet Project" Creator Nicholas Rombes, Filmmaker, August 117, 2012
Magrid, Ron, Blue Velvet – Small Town Horror Tale, American Cinematographer, February 13, 2018
Maslin, Janet, Lost Highway, The New York Times, February 21, 1997
Matthijs, Niels, Rabbits (Personal Favorites), Screen

Anarchy, December 16, 2011
McCrea, Christian, A Spiral of Sincerity: The Persistence Of Lynch's Dune, Dune booklet, Arrow Video, 2021
Murray, S., Twin Peaks: Fire Walk With Me – The Press Conference at Cannes, Cinema Papers, August 1992
Nayman, Adam, Mulholland Drive Is Still David Lynch's Crowning Achievement, The Ringer, October 19, 2021
Nette, Andrew, David Lynch's Mood of Dune, Dune booklet, Arrow Video, 2021
Petit, Zachary, Bringing David Lynch's Cult Comic Strip Back to Life, Print, August 20, 2020
Pizzello, Stephen, Highway to Hell, American Cinematographer, March 1997
Poe, Arthur S., What is the Eraserhead Baby?, Fiction Horizon, August 12, 2021
Potter, Maximillian, Erased, Premiere, August 1997
Powers, John, Getting Lost is Beautiful, LA Weekly, October 19, 2001
Rainer, Peter, The Straight Story review, New York magazine, October 25, 1999
Reed, Rex, Blue Velvet review, The New York Post, September 19, 1986
Reed, Rex, Dune review, The New York Post, December 14, 1984
Reed, Rex, Mulholland Drive review, The New York Post, May 16, 2001
Reynolds, Brandon R., Q&A: David Lynch on Twin Peaks and the Art of Motorcycle Maintenance, Wired, May 9, 2017
Robertson, Nan, The All-American Behind Blue Velvet, The New York Times, October 11, 1986
Rodley, Chris, The Icon Profile: David Lynch, Icon, April 1997
Rohter, Larry, David Lynch Pushes America to the Edge, The New York Times, August 12, 1990
Rombes, Nicholas, The Blue Velvet Project, #149, Filmmaker, August 10, 2012
Sammon, Paul M., My Year on Arrakis, Cinefantastique Magazine, September 1984
Smith, Kyle, A Mysterious End, People, February 10, 1997
Shales, Tim, Troubling, Transcendent Twin Peaks, The Washington Post, April 8, 1990
Sharf, Zack, Blue Velvet Makeup Supervisor Explains the Origins of David Lynch's Iconic Severed Ear, IndieWire, October 19, 2017
Sims, David, Twin Peaks is Finally Headed Somewhere, The Atlantic, June 19, 2017
Spohir, Kathrin, The World Reveals Itself, Form, February 1997
Sragow, Michael, I Want a Dream When I Go to a Film, Salon, October 28, 1999
Thomas, William, The Straight Story review,

Empire, January 2000
Tobias, Scott, Mulholland Drive at 20: David Lynch's Audacious Puzzle Remains a Mystery, The Guardian, October 12, 20211
Tobias, Scott, The New Cult Canon: Lost Highway, AV Club, September 7, 2009
Tobias, Scott, The Straight Story, AV Club, May 2, 1999
Tobias, Scott, Wild at Heart at 30: David Lynch's Divisive and Unruly Road Movie, The Guardian, August 17, 2020
Unattributed, David Lynch Given Lifetime Award, BBC News online September 6, 2006
Unattributed, Dune review, Starburst, December 1984
Unattributed, From the Archives: Behind the Scenes of Twin Peaks, Los Angeles Times, October 6, 2014
Unattributed, Jack Nance, 53, An Actor Known for Eraserhead, The New York Times, January 11, 1997
Wallace, David Foster, David Lynch Keeps His Head, Premiere, September 1996
Wells, Dominic, The Road to Hell, Time Out London, August 13, 1997
Wendell, Bryan, David Lynch Talks Scouting, Kennedy's Inauguration and Whether Agent Cooper is an Eagle Scout, On Scouting, May 10, 2017
Williams, David E., Wrap Shot: Blue Velvet, American Cinematographer December 12, 2016
Wise, Damon, Pulling Triple-Duty For Twin Peaks Revival, Kyle MacLachlan On The Prospect Of Another Return, Deadline, June 13, 2018
Woodward, Richard B., A Dark Lens on America, New York Times Magazine, January 14, 1990
Zoglin, Richard, Like Nothing on Earth, Time, April 9, 1990

ドキュメンタリー／映像資料

The Art Life, Criterion Collection, 2017 (『デヴィッド・リンチ：アートライフ』)
Beyond Imagination: Merchandising Dune, Dune, Arrow Video, 2021
Blue Velvet Revisited, Blue Velvet, The Criterion Collection, 2019
David Lynch Interview, Charlie Rose, 2000
David Lynch Interview, Pennsylvania Academy of the Fine Arts, September 12, 2014
David Lynch, Laura Dern, and Justin Theroux on Inland Empire, New York Film Festival, via You Tube, September 29, 2006
Designing Dune, Dune, Arrow Video, 2021
Destination Dune, Dune, Arrow Video, 2021
Don't Look at Me, via YouTube, 1987
Eraserhead Stories, Eraserhead, The Criterion Collection, 2014

Eraserhead Documentary, Eraserhead, The Criterion Collection, 2014
The Filming Blue Velvet, Blue Velvet, The Criterion Collection, 2019
The Films of David Lynch, via YouTube, 2003
IFC Independent Focus: David Lynch, Independent Film Channel, 1998
Impressions of Dune, Dune, Arrow Video, 2021
IMS Engage 2014: David Lynch in Conversation with Moby, International Music Summit, April 16, 2014
Inland Empire press conference, Venice Film Festival, via You Tube, September 2006
Interview with John Hurt, The Elephant Man, StudioCanal, 2020
Interview with Angelo Badalamenti, Mulholland Drive, The Criterion Collection, 2001
Interview with David Lynch, Eraserhead, The Criterion Collection, 2014
Interview with David Lynch, Free Radio Europe, Radio Liberty, 2017
Interview with David Lynch, The Elephant Man, StudioCanal, 2020
Interview with David Lynch, Mulholland Drive, The Criterion Collection, 2001
Interview with Laura Harring, Mulholland Drive, The Criterion Collection, 2001
Interview with Naomi Watts, Mulholland Drive, The Criterion Collection, 2001
Interview with David Lynch, via YouTube, June 8, 2022
Lynch (One), Raro Video, 2007
Mike Figgis Interviews David Lynch, The Elephant Man, StudioCanal, 2020
Mysteries of Love, Blue Velvet, The Criterion Collection, 2019
On-set Footage, Mulholland Drive, The Criterion Collection, 2001
The Directors: The Films of David Lynch, Starz, 2003
The David Lynch Retrospective, The Cinema Cartography, 2020
The Lost Footage, Blue Velvet, The Criterion Collection, 2019
Impressions: A Journey Behind the Scenes of Twin Peaks, Twin Peaks: A Limited Event Series, Paramount Home Entertainment, 2021
The Nightmare Filmmaker, Mubi, 2020
Wild at Heart Q&A with David Lynch, Laura Dern, Steve Golin, New Beverly Cinema, via Wright Stuff, January 26, 2011

書籍

Atkinson, Michael, Blue Velvet – BFI Film Classics, BFI Publishing/Bloomsbury Publishing Plc, 1997
Barney, Richard A. (editor), David Lynch Interviews, University Press of Mississippi, 2009

Breskin, David, David Lynch: Inner Views, Filmmakers in Conversation, De Capo Press, 1997
Chion, Michel, David Lynch (2nd Edition), BFI Publishing, 1995
Dukes, Brad, Reflections – An Oral History of Twin Peaks, short/Tall Press, 2014
Godwin, Kenneth George, Dune - The David Lynch Files: Volume 2, Bear Manor Media, 2020
Hoberman, J. and Rosenbaum, Jonathan, Midnight Movies, Da Capo, 1982
Hughes, David, The Complete Lynch, Virgin Books Ltd, 2001
Lim, Dennis, David Lynch - The Man From Another Place, Amazon Publishing, 2015
Lynch, David, Catching the Big Fish: Meditation, Consciousness, and Creativity, Tarcher, 2006 (デイヴィッド・リンチ著『大きな魚をつかまえよう──リンチ流アート・ライフ∞瞑想レッスン』、草坂虹恵訳、四月社、2012年)
Lynch David and Mckenna, Kristine, Room to Dream, Random House, 2018 (デイヴィッド・リンチ、クリスティン・マッケナ著『夢見る部屋』、山形浩生訳、フィルムアート社、2020年)
McCrea, Christian, Dune – Constellations, Auteur, 2019
McKenna, Kristine, David Lynch, Collecion Imagen, 1992
Rodley, Chris (editor), Lynch on Lynch, Faber & Faber, 2005 (クリス・ロドリー編『デイヴィッド・リンチ─映画作家が自身を語る』、広木明子＋菊池淳子訳、フィルムアート社、1999年／2007年増補改訂版)
Thomson, David, Have You See…?, Penguin, 2008
Thomson, David, The New Biographical Dictionary of Film, Little Brown, 2010

謝辞

　正直な話、デイヴィッド・リンチについての本を書くのは怖かった。アメリカ映画界で最も捉えところのない、感嘆すべき存在を、いったいどうやって把握すればいいのか？　自分自身を説明するのを嫌がり、おそらくは説明できない監督。ファンも批評家も悩ませてきた一連の作品。しかし、観れば観るほど、読めば読むほど、リンチ本人を（可能なかぎり）知れば知るほど、リンチが隠しているものよりも、彼が私たちに与えてくれているものについて、喜びと洞察が湧いてきた。いわば、本書は謎を愛することを学ぶ本だ。リンチが言うとおり、映画が何を意味するかではなく、その映画が自分にとって何を意味するかが重要なのだ。

　かといって、さまざまな発見がなかったわけではない。創造性の本質、アイデアの出所、いくつもの媒体の最前線で送ってきた人生（アートライフ）をめぐって、魅力的な物語が浮かび上がってきた。『エレファント・マン』、『ブルーベルベット』、『ツイン・ピークス』シーズン1、『ロスト・ハイウェイ』、『ストレイト・ストーリー』、『マルホランド・ドライブ』といった傑作は、やはり、映画が到達できる境地をみごとに表わしていると思う。リンチについて書くことは素晴らしい冒険であり、いままでに私が取り上げたとの監督ともまったく違った。彼は私を新しい方向へ広げてくれた。その証拠に、私はコーヒーを大量に飲むようになった。

　だからまずは、アメリカ映画界（そしてアート界）において唯一無二の存在であり続けるリンチに感謝したい。直接会った彼はイメージどおりだった。相手に好感を抱かせる礼儀正しさと率直さ。ボーイスカウトの面影を残すシュールレアリスト。宙で指をくるくると回す癖。彼がいつまでも変わらないことを願う。

　何年にもわたり、多くの人たちが、「リンチアン」の謎に取り組む私を助けてくれた。それぞれ異なるかたちだが、すべてが刺激的だった。アダム・スミス、サイモン・ブラウンド、スティーヴ・ホーンビー、ニック・デ・セムリアン、ダン・ジョリン、リンディ・サヴィル、デレク・マルカム、ニール・ノーマン。さらにここで感謝しなければいけないのは、「リンチオロジー（リンチ学）」とも呼ぶべき、長年かけて蓄積された数々の著作だ。リンチに触発されて、かつてなく優れた著作が何冊も生まれている。本書も、そうした遺産に恥じない1冊であることを祈るばかりだ。

　いつものとおり、パラッツォ社の出版編集者であるロバート・ニコルズとの仕事は楽しく、インスピレーションに満ちていた。彼は無限の忍耐の持ち主だ。Amazing15の素晴らしいデザイナーであるマーティンにも感謝する。

　最後に、すべてにおいて私の真のインスピレーションのみなもとであるワイに本書を捧げたい。

イアン・ネイサン

PICTURE CREDITS

著者
イアン・ネイサン　Ian Nathan
映画ライター。著書に『クエンティン・タランティーノ　映画に魂を売った男』『ウェス・アンダーソン　旅する優雅な空想家』『ギレルモ・デル・トロ　モンスターと結ばれた男』『クリストファー・ノーラン　時間と映像の奇術師』（以上、フィルムアート社）、『ティム・バートン　鬼才と呼ばれる映画監督の名作と奇妙な物語』（玄光社）などがある。映画雑誌『エンパイア』の編集者およびエグゼクティブ・エディターを務めた後、現在は『エンパイア』誌の他、「タイムズ」紙、「インディペンデント」紙、「メイル・オン・サンデー」紙、『カイエ・デュ・シネマ』誌などに寄稿を行なっている。

訳者
中山 宥　なかやま・ゆう
翻訳家。1964年生まれ。主な訳書に『マネーボール［完全版］』『〈脳と文明〉の暗号』（ともにハヤカワ・ノンフィクション文庫）、『ジョブズ・ウェイ』（SBクリエイティブ）、『動物学者が死ぬほど向き合った「死」の話』（フィルムアート社）、『生き抜くための12のルール』（朝日新聞出版）、『新訳ベスト』（興陽館）などがある。

デイヴィッド・リンチ
幻想と混沌の美を求めて

2024年2月25日　初版発行

著者	イアン・ネイサン
翻訳	中山宥
ブックデザイン	石島章輝（イシジマデザイン制作室）
編集	田中竜輔（フィルムアート社）
発行者	上原哲郎
発行所	株式会社フィルムアート社
	〒150-0022
	東京都渋谷区恵比寿南1-20-6
	第21荒井ビル
	Tel. 03-5725-2001
	Fax. 03-5725-2626
	http://www.filmart.co.jp

印刷・製本	シナノ印刷株式会社

落丁・乱丁の本がございましたら、お手数ですが小社宛にお送りください。
送料は小社負担でお取り替えいたします。